KB151513

시진핑 리더십과
차이나
골든타임

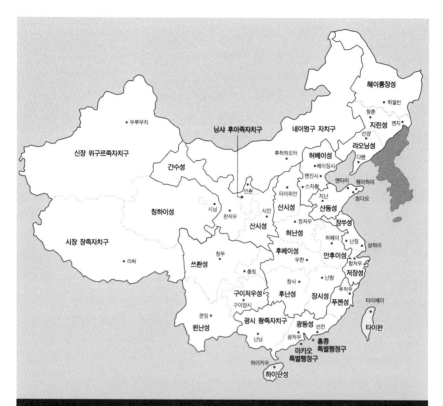

프롤로그

1934년부터 1935년 동안 진행된 중국의 대장정보다 더 긴 시간 더 많은 지역을 섭렵했다. 거리를 환산하면 4만4148km로 서울에서 부산까지 55회 왕복한 거리이다. 지구 한 바퀴(4만75km)보다 긴 거리였다.

거미줄 같은 중국의 항공망과 2시간 안팎이면 도착하도록 설계된 사통팔달의 고속철 덕분이었다. 주마간산走馬看山격이었지만 중국의 속살을 가까이에서 관찰할 수 있었다.

프롤로그

1년 3개월 동안 중국 시장에 대한 측량測量·Survey을 끝냈다. 그리고 2013~ 2015년이라는 시간을 씨줄로, 중국 권역별 상황을 날줄로 이야기를 엮었다.

지난 2013년 10월 28일 후베이성湖北省 우한武漢에서 시작된 중국 권역별 취재는 2014년 화남, 화동, 환발해만, 동북3성, 서북3성, 중부지역에 이어 2015년 1월 홍콩과 대만으로 이어졌다. 신장위구루족 자치구, 시장장족 자치구 등 몇 개 성을 제외한 전 중국이 취재 대상이었다. 1934년부터 1935년 동안 진행된 중국의 대장정보다 더 긴 시간 더 많은 지역을 섭렵했다. 거리를 환산하면 4만 4148km로 서울에서 부산까지 55회 왕복한 거리이다. 지구 한 바퀴(4만75 km)보다 긴 거리였다. 거미줄 같은 중국의 항공망과 2시간 안팎이면 도착하도록 설계된 사통팔달의 고속철 덕분이었다. 주마간산走馬看山격이었지만 중국의 속살을 가까이에서 관찰할 수 있었다.

2013년 여름, 이번 대장정에 필요한 중국연구 방법론과 관련된 책과 자료와 씨름할 때, 한 외교관은 이런 조언을 해주었다.

"기자는 학자가 아니잖아요. 우리가 기자에게 바라는 것은 학문적인 내용보다 발로 뛴 생생한 중국 이야기입니다."

그 외교관은 중국을 권역으로 나눈 지도 한 장을 건네주었다. 주제 선정과 탐사 방법에 큰 도움이 되었다. 필자가 지난 2012년 8월 출판한《시진핑 리더십》이 중국 국가 지도자의 리더십, 그리고 전체 중국을 대상으로 했다면 이번 시도는 중국을 권역별로 접근하는 상향식Bottom-up 방식이라고 할 수 있다. 한 권역을 탐사하는 데 2개월 가까운 시간이 걸렸다. 계획 수립 → 기존 연구 분석(문헌 연구 및 내용 분석) → 현장 탐사(인터뷰, 현지 조사, 통계 수집) → 탐사 결과 정리·분석(인터뷰 정리 및 검증)의 과정을 거친뒤, 결과는 기사를 통해 발표했다. 발표 후 많은 사람들의 반응을 살펴 수정할 내용이 있으면 바로잡았다. 중간에 진행한 푸젠성행정학원(당교), 중앙공무원교육원, 서강대학교 기술경영전문대학원 강의는 내용을 객관화시키는 데 큰 도움이 되었다. 지난 1년 3개월 동안 마치 오디션 프로그램에 참가한 후보처럼 긴장된 시간을 보냈다. 등산처럼 힘겹지만 정상에 올랐을 때의 쾌감도 맛보았다.

이 책에는 중국 정부가 추진하는 시장화의 진행 속도가 권역별로 어떻게 다르며, 왜 다르게 나타나는지를 관찰한 내용이 담겨 있다. 한 권역을 취재하면 그곳의 장점에 푹 빠지곤 했다. 하지만 전체 중국을 동일한 잣대로 측량하고 비교분석하는 과정에서 그런 장점도 비교우위를 따져야만 가치가 있다는 것을 알게 되었다.

매우 다른 조건을 지닌 권역이 상당히 유사한 행태의 결과를 보였고, 매우 비슷한 조건을 가진 권역이 대조적인 형태의 결과를 나타냈는데, 그 원인은 중국 정부의 투자였다. 대규모 투자가 진행된 지역은 몇 년 후 소비가 폭발하는 투자 주도형 경제의 특징을 보여줬다. 시진핑 정부의 거대 투자 프로젝트인 일대일로

一帶一路와 창장長江경제벨트, 징진지京津冀를 제대로 읽으면 큰 기회를 포착할 수 있다.

시진핑 시대 중국을 읽는 키워드 중 하나가 신창타이新常態 · 중국판 뉴노멀이다. 중국은 향후 3~5년 동안 모든 분야에서 신창타이를 적용해 나갈 것이다. 그 결과 산업의 발전 과정을 순차적으로 밟지 않고 곧바로 도약하는 분야가 속출할 수 있다. 비디오기기를 생략하고 DVD플레이어를 바로 사용하거나, 유선전화보다 무선전화를 먼저 사용한 것과 같은 사례들이 여기저기서 등장할 것이다. 인터넷 쇼핑은 이미 한국을 추월했으며, 금융과 IT기술을 접목한 핀테크Fintech산업도 한국보다 앞서 나가고 있다. 모바일 택시앱은 중국인의 생활필수품이 됐으며 신용카드를 거치지 않고 핀테크가 범용되고 있다.

우리와 같은 황인종黃人種이지만 다른 상인종商人種의 피가 흐르는 중국인을 상대하기가 쉽지 않겠다는 걱정이 앞섰다. 중국인들의 핏속에는 산시山西성 진상晉商, 안후이安徽성 휘상徽商, 광둥廣東성 월상粵商, 저장浙江성 절상浙商 등과 같은 상방商幫 유전자DNA가 흐르고 있다. 중국에서 한국 주력 수출품의 경쟁력은 빠르게 약화되는데 소비시장은 쉽게 열리지 않아 답답했다. 설렘을 갖고 간 출장에서 걱정만 잔뜩 안고 돌아오기를 반복했다.

그동안 외국기업은 중국에서 초국민 대우를 누리며 별다른 제약 없이 저렴한 생산 비용으로 쉽게 많은 돈을 버는 '황금시대The golden age · 黃金時代'를 누렸다. 이제 황금시대는 끝났다. 그리고 중국과 외국기업 모두 '골든타임Golden time · 黃金時段'에 돌입했다. 이 골든타임이 끝나고 전면 개혁 심화가 만들어낸 기회를 잡는 기업에게 또 다시 황금시대가 열릴 것이다. 시진핑은 시장이 자원배분의 결정적 역할을 하는 경제체제로 전환하기 위한 각종 개혁조치를 발표하고 있다. 중국은 끊임없이 역동적으로 변화하고 있다. 급변하는 환경에서는 준비된 사람만이 다가오는 기회를 거머쥘 수 있다.

중국은 경제와 정치, 외교를 함께 봐야 제대로 이해할 수 있다. 마지막 여정인 홍콩과 대만을 취재하면서 3~5년 후의 한국을 생각하게 된다. 홍콩의 중국 의존도는 갈수록 높아지는데, 중국에게 홍콩은 온리원Only one이 아니라 원오브뎀One of them일 뿐이다. 이제 중국에서 가장 잘 사는 선전시 부자들은 홍콩인들이 찾는 식당에 가지 않는다고 한다. 대만은 국내총생산(GDP)의 40%를 중국에 의존하고 있다. 양안 관계는 급속한 통합 양상을 보이고 있어 야당인 민진당이 집권해도 '대만 독립'을 함부로 꺼내기 어려울 정도이다. 경제관계에서 홍콩과 대만은 중국의 손 안에 있다는 인상을 지울 수가 없었다.

한중 FTA 발효 3~5년 후 한국경제는 중국과 더욱 긴밀해져 홍콩이나 대만처럼 될 수도 있다. 이 때 한국에서 차이나 블랙홀 현상으로 산업공동화가 심화되고 반중 정서가 표면화되기라도 하면 중국은 이렇게 말하고 싶을 것이다. "중국 때문에 밥 먹고 사는 주제에 왜 그렇게 말들이 많아?" 국내에서는 이해관계에 따라 반중국反中國, 지중국知中國, 친중국親中國파로 갈라져 반목 · 갈등하게 될 것이다.

그러면 어떻게 할 것인가? 제갈공명과 주유 사이를 오가며 천하삼분지계를 주도한 오나라 외교관 노숙魯肅의 말을 생각하게 된다. "단순한 친구 또는 적인 사람을 대하기는 쉽지만 친구인 동시에 적인 관계가 가장 어려운 관계이다敵人好对付, 友人好对付, 但是亦敌亦友之人却最难对付." 노숙은 이어 이렇게 말했다. "상대방은 언제라도 적이 될 수 있고, 동맹이 될 수 있다. 상대를 적으로 받아들여야 할지 친구

로 받아들여야 할지는 우리의 지혜에 달렸다他隨時可以成爲你的大敵, 他隨時可以成爲你的
盟友. 究竟視他爲敵 还是視他爲友, 却要看我們的智慧了." 1800년 전에 이미 국제정치의 기본인
밸런스 오브 파워Balance of power를 간파한 노숙의 이 말에 길이 있는 것은 아
닐까?

 사람마다 선호하는 등산로가 다르듯 중국으로 가는 방법은 개인의 목적, 기업
과 그 상품의 특징에 따라 천차만별이 될 수 있다. 이 책이 중국에 관심이 있고,
시장 개척을 위해 떠나는 많은 이들에게 유용한 지도와 나침반이 되길 바란다.

2015년 5월 서울 외교부 기자실에서

김기수

감사의 글

이 책을 쓰는 데 도움을 준 많은 분들에게 감사의 마음을 전하고 싶다.

이선진 서강대학교 동아연구소 교수는 이번 탐사에 직접적인 영감을 주었다. 이 교수는 외교관 출신이다. 주일공사와 주상하이 총영사, 외교부 외교정책실장, 주인도네시아 대사를 지낸 중국–동남아시아 지역전문가이다. 그의 유전자 DNA에는 학자의 탐구력과 기자 뺨치는 취재력, 여행전문가 같은 호기심과 안목이 담겨 있다. 이 교수는 자비를 털어 중국과 동남아시아 접경지역을 수년째 육로를 따라 장기여행을 하며 지역경제통합 현장을 조사하고 있다. 그는 지난 2013년 1월 24일부터 2월 6일까지 중국 윈난雲南성 성도인 쿤밍昆明과 접경지역인 베트남, 미얀마, 라오스 등을 모두 방문했다. 기차와 버스를 10시간 이상 타는 구간이 3곳이고 5~7시간 되는 구간도 3곳이나 됐다. 하지만 그는 "등산하는 기분으로 다니고 있다"고 말했다. 이 교수는 현장 조사 후 외교관 출신의 전문성과 탐구력이 담긴 '명품 보고서'를 만들어, 지인과 후배들에게 좋은 반응을 얻고 있으며 정책 반영도도 높다.

이 교수처럼 하면 되지 않을까? 중국을 권역별로 나누고 주기적인 관찰을 해 나가면, 의미 있는 조사가 될거라는 판단을 굳히고 탐사에 나서게 됐다.

이번 탐사 과정에서 윤병세 외교부장관을 비롯한 수많은 외교관들이 현지에서 쌓은 경험과 지식을 전해 주었다. 주중 한국대사관과 권역별 총영사관 여러분들이 현장에서 도움을 주었다. 코트라 중국무역관은 현지 시장 상황과 기업 현황에 대한 길라잡이 역할을 충실히 해 주었다. 현지 한인회, 중국기업인, 베이징대 MBA 양쫭 교수와 동창들이 도움을 주었다. 베이징대 진징이 교수는 중국을 방문할 때마다 귀중한 시간을 할애해주었다. 리팅팅 교수도 조언을 아끼지 않았다. 2006년부터 교류프로그램을 통해 한국을 방문한 중국 지방고위공무원들과 기업인들도 반갑게 맞아 주었고 도움을 아끼지 않았다. 푸젠성행정학원(당교) 교수, 저장성고급인민법원, 구이저우성 진화전자그룹 관계자들에게도 감사드린다.

지난 2013년 6월 중국 국빈방문을 준비하던 박근혜 대통령이 저자가 출판한 《시진핑 리더십》을 접하고 이정현 청와대 홍보수석을 통해 기자에게 감사와 격려의 말씀을 전해왔다. 이 사실이 한국과 중국의 많은 사람들에게 알려지면서 취재에 적지 않은 도움이 되었다. 2014년 5월 방한한 왕이 중국 외교부장은 필자를 만나 중국에서 《시진핑 리더십》 출판을 권하기도 했다. 이 책은 〈내일신문〉 장명국 사장님의 격려 속에 빛을 보게 되었다. 1년 3개월 동안 지원을 아끼지 않았으며, 격려와 고무는 큰 힘이 되었다. 측면지원을 해준 동료들에게도 감사드린다. 김원태 중앙공무원교육원 교수, 박봉희 서강대학교 기술경영전문대학원 교수도 많이 응원해 주었다. 재한중국인유학생회 위세걸, 이철 등 전·현직 간부들도 도움이 되었다. 출장 후 취재 내용을 경청하고 지적해주신 한중 언론인과 기업인, 공무원 여러분께도 감사드린다.

마지막으로 한학에 전념하며 선비의 길을 가르쳐주신 아버지를 비롯한 사랑하는 가족과 중국에 눈을 뜨게 해주고 온 힘을 다해 도와준 문미선 원장께 진심으로 감사드린다. 이 책이 출판되기까지 실무적인 도움을 아끼지 않은 석탑출판사 장민환 대표, 김은광 · 박소원 후배에게도 고마운 마음을 전한다.

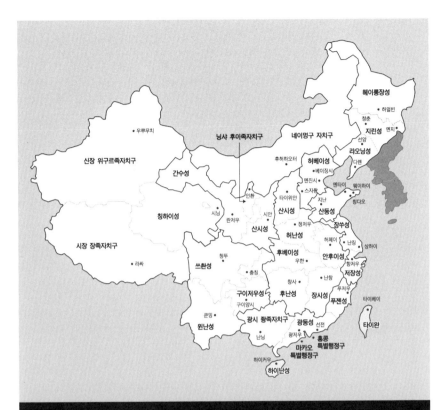

헤이룽장성
하얼빈
장춘
지린성 옌지
선양
라오닝성
네이멍구 자치구 다롄
후허하오터
허베이성
베이징시
닝샤 후이족자치구 톈진시
우루무치 엔타이 웨이하이
스자좡 칭다오
타이위안 지난
신장 위구르족자치구 시안 산시성 산둥성
간수성 인촨 청저우 장쑤성
시닝 란저우 허난성 허페이 난징 상하이
칭하이성 산시성
후베이성 안후이성 황저우
우한 저장성
쓰촨성 창사 난창 후저우
청두 푸젠성
시장 장족자치구 충칭 구이저우성 후난성 장시성
라싸 구이양 타이베이
윈난성 광시 좡족자치구 광둥성 선전 타이완
쿤밍 난닝 광저우 홍콩 특별행정구
마카오
특별행정구
하이커우
하이난성

시진핑 리더십과 차이나 골든타임

"하늘의 때는 땅의 이득만 못하고, 땅의 이득은 사람의 화합 만 못하다 天時不如地利 地利不如人和."

맹자孟子가 그의 왕도론王道論을 전개할 때 한 말로 더 이상 설명 이 필요 없는 명쾌한 논리이다. 맹자는 승패의 기본적인 요건 을 첫째 하늘의 때天時, 둘째 땅의 이득地利, 셋째 인화人和의 세 가지로 보았다. 경영에서도 '타이밍Timing'과 '포지셔닝 Positioning'이 중요하지만 '리더십Leadership'을 능가하 지는 못한다.

중국의 대세를 보아야 한다. 시진핑 집권 이후 판이 바뀌었 다. 새 술은 새 부대에 담아야 한다. 어제의 중국을 버려야 성 공이 잡힌다. 생각을 바꾸고 새로운 시각으로 중국을 관찰해 야 한다. 시진핑이 이끄는 중국을 봐야 한다.

1. 人和 시진핑 리더십

필자는 1년 6개월 동안 시진핑 중국 국가주석이 과거에 일했던 모든 지역에 대한 현장 취재를 통해 그의 리더십 특징을 집약한《시진핑 리더십》을 2012년 8월 출판했다.

시진핑이 태어나고 유년기를 보낸 베이징北京, 7년 동안 하방생활을 한 산시陝西성옌안延安과 그의 아버지 시중쉰習仲勳이 태어난 시안西安 등은 시진핑의 유년기와 청소년기를 이해하는 데 많은 도움이 됐다. 허베이河北성 정딩正定현, 17년 동안 근무한 푸젠福建성과 저장浙江성 상하이上海 등지를 다니며 저인망식 취재를 진행했다.

가장 인상적인 곳은 시진핑이 하방해 7년 동안 머문 시골마을이었다. 2011년 12월 14일 중국 혁명의 성지 옌안시 옌촨延川현 량자허梁家河라는 작은 시골마을을 찾아갔다. 하방기간 7년 중 3년 동안 생활했던 토굴집 야오둥窯洞을 찾았다. 토굴집을 관리하고 있는 여든두 살의 뤼씨 노인을 만나 인터뷰를 진행했다. 시진핑 집권을 계기로 토굴집은 새롭게 단장됐다. 4년이 지난 뒤 2015년 2월 13일 춘제春节를 앞두고 시진핑이 부인 펑리위안彭丽媛과 함께 량자허촌을 찾았다. 시진핑은 47년 전 이 마을에 처음 도착했을 때 묵었던 자신의 토굴집을 둘러보며 "당시

40여 년 전 시진핑과 함께 생활한 뤼씨 노인과 함께　　2015년 2월 시진핑 토굴집 방문

에는 남포등을 켜놓고 자정까지 책을 봤는데, 다음날 일찍 일어나 가래침을 뱉으면 전부 검은색이었다"고 회고했다.

《시진핑 리더십》에서 필자는 리더십을 규정하는 개인의 특징과 사회 환경을 모두 고려할 때 시진핑 리더십의 3대 키워드는 '친화력' '통합력' '혁신능력'이라고 규정했다. 아울러 시진핑은 두 개의 유전자를 갖고 있는데 하나는 아버지 시중쉰의 개화된 유전자이고, 또 다른 하나는 공산당의 붉은 혁명 유전자인데, 시진핑에게 후자가 더욱 두드러지지만 그렇다고 해서 전자의 영향을 배제

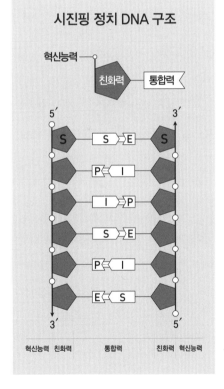

할 수는 없다고 분석했다. 시진핑이 집권하기까지 외유내강, 인화단결 등이 부각

됐다면 집권 이후에는 공산당의 붉은 혁명 유전자가 부각될 것이라고 예측했다.

그리고 2013년 10월 이후 1년 3개월 동안 시진핑 집권 이후 그의 리더십이 어떻게 구현되는지를 현장에 뛰어 들어 검증해 보았다. 필자가 규정한 시진핑 리더십의 3대 키워드인 친화력-통합력-혁신능력은 어떻게 나타나고 있을까? 시진핑 리더십의 3대 요소 중 친화력과 혁신능력은 줄기이고, 통합력은 핵심요소이다. 시진핑 리더십의 비밀은 바로 이 통합력에 숨겨져 있는데, 당Party-사상Ideology-국가State-경제Economy 등 4가지 요소에서 살펴볼 수 있다.

(1) 친화력

시진핑은 덩샤오핑 이후 가장 강력한 지도자라는 평가를 받고 있다. 맹자는 민심을 얻는 자가 천하를 얻는다고 했다. 시진핑이 빠른 시간에 권력을 장악한 것은 상층부의 정치게임에 신경 쓰기보다 민의와 시대적 요구에 기반을 두었기 때문이다.

중국인들은 시진핑의 격식파괴, 친서민 행보와 반부패 드라이브에 열광하고 있다. 2013년 연말 시진핑이 베이징 만두집에 들른 것이 큰 화제가 됐다. 이후 친서민 행보를 찬양하는 글이 인터넷에 넘쳐났고 그가 방문한 만두집은 대박이 났다. 이 같은 친화력은 그의 리더십에서 가장 두드러진 특징이다.*

시진핑은 지방에 근무할 때 언제나 낮은 곳으로 향했다. 산시성 옌안에서 토

---

* 이런 이미지는 철저한 언론통제 속에서 만들어진 산물이지만 조작된 것은 아니다.

굴생활을 하며 현지 농민의 삶을 경험했다. 허베이성 정딩현에서도 평상시 낡은 군복과 검은색 헝겊신을 신었고, 촌민들과 친해지기 위해 지프차를 마다하고 자전거를 타고 다녔다. 식당에서 밥 먹는 시간을 놓치기라도 하면 작은 석탄 난로에 거친 면을 끓여 간장에 비벼 먹었다.

푸젠성 닝더에 근무할 때 소박한 옷차림과 겸허하고 온화한 태도로 대형버스를 타고 구석구석을 돌아다녔다. 파리가 들끓는 쓰레기 매립장을 찾아가 서민들과 이야기꽃을 피웠다.* 시진핑이 닝더에서 관료들의 토착비리 척결에 나섰을 때 이를 만류하는 사람들에게 이렇게 말했다.

"몇 백명의 미움을 사는 것이 낫습니까 아니면 몇 백만명의 미움을 사는 것이 낫습니까? 소수를 두려워해야 합니까 아니면 다수를 두려워해야 합니까? 법률제도를 위해서 일해야 합니까 아니면 관직을 위해 일해야 합니까?"

1990년 인민일보가 이 사건을 보도하면서 시진핑은 전국적인 유명세를 얻었다.

이처럼 시진핑은 특유의 친화력을 발휘하면서 정치무대에서 자신의 영향력을 확산시켰다. 반면 미소를 띤 얼굴 뒤에는 강인한 마음과 배짱이 숨겨져 있다. 시진핑의 강력한 반부패 드라이브는 흔들림이 없어 보인다. 그는 한 회의석상에서 "부패와의 투쟁에서 개인의 생사와 명예는 어떻게 돼도 상관없다与腐败作斗争,个人生死,个人毁誉,无所谓。"는 발언을 한 것으로 알려졌다. 홍콩의 월간지 개방开放 등에 따르면

---

* 《시진핑 평전》 우밍 지음, 지식의숲 125

그는 2012년 말 당 총서기 취임 이후 모두 6회의 암살 위기를 겪었다. 부패와의 투쟁은 '호랑이 등에 올라타기'에 비유할 수 있다. 호랑이 등에 올라타는 것은 선택할 수 있지만 일단 호랑이가 달리기 시작하면 내리고 싶어도 내릴 수 없다. 부패와의 투쟁도 마찬가지다.

(2) 통합력

시진핑은 과묵한 성격과 신중한 언행, 그리고 스스로를 낮춤으로써 각 정치계파를 모두 받아들일 수 있는 인물로 자리 잡았고 마침내 중국의 1인자가 됐다.

시진핑은 집권 후 다른 유형의 통합력을 보여주고 있다. 2014년 말까지 시진핑이 정치, 군사, 외교, 사회, 경제 등 전 분야에 걸쳐 최고 책임자가 된 곳이 10곳이나 된다. 덩샤오핑이 권력 균형을 위해 채택한 '집단지도체제'는 더 이상 작동하지 않는 것처럼 보인다.

1) 당(Party)

톈안먼 사건 이후 중국 정치 지도자의 가장 큰 덕목 중 하나는 중국 공산당 지도부를 통합하는 능력이다. 톈안먼 사건이 당 지도부의 분열 때문에 초래되었다고 보았기 때문이다. 2세대 지도자 덩샤오핑鄧小平에 이어 장쩌민江澤民과 후진타오胡錦濤는 당의 통합력을 강화하기 위해 권력 분점과 합의제라는 각종 제도와 시스템을 도입했다. 1세대 지도자 마오쩌둥의 1인 독점이 깨지고 정치적 과점체제에서 리더의 가장 큰 덕목은 당의 권력 분점과 통합력을 유지하는 능력이었다.

시진핑 집권 후 이전과 같이 당내 공청단–상하이방–태자당의 권력 분점구도

나 외교·안보는 주석, 경제는 총리가 담당하던 '투톱 시스템'은 무너졌다. 시진핑이 경제 관련 최고 의사결정기구인 당 중앙재경영도소조 조장까지 맡게 됐는데, 이 자리는 1998년 장쩌민 주석이 주룽지朱鎔基 총리에게 넘겨준 이후 계속 총리 몫이었다.

중국 정치의 특색이던 원로 정치도 크게 약화됐다. 덩샤오핑은 1981년 후야오방胡耀邦 총서기를 후계자로 지명한 뒤 천원陳雲 등 '8대 원로'와 함께 막후 정치로 정가를 주물렀다. 이후 원로 정치는 중국 정치의 전통처럼 여겨졌다. 덩샤오핑이 지명한 3세대 지도자 장쩌민은 덩샤오핑이 사망할 때까지 원로들의 눈치를 살펴야 했다. 4세대 지도자 후진타오 시절에는 장쩌민이 중난하이中南海에 사무실을 운영하며 상왕上王으로 군림했다. 시진핑 집권 이후에는 이런 모습이 사라졌다.*

이처럼 시진핑은 집단지도체제와 원로정치의 전통을 깨고 1인지배체제를 구축했다. 공산당의 일당통치를 공고히 한다는 명분을 내세워 정풍整風과 반부패로 민심을 얻으며 권력을 움켜쥐었다. 당원의 근검절약 등을 지시한 당8조黨八條와 사치 등의 금지 사항을 적시한 금6조禁六條, 군인들의 금주 등을 명령한 군10조軍十條, 자아비판을 골자로 한 군중운동, 반부패 기구인 당 중앙기율검사위의 전국 순시조 감찰 활동 등을 통해 당·정·군 기강을 잡아 가고 있다. 부패척결에서 '호랑이(고위관리)'에서 '파리(하급관리)'까지 지위고하를 따지지 않는다는 것이 원칙이다. 저우융캉 전 중앙상무위원의 낙마로 '상무위원은 건드리지 않는다刑

---

* 장쩌민은 후진타오 시절 의전 서열에서 국가주석 다음으로 호명됐지만 시진핑 집권 이후 장쩌민의 호명 순서는 최고지도부인 상무위원 7인 뒤로 밀렸다.

不上常委'는 묵계는 깨졌다. *

2) 사상(Ideology)

중국에서 당의 통합은 사상과 노선의 통합에서 비롯된다. 보시라이 사건을 계기로 좌우 이념대립이 격화되고 있는 상황에서 사상의 통합력 역시 리더십의 중요한 요소로 부각되고 있다.

시진핑의 행보는 마오쩌둥의 사상 투쟁을 연상케 한다. 좌파적 색채가 농후해 보인다. 당원 간부들을 모아 놓고 비판과 자기비판을 독려해 얼굴을 붉히고 진땀을 빼도록 만들고 있다. 반부패 개혁 과정에서 '군중노선교육실천활동'도 대대적으로 전개하고 있다. 관료주의, 형식주의, 향락주의, 사치풍조를 척결 대상인 '사풍'으로 규정하고 바람몰이를 통해 당과 공직사회를 압박하는 것도 비슷하다. 중국 특색의 사회주의와 사회주의 핵심가치관을 강조하며 사상 교육을 강화하고 있다. 마오쩌둥이 권력을 공고히 하기 위해 이데올로기와 군권을 이용했듯이 그 길을 답습하고 있다.

최근에는 '시진핑 주의'를 전면화하고 있다. 2015년 3월 양회兩會(전국인민정치협상회의와 전국인민대표대회)를 앞두고 중국 공산당 기관지인 인민일보는

---

* 중국 최고인민검찰원 차오젠밍 검찰장은 2015년 3월 12일 전국인민대표대회 제3차 전체회의 업무보고에서 지난해 저우융캉 전 정치국 상무위원과 쉬차이허우 전 중앙군사위원회 부주석, 장지에민 전 국자위 주임, 리둥성 공안부 부부장 등 장관급 28명의 범죄를 처리했다고 밝혔다. 현 단위 이상 지방정부의 공무원 4040명을 검거했고 이중 청국급(중앙기관 국장이나 지방기관 청장급) 이상 '호랑이' 598명이 법에 따라 처리됐다. 또 최고검찰원은 각종 비리를 저지른 뒤 해외로 도망간 도피 사범(여우) 중 붙잡힌 인원은 749명이라고 밝혔다.

'네 가지 전면을 조화롭게 추진하자'는 특별 논평을 다섯 차례 게재했다. '네 가지 전면'은 전면 소강사회, 전면 심화개혁, 전면 의법치국 그리고 전면 당기강 확립을 말한다. 마오쩌둥 사상, 덩샤오핑 이론, 장쩌민의 3개 대표론, 후진타오의 과학발전관과 함께 시진핑의 '4대 전면론'이 떠오르고 있다. 인민일보는 이 '4대 전면'을 끌고 가는 '정신문명'의 중요성을 강조하는 당 중앙의 관련 내용을 길게 소개했다. 시진핑이 평소 정신문명을 강조해온 것이 이제 하나의 종합적인 정치사상이론 및 정책방향의 틀 속에서 체계를 갖춰 나가고 있다. 한 마리 말(정신문명)이 4대의 마차(4대 전면론)를 동시에 끌고 가는 모양새가 시진핑 시대의 사상, 이론, 정책방향 및 실천방안이 되고 있다. 최근 시진핑을 '마오샤오핑'이라고도 부른다. 마오쩌둥毛泽东의 마오毛와 덩샤오핑鄧小平 샤오핑小平을 합친 것이다. 마오쩌둥의 사상과 덩샤오핑의 개혁개방을 합친 리더십을 갖고 있다는 의미이다.

3) 국가(State)

중국을 최초로 통일한 진시황과 중국을 건국한 마오쩌둥 이후 중국 정치지도자의 최고 덕목은 국가의 통일을 유지 발전시키는 것이다. 덩샤오핑은 톈안먼 사건에 대한 강경한 대응을 통해 국가의 분열을 막았다는 명분을 내세웠으며, 이에 동조한 장쩌민을 후계자로 지명했다. 후진타오는 티베트, 시진핑은 신장 위구르와 같은 소수민족과 갈등 해결에서 단호한 입장을 보였다.

시진핑은 의법치국依法治國이라는 카드를 빼 들어 국가의 전면 개조를 시도하고 있다. 2014년 10월 중국공산당 제18기 중앙위원회 제4차 전체회의에선 '의법치국의 전면적 추진에 관한 결정'이 통과됐다. 2015년 열린 양회에서 '4대 전면론'의 하나로 전면 의법치국을 다시 강조했다. 법에 의한 통치를 중국의 새로운 기치로 제시한 것이다.

중국은 법치가 아니라 인치人治 사회라는 인식이 팽배해 있다. 상급 기관이 내놓은 정책이나 법규가 아래로 가면 제대로 집행이 안 되는 풍조가 만연해 있다. 그래서 '상유정책 하유대책上有政策 下有對策(위에 정책이 있으면 아래에는 대책이 있다)'이라는 말이 나왔다. 규정 따로 시행 따로이다 보니 영令이 설 리가 없다. 당시 4중전회에서 중국 지도부는 의법치국을 내세우면서 특히 '권력남용 방지'와 '부패 척결'을 거론했다. 당정 간부의 초법적인 월권을 제한하면서 영이 서는 나라를 만들겠다는 결의였다. 의법치국을 일시에 사회 전반에 적용하기보다 당정 간부부터 적용해 동심원처럼 확대해 나갈 것으로 보인다. 시진핑 정부는 국가개조 차원에서 부패척결에 온 힘을 다하고 있다. 2015년부터는 해외로 도피한 부패 사범을 잡는 소위 '여우사냥'에 열을 올리고 있다.

의법치국을 정부의 지도 원리로 삼겠다는 4중전회 결정은 안팎의 환영을 받고 있다. 다만 결정문의 내용을 보면 '중국특색 사회주의 법치'라는 개념을 전제하고 있다. 서방식 삼권분립은 고려하지 않고 있다.*

4) 경제(Economy)

개혁개방 이후 중국은 사회주의 이념이 약화됨에 따라 통치의 정당성을 경제 실적에 의존할 수밖에 없게 되었다. 개혁개방 이후 30년 동안 계속되어온 고속

---

* 중국에서 '관시'는 오랜 관행이자 일종의 문화이다. 하지만 법률 준수 없이도 '관시'만 있으면 문제를 해결할 수 있다는 것은 오해이다. 한국 기업도 중국 법률을 면밀히 검토하고 내부 준법감시 시스템을 정비하고 엄격히 적용해야 한다. 부당하게 권익을 침해받았다면 법률 전문가의 조력을 받아 적법하면서도 효율적인 구제수단을 모색해야 한다.

성장의 그늘로 지역간, 계층간, 도농간 경제적 격차가 심각해지면서 이를 해소하고 통합을 유지하는 것이 주된 과제로 떠오르고 있다.

시진핑은 중국이 고속성장 시대를 마무리하고 중속성장 시대의 신창타이(뉴노멀)로 들어선 상황에 맞춰 과거 성장모델을 대체할 새로운 성장의 길과 동력을 찾고, 국유기업 중심 체제에 민영기업과의 경쟁을 도입하고, 분배 구조를 개선하는 작업에 박차를 가하고 있다. 시진핑의 강력한 권력은 추진 중인 개혁에 잡음을 제거하는 효과도 내고 있다.

(3) 혁신능력

시진핑은 마오쩌둥의 피해자 중 한 명이다. 9세 때였던 1962년 그의 부친인 시중쉰 당시 부총리는 마오쩌둥으로부터 반혁명 분자로 몰려 16년 동안 심사, 구금, 감호를 당했다. 시진핑은 문화대혁명 이후 사상 비판을 받은 뒤 16세 때 산간벽지로 하방해 7년 동안 온갖 고난을 겪었다.

그런 시진핑이 과거 문화대혁명 때 마오쩌둥 분위기를 풍기는 행보를 하는 역설적인 상황을 어떻게 이해해야 할까? 후진타오가 집권 초기부터 장쩌민 세력의 저항에 맞서 자신의 권력기반을 강화하고, 동시에 장쩌민 시기와는 다른 새로운 모습을 보여주기 위해 사회주의 혁명정신과 마오쩌둥 사상을 적극 활용한 전례를 기억할 필요가 있다. 시진핑은 중국이 좌회전을 하면 막다른 골목이 나온다는 것을 너무나 잘 알고 있다. 중국에서 우회전이 순조롭게 이루어지는 것은 좌회전 깜빡이를 켜고 있을 때였다. 사회주의 시장경제체제가 그렇듯, 중국 정치도 때로는 왼쪽 깜빡이를 켜고 우회전 하는 상반된 모습을 보이기도 한다.

그래서 중국을 관찰할 때는 나무보다는 숲을 보고, 손가락보다는 달을 보는 지혜가 필요하다.

시진핑에게 권력은 목적인가? 아니면 수단인가? 그에게 권력은 중국과 공산당을 개조하기 위한 수단이다. 시진핑은 중국을 이끄는 공산당이 심하게 부패해 당의 존립이 위험하다고 보고 권력 집중을 통한 개혁으로 당과 국가를 혁신해야 한다고 생각하고 있다. 〈인민일보〉는 2014년 11월 13일자에서 시진핑을 '개혁개방의 새로운 총설계사'라고 추켜세웠다. 〈인민일보〉는 '새로운 설계사 시진핑'이라는 제목의 기사에서 "중국이 직면한 개혁개방의 교착 국면과 곤경에서 벗어나려면 새로운 설계사가 필요한데 시 주석이 바로 새로운 설계사"라고 평가했다. 이런 〈인민일보〉의 평가는 시진핑의 정치적·역사적 위상을 덩샤오핑 수준으로 격상한 것이며, 그에 합당한 개혁개방의 심화 발전을 예고한 것이다.

시진핑은 틀어쥔 권력으로 부패한 기득권자들의 손발을 묶고 개혁개방 심화와 경제발전방식 전환을 위해 총력을 기울이고 있다. 시진핑은 상품, 시장화, 외자 등을 누구보다 잘 아는 지도자이다. 그가 구상하는 개혁은 민진국퇴民進國退(민영은 번창하고 국영은 쇠퇴한다)와 시장경제의 진전을 의미하며, 한국 기업에게 더 큰 활동 공간을 제공할 것이다. 중국의 역대 지도자 중 시진핑만큼 한국을 잘 이해하는 지도자도 드물다. 시진핑 집권 시기는 한중 관계를 정치, 경제, 문화 등 다양한 방면에서 업그레이드 할 수 있는 기회의 시기이다.

2. 地利 시장을 통합한 리더

마오쩌둥이 중국의 영토를 통일했다면 시진핑은 중국의 시장을 통합한 지도자가 될 것이다. 마오쩌둥은 진시황秦始皇 이후 중국에서 최대 영토를 통일시켰다. 중국을 통일한 마오쩌둥은 중국 통합에 박차를 가하면서 공평성이 우선시되는 지역간 산업의 균형발전을 추구했다.

덩샤오핑은 시장을 분할한 지도자이다. 그는 지역간 불균형발전 전략을 택했다. 선부론에 입각해 지방에 자율성을 부여하고 경쟁체제를 도입했다. 지방정부 간 성장률 경쟁은 초고속 성장을 가능하게 한 중요한 동력이었다. 이러한 동력은 일정 시점을 지나 중복투자와 과잉설비, 지방보호주의와 시장분할, 지방재정 적자와 지역부동산 거품 등 부작용을 낳았다. 개혁개방 이후 지역간 경쟁을 도입한 배경에는 지역간 인적 및 상품 유통을 제한하는 지역보호주의가 자리 잡고 있었다.

중속성장 시대에는 경제성장률 저하를 보완하기 위해 경제 전체의 효율성 제고가 불가피하다. 이를 위해 지역 간 유기적 협조와 경제통합의 촉진이 필요하다. 이를 통해 중국경제의 지속성장을 위협하는 요인 중 하나인 소득격차를 줄여

나가야 한다. 시진핑은 중국 시장의 고질적 문제인 '통일시장의 미형성'이라는 난제를 해결해 나가야 한다. 통일시장 형성에서 핵심은 도시화이다. 중국의 도시화율은 2013년 기준으로 53%에 달하고 있다. 이는 농민공農民工을 포함한 수치로 실제 도시화율은 35%에 불과하다. 시진핑은 양적 성장을 중시하던 도시화를 지양하고 질적 성장을 이루겠다는 '신형 도시화정책'을 추진하고 있다. 중국 신형 도시화의 기조는 구매력을 갖춘 시민에 입각한 인적 도시화를 의미한다. 중국은 도시화율을 연간 약 1%씩 높여 2030년에는 70% 수준까지 끌어올릴 것으로 전망된다.

시진핑은 중국을 단일 시장으로 통일하기 위해 국가급 5개 도시군을 우선 통합하는 계획을 추진 중이다. 중국을 우선 5대 권역으로 통합한 뒤 전 중국을 통합하겠다는 구상이다.* 정부는 중국 4대 직할시인 베이징, 톈진, 상하이, 충칭 및 각 성의 성도를 핵심지역으로 삼아 이들 지역에 과도하게 집중된 자원과 부담을 분산시켜 역내 일체화 발전을 추진하고 있다.** 중국판 수도권광역도시계획이 5개 지역에서 동시에 진행되고 있다. 5개 국가전략 도시권의 핵심도시 중 베이징, 톈진, 상하이, 충칭 등은 직할시이고 청두와 우한은 해당 지역의 성정부 소재지로 행정자원이 상대적으로 집중된 곳이다. 5개 국가급 도시군의 핵심도시는 모두 인구과밀지역으로 주거 수용도가 이미 한계에 달한 상황이다. 중국 신도시

---

* 〈경제일보經濟日報〉 자료를 바탕으로 KOTRA 베이징 무역관에서 재구성
** 중국의 도시군 계획은 한국의 수도권광역도시계획과 매우 유사하다. 수도권광역도시계획은 인접도시간 토지이용계획의 통합과 기능분담이 핵심이다. 수도권 광역도시계획에 포함되는 지역은 서울특별시 인천광역시 수원시 등이며 북쪽으로 연천, 남쪽으로 평택, 서쪽으로 강화, 동쪽으로 여주까지 포괄한다.

등급 분류에 따르면 4개 직할시는 모두 상주인구가 1000만명 이상인 초대형도시超大城市이고 청두, 우한은 500만~1000만명 수준으로 특대도시特大城市이다. 중국 시장을 공략할 때 베이징, 상하이, 광저우, 우한, 충칭·청두 등 5개 도시를 중심으로 전략을 짜야 한다. 시진핑의

시장 통합을 위한 천하오분지계天下五分之計를 읽어야 한다.

첫째, 베이징-징진지京津冀이다. 징진지京津冀(베이징·톈진·허베이의 약칭) 일체화 계획은 한국의 수도권광역도시계획의 판박이지만 규모면에서는 크게 앞선다. 징진지의 세 지역을 합치면 면적이 21만6000㎢에 달해 남북한을 합친 한반도 면적(21만9000㎢)과 비슷하다. 해당 지역 인구는 총 1억5000만명에 이른다. 메가시티로는 세계 최대 규모다.

둘째, 상하이-창장삼각주이다. 중국 정부는 중국 경제의 중심축인 창장長江삼각주를 2020년 이전에 세계수준급 도시권으로 발전시킨다는 야심찬 계획을 추진해왔다. 총 면적 21만700㎢로 한반도만한 크기의 창장삼각주가 세계수준급 도시권으로 탈바꿈해 아시아·태평양지역의 국제관문으로 발전한다는 것이다.

셋째, 광저우-주장삼각주이다. 주장삼각주 지역은 홍콩·마카오와 인접한 지리적 우세를 활용해 광저우, 선전 등 대외무역 창구도시를 바탕으로 중국 남부지역의 최대 도시군으로 성장했다. 주장삼각주 일대는 이미 일본 도쿄를 제쳤다.

넷째, 우한-장강중유長江中遊이다. 우한이 선정된 것은 이례적이다. 중국 정부

는 초대형 경제벨트인 창장경제벨트長江經濟帶를 2014년 말부터 본격적으로 착수했다. 창장경제벨트는 윈난에서 상하이까지 창장長江을 따라 동서로 이어지는 중국 최대 규모 경제권으로 11개의 성·시로 구성되며 유역별로 경제발전 수준의 차이가 큰 것이 특징이다.

다섯째, 충칭-청두이다. 충칭-청두는 창장의 상류에 위치해 있다. 중국 정부가 충칭을 거점으로 삼은 이유는 충칭, 쓰촨을 통해 실크로드 경제벨트와 창장경제벨트를 연계하고, 상하이를 대외개방의 선도주자로 활용하며, 윈난을 동남아시아와의 중심으로 활용하고자 하는 의도이다.

중국의 어느 지역을 선택할 것인가는 사업의 성패를 가름하는 중대한 문제이다. 대만의 유통업체 데니스DENNIS와 이마트의 사례는 시사하는 점이 많다. 데니스는 '한 우물' 전략을 구사했고 이마트는 '다극화' 전략을 취했다. 1997년 대만의 작은 유통업체 데니스는 중국의 오지 허난성 정저우에 집중했고, 한국의 이마트는 상하이를 비롯해 잘나가는 중국 연해지역들을 공략했다. 17년이 지난 뒤 이마트는 철수했고, 데니스는 인구 1억명이 넘는 허난성 유통업계를 평정했다. 허난성이 중부내륙 신흥시장으로 급부상할 것이라는 전망을 갖고 장기적인 전략 아래 한 우물을 팠다. 데니스의 모기업인 동위東裕그룹이 중국 진출을 추진할 당시인 1995년에 대만에서 기업 순위는 312위에 불과했다.

3. 天時 차이나 골든타임

골든타임Golden time · 黃金時段은 황금시간대를 의미한다. 사고나 사건에서 초반 금쪽같은 시간을 지칭한다. 황금시대The golden age · 黃金時代는 최고조의 상태에 이른 시기를 말한다. 그동안 외자기업은 중국에서 '초국민 대우'를 누리며 별다른 제약 없이 저렴한 생산 비용으로 쉽게 많은 돈을 버는 '황금시대'를 누렸다. 이제 황금시대는 막을 내렸다. 중국과 외자기업 모두 전환기에 들어섰다. 이 '골든타임'이 끝나고 시진핑의 개혁이 만들어낸 새로운 기회를 잡는 기업에게 또 다시 황금시대가 열릴 것이다.

(1) 중국의 골든타임

시진핑은 2012년 하반기 집권해 2022년까지 거대 중국을 이끌게 된다. 중국은 공산당 창당 100주년이 되는 해(2021년)와 건국 100주년이 되는 해(2049년)를 중대한 목표시점으로 정했다. 2050년을 국가발전의 최종 단계로 설정한 뒤 이를 구현하는 중간 단계로 2020년을 상정하고 목표와 전략을 제시했다. 시진핑의 집권 시기는 중국이 대국에서 강대국으로 부상하기 위한 '전략적 기회의 시기戰略機遇期'에 해당한다.

2014년 11월 시진핑은 중국 권부의 심장인 중난하이中南海로 버락 오바마 미국 대통령을 초청해 '중국 역사 공부'를 당부했다. 시진핑은 "중국의 현재를 이해하고 미래를 예측하려면 중국의 과거를 알아야 한다"며 "중국의 치국治國 방침에는 전통의 유전자가 담겨 있다"고 말했다. 중국은 기원전 221년부터 19세기 중순까지 적어도 1600년간 아시아 최강의 패권국이었다. 또 7세기 초부터 1830년경까지 약 1200년간 중국 경제의 규모는 세계 최대였다. 이 두 가지 사실은 중국인들의 본심을 이해하는 데 있어 매우 중요하다. 13억 중국인에게 '아시아를 넘어 세계 최강국이 되고 싶다'는 것은 자연스러운 감정이다. 중국에게 홍콩, 대만 등은 반드시 수복해야 할 영토이다. 여기에 한반도는 중국의 변경邊境으로 견인해야 할 핵심적인 지역이다.

근대 중국 역사에서 가장 치욕스러운 두 가지 사건이 있다. 첫째는 아편전쟁이다. 아편전쟁으로 1842년 8월 영국함대의 갑판에서 영국과 청나라 사이에 '난징조약'이 체결되었다. 조약은 홍콩을 영국에 넘겨주고 광둥, 샤먼, 푸저우, 닝보, 상하이 등 5개 항구를 개항한다는 등의 내용으로 구성돼 있다. 이 불평등조약으로 오랫동안 유지돼왔던 중화사상은 여지없이 깨졌으며 중국사회는 커다란 충격에 빠졌다. 둘째는 청일전쟁이다. 청일전쟁으로 일본과 청국은 1895년 4월 시모노세키조약을 체결했다. 일본은 승전 대가로 거액의 배상금과 대만臺灣을 할양받으며 조선에 대한 지배권을 행사하게 되었다. 아편전쟁과 청일전쟁은 홍콩, 대만, 한반도에 대한 중국의 정책을 이해하는 데 반드시 연구해야 할 핵심적인 사건이다. 시진핑이 주창하는 중화민족의 위대한 부흥, 중국의 꿈中國夢은 동아시아에서 일본을 제압하고 미 · 중 양강 구도를 정착시키겠다는 의지로 보인다. 시진핑은 취임 당시 중국의 꿈을 제시하며 국가부강, 민족부흥, 인민행복 실현이 중국의 꿈이라고 강조했다.

시진핑 집권 전반기(2012~2017년)는 2단계로 구분할 수 있다. 2015년까지는 친서민 행보와 반부패 드라이브로 권력을 장악하고 집권 기반을 다지는 시기이다. 2011년 시작된 12차 5개년 계획이 종료되는 2015년 이후에는 개혁개방의 심화발전 단계이다. 향후 3~5년 동안 개혁개방의 성과를 가시화하는 작업이 진행될 것으로 보인다. 이 시기가 중국에게는 '골든타임China's golden time' 이다. *

개혁개방 이후 경제의 성공은 덩샤오핑의 선부론에 입각해 지방정부에 자율성을 부여해 지역간 경쟁체제를 도입한 것이 원동력이었다. 그러나 이러한 구조는 일정한 시점을 지나면서 위기발생 가능성을

2014년 11월 APEC 정상회의에서 시진핑이 한국, 베트남, 러시아, 일본 정상과 회담하는 장면

---

* 문맥상 Chinese golden time이 더 부합하지만 필자의 선호도에 따라 China's golden time을 사용했다.

확대재생산하는 핵심 요인이 되고 있다. 중복투자와 과잉설비, 지방보호주의와 시장분할, 지방재정 적자와 지역 부동산 거품 등이 위기요인으로 등장하고 있다. 시진핑은 이를 해결하기 위해 중앙-지방정부 체제의 개혁 등 제2의 개혁개방에 해당하는 혁신을 단행해야 하는 상황이다. 잠재성장률의 하락, 노령화, 지역격차의 확대 추세 등을 고려하면 시진핑 정부에 남은 시간이 그리 많지 않다.

향후 3~5년 동안 단행되는 개혁이 문제만 들춰 놓고 수습은 하지 못할 경우 큰 후유증을 낳을 수 있다. 개혁 조치 이후 중국 경제는 자본 유출, 제조업 부진, 부동산 침체, 외국 자본 철수로 파장이 일었다. 위안화 평가 절하로 자금 유출이 이어지고 있다. 부동산 경기 침체로 지방 정부는 재정상 어려움을 겪고 있다. 외자 기업 철수도 이어지고 있다.

2017년은 시진핑이 집권 전반기를 마무리하고, 2020년은 전면적 소강사회小康社會(중산층 사회)를 실현했다고 선포해야 하는 시점이다. 성과를 내기 위해 향후 3~5년 동안은 모든 역량을 집중해야 하는 중국의 골든타임이다.

이 시기는 시진핑 리더십의 3대 특징인 '친화력' '통합력' '혁신능력' 중 혁신능력이 발휘되는 시기이다. 시진핑은 그동안 가는 곳마다 발명에 가까운 창조적 시도를 계속했다.

1969~1975년까지 산시성 옌안에서 하방생활을 하는 동안에도 그랬다. 그는 1972년 공청단에 가입한 뒤 1974년 중국 공산당에 입당해 당지부 서기를 맡아 산시성에서 최초로 메탄가스 시설을 운영해 땔감 문제를 해결했다. 당시 시진핑이 주민들을 이끌고 만들었던 메탄가스 탱크가 아직도 보존되어 있다. 1982~1985년까지 허베이성 정딩현 당서기 시절 원로들의 반대를 무릅쓰고 중국중앙방송 CCTV 드라마의 대형 세트장에 투자해 관광산업을 일으켜 대박을 터뜨렸다.

시진핑이 중국을 개조하는 3~5년 동안 중국과 어떤 성격의 관계를 맺느냐는 것이 향후 수십년의 성패를 가를 것이다.

(2) 한국의 차이나 골든타임

차이나 골든타임은 한국의 입장에서도 볼 수 있다.

연한제일聯韓制日은 중국이 한국과 연합해 일본을 제압한다는 의미이다. 홍콩 매체 대공보大公報는 2014년 2월 4일자 보도에서 하얼빈哈爾濱 안중근 의사 기념관 건립을 '연한제일'의 대표적인 사례로 꼽았다. 중국은 동아시아에서 청일전쟁 이전의 상태로 복귀하기 위한 계획을 치밀하게 실천하고 있다. 청일전쟁 과정에서 중국은 조선에 대한 영향력과 대만에 대한 지배권을 잃었다. 조어도釣魚島도 일본 수중에 들어갔다. 2010년 이후 중국은 조어도에 대한 주권을 강화하고 있으며, 역사와 경제를 통해 한국을 중국의 세력권으로 유인하고 있다. 청일전쟁 후 시모노세키 조약을 맺은 당사자는 리홍장과 이토 히로부미이다. 중국은 이토 히로부미를 사살한 안중근 의사 기념관을 전격 개관했다. 일본 우파가 긴장과 갈등을 최대한 이용하고 중국이 내정을 위해 민족주의를 활용한다면 중일간 갈등은 상당기간 지속될 것으로 보인다.

중일 갈등이 장기화되고 중국 시장에서 일본상품이 밀려나는 형세를 잘 활용한다면 한국은 또 한 번 도약할 수 있는 기회를 잡을 수 있다. 2000년대 양안갈등을 계기로 한국이 중국에서 약진하면서 2005년 1인당 GDP에서 대만을 '추월'하고 급기야 2007년 2만달러를 먼저 달성하게 된 경험을 살려야 한다. 2010년 이후 계속되고 있는 중일 갈등을 한국은 일본을 '추격'하는 전략적 기회의 시기로 삼아야 한다. 지난 2000년 초반 천수이볜 독립 노선으로 인한 갈등 시기에 대만 기업이 중국에서 소외된 적이 있다. 당시 한국이 중국에서 큰 기회를 잡았다.

1997년 IMF사태 이후 내실을 다진 한국은 IT뿐만 아니라 철강, 조선, 자동차 산업의 호조로 2005년 1인당 GDP에서 대만을 추월하고 급기야 2007년 2만달러를 먼저 달성하게 됐다. 2005년 한국의 1인당 GDP는 1만6500달러로 대만의 1만5500달러보다 높았다.

최근 일본이 중국시장에서 견제를 받고 있는데, 이것은 우리에게 기회요인으로 작용하고 있다. 중국의 일본에 대한 견제는 매우 구체적이고 집요하게 이루어지고 있다. 중국 정부가 일본의 제트로JETRO(일본무역진흥기구) 상하이대표처 직원 비자를 갱신해 주지 않아 26명이었던 직원수가 2014년 10여명까지 줄었다고 한다. 외국계 대표처의 규정을 엄격히 적용할 경우 4명까지 줄일 수 있다. 문제는 이런 잣대를 다른 국가 대표처에도 동일하게 적용하느냐 여부이다. 지난 2009년까지 다롄시정부는 다롄시 아카시아 축제 첫날을 '일본의 날'로 정했다. 하지만 2010년부터 한국-일본 순으로 바뀌었다.

한국의 경제규모나 인구 등으로 볼 때 일본을 단기간에 '추월'하는 것은 실현가능한 목표가 될 수 없다. 일본과 선의의 경쟁을 통해 '추격'하는 것은 가능해 보인다. IMF에 따르면 2014년 미국 GDP는 17조416억 달러, 중국 10조3554억 달러, 일본 4조7698억 달러, 한국 1조4495억 달러이다. 일본 GDP의 절반인 2조3849억달러를 따라 잡는다면 한국은 사실상 일본을 추월한 것이나 마찬가지이다. 일본은 인구가 1억2000만명이고 한국은 5000만명으로 2.5대 1이며, 영토는 일본의 3.8대 1 수준이다.

한국의 입장에서 차이나 골든타임은 유효기간이 분명히 존재한다.

중일 갈등을 고정변수로 믿고 상황을 이롭게만 보는 것은 큰 후유증을 낳을 수 있다. 상황은 언제나 유동적으로 변할 수 있다. 2014년 중일 정상회담은 매우 어색하게 끝났지만 양국은 전략적 모호성Strategic ambiguity이라는 외교적 기법을 동원해 관계개선의 기반을 마련했다. 정상회담을 앞두고 아베의 외교 책사 야치 쇼타로 일본 국가안보국장과 양제츠 중국 외교 담당 국무위원이 '관계개선 4대원칙'에 합의했다.* 일촉즉발의 긴장을 이어가던 중국과 일본이 관계개선으로 방향을 틀게 되면서 우리의 동북아 외교도 상당히 영향을 받게 됐다.

일본은 중국 견제를 위한 미일동맹 강화에 집중하면서 워싱턴을 무대로 이미 종중離美從中(한국이 미국을 떠나 중국을 따른다)을 하고 있다고 몰아세우고 있다. 일본이 한미 사이에서 이간지계離間之計를 편다고 해서 우리가 자중지란自中之亂에 빠져서는 안된다. 한마음으로 뭉쳐 골든타임을 잡아야 한다. 한일 관계 악화의 근본 원인은 중국의 부상과 동북아의 세력판도의 변화 때문이다. 한국이 미국 등 해양세력과 긴밀한 관계를 유지해야 중국과 협상에서 레버리지를 갖게 되는 것도 사실이다. 경제와 안보면에서 일본의 전략적 가치를 냉정하게 판단할 수밖에 없다. 다만 일본이 한국의 의지에 따라 움직이지 않는다는 점을 알아야 한다. 청일전쟁으로 조선을 청나라에서 독립시켜 주고, 근대화와 경제건설을 도와주었는데, 한국이 다시 중국을 추종하고 있다는 속내(혼네 本音 ほんね)를 갖고 있는 이들이 일본 지도부를 구성하는 한 어떤 정부가 들어서도 한계가 있다. 일본

---

* '관계개선 4대원칙'에는 조어도(센카쿠 열도) 문제와 관련 '서로 다른 견해(중국 측 발표는 서로 다른 주장)'가 존재한다는 문구가 포함됐다. 중국은 일본이 이를 통해서 조어도 영유권 분쟁의 존재를 인정했다고 해석하고 일본은 기존 입장을 고수했다고 설명하고 있다. 중국은 일본이 조어도에 대한 자신의 주장에서 한발 물러선 것으로 풀이하고 있다. 아울러 "양국관계에 영향을 주는 정치적 장애를 극복해 나간다"라는 문구를 포함시켜 중국이 아베의 야스쿠니 신사 참배에도 제동을 건 것으로 평가하고 있다. 양국은 또 전략적 호혜관계를 발전시키고 다자간, 양자간 외교 채널을 통해 상호 신뢰관계를 구축한다는 합의도 발표했다.

은 일본의 길을 가고 있다. 일본과 함께할 수 있는 부분과 그렇지 않은 부분을 분리해 대응하면서 우리는 우리의 길을 가야 한다. 경제력에서 일본을 '추격' 하고 민주주의와 시장경제를 더 잘 할 수 있다는 것을 보여주어야 한다.

허베이성
베이징시

서울
샹쑤성
후베이성
우한
상하이
후난성
구이양시
구이저우성

2. 중부

중부 취재경로
1) 서울 ➡ 베이징(비행기)　　4) 우한 ➡ 상하이(비행기)
2) 베이징 ➡ 구이양(비행기)　5) 상하이 ➡ 서울(비행기)
3) 구이양 ➡ 우한(고속철도)

1. 후베이성 우한

첫 방문지를 두고 고민했다. 후베이성湖北省(호북성) 우한武漢(무한)은 나에게 너무 낯선 곳이다. 하지만 정면돌파하기로 했다. 비행기 상공에서 내려다본 중국 후베이성 우한은 물의 도시를 연상시킨다. 이곳을 관통하는 창장長江(양쯔강)과 둥후東湖 등 강과 호수가 도시를 감싸고 있다.

하지만 지상에서 만난 우한은 온통 공사판이었다. 공사로 인한 먼지 때문인지 온 도시가 스모그에 싸여 있었다. IBK기업은행 장광태 우한분행장은 "2015년까지 도시건설 계획의 80% 목표를 달성하기 위해 중대 프로젝트 240개가 동시에 추진되고 있다"고 전했다. 땅속에 9개 지하철 노선을 한꺼번에 건설하고, 도심은 재개발을 위한 철거 공사가 한창이고, 공중에는 고가를 건설하고 있었다.

우한은 중국의 배꼽에 위치해 있으며, 예로부터 상하이와 견주는 대도시로 대우한大武漢이라 불렸다. 시진핑이 집권하면서 중국은 상하이자유무역구 건설에 박차를 가하고 있다. 중국이 상하이를 미국의 뉴욕과 같이 경제의 수도이자 세계 금융의 중심지로 육성하려는 의도가 엿보인다. 뉴욕은 '아메리칸 드림'을 꿈꾸

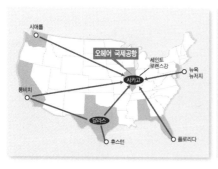 

미국 시카고와 중국 우한 비교

	시카고	우한
위치	미국 중부의 중심	중국 중부의 중심
수운	미시간 호반-세인트로렌스강	동정호(洞庭湖)-양쯔강(揚子江)
육상/항공	미국 주요 철도 종착지	상하이와 충칭(동서), 베이징과 광저우(남북) 연결·톈허국제공항
	오헤어국제공항	
식량	중서부 곡창지대	중부지역 곡창지대 농물산 집산지
	시카고상품거래소(CBOT)	
교육	시카고대학 등 교육도시	세계 최다 대학생(100만명 이상)

는 전 세계인이 동경하는 경제, 금융, 문화예술의 중심지이다. 중국은 상하이를
시진핑의 정치 구호인 '중국의 꿈中國夢·Chinese dream'을 실현하는 무대로 삼
고 있다.

상하이가 미국의 뉴욕이라면, 우한은 시카고와 비교할 수 있다. 이준엽 인하
대 국제통상학부 교수는 "우한이 여러 가지 측면에서 시카고와 유사하다"고 분
석했다. 19세기 미국 경제성장의 주요 배경은 횡단철도를 통한 동부와 서부의 통
합이라고 할 수 있다. 미국이 세계 경제 패권을 장악할 수 있게 해준 동력은 바로
철도였다. 이 과정에서 중요한 역할을 한 지역이 시카고이다. 시카고가 배후 곡
창지대를 경제기반으로 성장한 도시라는 점은 우한이 중부지역 곡창지대를 배
후지역으로 한다는 점과 유사하다. 시카고가 세인트로렌스 강을 기반으로 한 내

륙수로의 중심지라면 우한은 창장(양쯔강) 수로의 교통요충지다. 시카고가 미국의 교육 중심도시이듯 우한도 중국의 중요 교육도시다. 중국 지도와 미국 지도를 비교해 보면 뉴욕-상하이, 시카고-우한은 지리적으로도 매우 비슷한 위치에 있다. 우한을 중심으로 철도, 고속도로, 수운이 연결되고 있다. 동부에서 서부로 가는 중국판 'Go west 붐'의 중심이 우한이다.

중국이 우한을 중심으로 한 중부지역 발전을 서두르는 이유는 동과 서를 잇고 남과 북을 연결시켜 발전 효과를 확산시키기 위해서다. 중국 정부는 1999년 서부대개발, 2003년 동북진흥계획에 이어 2006년 중부굴기를 본격 추진하고 있다. 중부굴기를 통해 중부지역은 전국의 중요한 식량생산, 에너지자원, 현대장비 제조설비 및 첨단기술 산업기지와 종합물류허브로 거듭나고 있다.

각종 지표는 우한과 후베이성의 급성장 추이를 보여주고 있다. 후베이성 통계국은 후베이성 소비가 8개월 연속 두 자릿수 성장했다고 발표했다. 2013년 1~8월 소비재 판매 성장률은 13.2%를 기록했다. 소비 성장의 주역은 보석류(41.0%), 가전제품(19.0%), 식품·주류·담배(17.9%), 통신기기(17.0%), 자동차(16.5%), 패션·잡화(14.1%) 등이다.

이처럼 폭발하는 소비시장을 노리고 전 세계 기업들이 몰려들고 있다. 후베이성 상무청은 2013년 1~9월에 세계 500대 기업 중 후베이성에 신규 투자한 기업이 10개에 달한다고 밝혔다. 신규투자 기업은 프랑스 르노자동차, 에어프랑스, 미국 카디널헬스Cardinal health, 오라클, 일본 미쓰비시그룹 등이다. 2015년 현재 후베이성에 세계 500대 기업 중 228개가 투자하고 있으며 이는 중국 중부지역 최대 규모이다. 팍스콘Foxconn, TCL 등과 같은 기업들도 기지를 우한으로 이전하고 있다.

한국도 100만명이 넘는 대학생 등 우수한 노동력과 탄탄한 산업기반, 높은 소비력, 우수한 교통 환경 등을 갖춘 우한에 총영사관, KOTRA중국우한무역관을 설치했다. 삼성전자 화중지역 판매본부, 포스코 강재가공센터, SK, 롯데, IBK기업은행 등이 진출해 있으며, LS전선은 이창宜昌에 투자 규모를 확대하고 있다.

(1) 삼국지의 무대, 역사의 중심지

왜 시진핑은 버락 오바마 미국 대통령에게 중국 역사 공부를 권했을까?* 시진핑은 중화민족의 위대한 부흥을 역설하고 있다. 중화민족은 중국의 모든 지역과 민족을 하나로 아우르는 개념이다. 중화민족의 중심은 한족이다. 한족이 가장 부흥했던 시기와 지역을 주목해야 한다. 시진핑 시대 중국의 도시를 관찰할 때는 반드시 역사적인 맥락을 봐야 한다. 우한의 역사를 보면 중국 정부가 왜 우한을 5대 국가전략 도시권의 핵심도시로 선정했는지 알 수 있다.

우한은 정부기관 및 대학이 밀집해 있는 우창武昌, 1858년 톈진조약으로 영국, 독일, 러시아, 프랑스의 조계지가 있었던 한커우漢口, 공업지역 한양漢陽 등 3개 지구로 이루어져 우한삼진武漢三鎭이라고 한다. 예로부터 농토가 비옥하고 2~3모작이 가능해 이 지역을 차지하면 황제도 부럽지 않다고 할 정도였다. 우한은 3500년 전의 유적지가 발견되는 등 번화한 도시였다. 일찍이 춘추전국 시대에는 초楚

---

* 2014년 11월 시진핑은 중난하이中南海로 버락 오바마 미국 대통령을 초청해 중국 역사 공부를 당부했다. 시진핑은 "중국의 현재를 이해하고 미래를 예측하려면 중국의 과거를 알아야 한다"며 "중국의 치국治國 방침에는 전통의 유전자가 담겨 있다"고 말했다.

나라의 영역이었으며, 삼국시대 위魏 · 촉蜀 · 오吳 3국 영웅들의 활동 무대였다. 초나라의 악왕鄂王이 지금의 우한에 도읍을 둔 것에 연유하여 악성鄂省이라고도 불리며, 악鄂은 후베이성을 상징하는 글자이다.

우한 주변에는 제갈공명이 기지를 발휘해 조조군을 크게 물리쳐 유명해진 적벽 등 삼국지의 유적지가 산재해 있다. 삼국시대에 지어졌다 재건된 황학루黃鶴樓는 주변 경치가 매우 아름다워 최호, 이백 등을 비롯해 숱한 시인묵객들이 찾아와 시와 노래를 지었다. 후베이성 박물관에는 월나라 왕 구천의 장검인 월왕검 등 역사적 유물이 전시되어 있는데 그 보존 상태도 양호하다. 우한은 신해혁명의 도화선이 된 곳이기도 하다. 1911년 우창(무창) 봉기의 성공으로 중화민국의 성립과 청 왕조의 몰락을 가져온 신해혁명의 발상지이다.

개혁개방 이전까지 우한은 중국의 대표적인 공업도시였다. 1950년대 이후 우창 지구에 많은 공장이 건설되었는데 그 중 대표적인 것이 우한철강이다. 그 밖에도 각종 기계공업부문과 화학공업부문 공장이 즐비한 화중지방 최대의 공업 중심지로 성장했다. 우한 주변의 평야와 그 배후 구릉지는 쌀, 보리, 차, 목화, 잎담배 등의 생산지이며 우한은 그 집산지로서 발전해왔다. 면과 차가 우한의 특산품으로 유명하다.

우한과 그 인근 지방은 풍부한 식량, 황금, 구리 등 지하자원과 온갖 수산물, 심지어 진주까지 생산된다. 우한은 후베이성의 성도로 창장의 물줄기가 휘몰아치는 곳에 자리하고 있다. 상하이부터 충칭까지 동서방향의 수운과 베이징에서 광저우까지 남북방향의 육운의 교차점에 해당하며, 교통로가 사통팔달四通八達이라 예로부터 9개 성으로 통하는 교통의 요충지로 불리어 왔다. 여름철에는 1만톤급 선박이 운항하고 항구, 해군, 해군학교가 있다. 호수를 품은 도시로 항저우杭州에 시후西湖가 있다면 우한에는 면적 33㎢의 둥후東湖가 있다. 현장에 가보면 마치 바다를 연상하게 된다.

우한은 중국의 4대 화로로 통하는데 요즘은 중국 정부가 야심차게 추진하고 있는 중부굴기의 전초기지로서 개발 열기가 뜨겁다. 우한은 중부지역 경제의 용광로로 변신하고 있다.

김진욱 주우한 부총영사는 "전통적인 강세를 보였던 산업은 빠르게 구조조정을 추진하고 있으며, 전략적 신흥 산업도 동시에 육성하고 있다"고 전했다. 우한 지역의 완성차나 승용차 생산 및 R&D 능력은 중국에서 선두를 차지하고 있다. 이뿐만 아니라 중국의 주요 자동차 시장으로도 부상하고 있다.

우한 둥후 하이테크개발구는 미국의 실리콘밸리와 한국의 대덕연구단지를 모방했다. 광전자 산업에 역점을 두고 있으며, 이 개발구는 광섬유 및 광케이블 생산량에서 중국시장 점유율 50%, 세계시장 점유율 12%를 차지하고 있다. 여기에 오송생명과학단지를 모방한 의학, 농업, 바이오단지를 추가해 2020년에는 한국 경제의 2/3 규모로 키우겠다는 계획을 세워놓고 있다.

(2) 러브콜도 '유통기간' 있다

"우와, 한국 사람은 처음 본다."

우한에서 음식점이나 호텔酒店에 들렀을 때 종업원들은 한국 사람을 처음 만난다면서 반가워했다. 지금까지 조선족은 만나 보았지만 한국인을 만나 대화를 해보기는 처음이라고 말했다. 중부굴기의 중심 우한은 인구가 1000만명이 넘고 1인당 GDP 1만 달러를 돌파해 소비가 폭발하고 있지만 한국 사업가들의 손길이 본격적으로 미치지 않고 있다. 우한 총영사관에 따르면 이곳에 재외국민이 560

여명 정도가 거주한다. 이 가운데
300명은 유학생이다. 나머지 260명
중 가족을 빼면 100명도 안 되는 사람
들이 사업을 하거나 공무에 종사한다.

기자가 2013년 10월과 11월 베이
징, 상하이 등을 취재하면서 만난 우

정재남 주우한총영사   한광섭 전 주우한총영사

리 기업인들의 고민은 컸다. 연해지역에서 사업을 하던 기업인들은 우한과 같은
중서부 내륙지역으로 공장을 이전하거나 중국에서 철수해 값싼 노동력을 찾아
베트남 등 동남아로 떠날 생각을 하고 있었다.

그동안 중국은 한국 기업의 공장이었다. 임금이 저렴한 중국에 부품이나 중간
재를 투입해 제품을 생산해서 주로 다른 나라에 수출을 했다. 하지만 인건비가
치솟으면서 이런 전략은 더 이상 먹혀들지 않고 있다. 중국에서 가장 가난한 구
이저우성을 찾아가 취재를 해보니 인건비가 만만치 않았다. 공장을 구이저우성
으로 이전할 경우 물류비용을 감당해내기도 쉽지 않아 보였다.

우한에 진출한 몇몇 기업에서 작은 희망의 불씨를 보았다. 현장을 취재해보니
중국 기업들은 자신들의 공장을 업그레이드하기 위해 한국의 앞선 기술과 시스
템에 목말라 하고 있었다. 물론 한국의 기술이 아직 미국, 서유럽, 일본과 같은 최
선진국에는 못 미친다. 하지만 이들 기술선진국들은 중국에 기술이전하기를 극
도로 꺼리거나 값비싼 대가를 요구한다.

SK종합화학 관계자에게 중국 최대 국영 석유기업인 시노펙과의 합작 비결이
무엇이냐고 여러 차례 물었다. 그동안 중국 정부는 산유국이나 고급 기술을 가진
나라와만 합작을 승인했다. 이 회사 관계자는 "시노펙이 SK종합화학의 축적된
공장관리와 운영 노하우를 모방하려고 수년 동안 노력했지만 결국 실패하고 합

이종윤 코트라 우한무역관장　중한우한석유화학유한공사　장광태 IBK기업은행 우한분행장　권세진 한중국제교육원장
　　　　　　　　　　　　　　이정훈 부총경리

작을 선택했다"고 대답했다.

　이러한 러브콜이 언제까지 계속될까? 그 사이에 다른 기술 공급국이 나타날 것이며, 중국이 자력으로 산업을 업그레이드할 것이다. 우리 기업이 중국 기업과 손잡고 시장을 공략할 기회의 시간은 3~5년 정도로 보였다.

(3) 중원지역 개척자들

　주우한 총영사관은 중부지역 6개성 중 후베이성, 후난湖南성, 허난河南성, 장시江西성 등 4개성을 관할하고 있다. 삼국지의 정수인 적벽대전赤壁大戰, 영화 아바타의 촬영 배경지 장가계張家界, 중국 무술의 요람인 소림사少林寺 모두가 관할 지역에 있다.

　이들 4개성은 인구 2억8000만명으로 대규모 내수시장을 형성하고 있다. 2017년에 목표 GDP 규모가 약 14조5000억 위안에 달한다. 영국에 맞먹는 수준이다. 한국이 이들 4개성과 안후이安徽성, 산시山西성 등 중부 6개성 3억5000만명 시장을 공략할 경우 국민소득 3만 달러 달성이 가능할 것이라는 분석도 나오고 있다.

한광섭 전 주우한총영사는 "한중관계를 한 단계 더 업그레이드하기 위해서는 중부지역과 손잡아야 한다"며 "한중 교역 규모가 2000억 달러에서 3000억 달러를 넘어서기 위해서는 새로운 시장인 중부지역에서 승부를 걸어야 한다"고 강조했다. 한중이 수교한 1992년 한국의 1인당 GDP는 7527달러였다. 수교 13년 후인 2005년에는 1000억 달러였고 1인당 GDP는 1만6291달러를 돌파했다. 7년 후인 2012년 한중 무역액은 2000억 달러였고 1인당 GDP는 2만3000달러대를 넘었다.

한중 교역이 1000억 달러를 돌파했을 때 1인당 GDP는 1만 달러를 넘었고, 2000억 달러를 돌파했을 때 2만 달러를 넘어서 있었다. 2013년 한중 정상은 FTA 체결을 통해 2015년 한중 무역액 목표를 3000억 달러로 3년 만에 50% 확대하기로 했다. 1000억 달러를 돌파하는 데 13년, 2000억 달러를 넘어서는 데 7년이 지났다는 점을 고려하면 한중 FTA라는 지렛대를 활용하면 3000억 달러도 가능해 보인다. 이렇게 되면 1인당 GDP 3만 달러 돌파도 예상해볼 수 있다.

한 전 총영사에 따르면 한국과 중부 4개성의 교역규모가 100억 달러에도 못 미친다. 바닥 수준이다. 1000억 달러에서 2000억 달러를 넘어서는 것은 어려워도 100억 달러에서 1000억 달러로 되는 것은 가능하다. 한 전 총영사는 "정을 주지 않고 물건만 파는 시대는 지났다"며 "중부시장에서 경쟁하고 있는 나라 중 한국만큼 중국 철학과 역사에 대한 깊은 이해를 갖고 있는 곳은 없다"고 말했다. 역사와 문화유산이 풍부한 중부지역 주민들과 마음을 주고받다 보면 정과 함께 물건을 파는, 한 차원 높은 관계로 나갈 수 있을 것이라는 주장이다.

정재남 주우한총영사는 외교부 중국과장, 주광저우총영사관 부총영사 등을 역임한 중국통이다. 중국에 근무할 때 주요 소수민족 지역을 답사하고 연구를 통해《중국 소수민족 연구》라는 책을 출판했다. 중국어에 능통해 중국인들이 "어쩌면 그렇게 한국어를 잘하느냐"라고 농담할 정도이다. 주광저우 부총영사로 재직할 때는 광둥어를 배우기도 했다. 정 총영사는 이 지역이 거대한 잠재력을 가진 시장이지만 아직 미개척지나 마찬가지라는 점에 주목하고 있다. 정 총영사는 "중부

SK종합화학이 우한에 세운 중한(우한)석유화학유한공사에서

지역은 중국 정부의 도시화와 맞물리면서 소비시장의 외연이 넓어질 것으로 보인다"라고 말했다. 2015년 중국 국무원은 '창장 중류 도시군 발전계획'을 승인했는데 핵심지역이 우한이다.

이종윤 KOTRA중국우한무역관장은 후베이성과 장시성을 담당하고 있다. 이 관장은 "이 지역은 저축보다는 소비성향이 강하다"며 "고급 외제차가 많아 놀랐다"고 말했다. 중부굴기에 따른 급격한 도시화 과정에서 경제가 성장하고 소득이 증가하다 보니 소비규모 또한 커지고 있다. 이 관장은 "기술적인 우위에 있는 제조업은 이를 활용해 공동 R&D를 하거나 부품을 공급하는 것도 좋은 방법"이라고 말했다. 국내 부품업체가 중국 내 자동차시장 2위를 차지하고 있는 둥펑자동차그룹과 부품공급을 위한 제휴를 추진한 것이 좋은 사례이다. 둥펑자동차그룹은 지난 1969년 중국 우한시에 설립된, 자산 총계 40조 원에 직원 수가 16만명에 달하는 완성차 생산·판매업체다. 2013년 7월 코트라는 둥펑자동차그룹과 공동으로 우한 둥펑자동차그룹 R&D센터에서 한중 자동차업체간 부품교류회를 개최했다.

서비스업 등 소비재의 경우 성공 사례가 있지만 더 많은 도전이 필요해 보였다. 퓨전 돌솥비빔밥을 아이템으로 우한에서 창업한 '믹스 앤 라이스'는 초기

에 어려움을 겪었지만 최근 매장을 추가로 개장하는 등 자리를 잡아가고 있다.

이 관장은 "값싼 임금을 보고 원부자재를 들여와 가공해 해외에 수출하는 방식은 더 이상 경쟁력이 없다"며 "내수시장을 노리고 중국기업화 되어 중국시장에서 살아남고 성공하기 위해 진출해야 한다"고 말했다. 이종윤 무역관장은 "우한에서 한국산 소비재나 중소형 서비스업에서 성공 사례가 나오고 있지만 제한적"이라며 "기술면에서 우위에 있는 제조업체는 현지 기업과 합작하는 방법도 좋다"고 말했다. 시장에 진입장벽이나 각종 규제가 존재하기 때문에 현지 기업과의 공동 R&D나 제품생산, 혹은 부품납품 등 우회진출이 현실적이라는 지적이다.

중국이 세계 공장에서 시장으로 전환되고 있다고 하지만 수입상품의 시장진입과 소비자들의 접근성 면에서 선진국 시장과 동일하다고 할 수는 없다. 중서부 내륙으로 들어갈수록 규제와 독점, 유통구조가 복잡하고 글로벌화 수준이 낮은 계륵 같은 시장이라고 할 수 있다. 중국 내수시장에 효과적으로 진출하기 위해서는 현지인들과의 동반 관계가 중요하다.

후베이성 우한시 중심부에서 30km 떨어진 우한화학공업구에 거대한 규모의 현대식 석유화학공장이 들어서 있다. 마치 울산의 석유화학공장을 보는 것 같다. 메인공장이 완공되었지만 아직도 축구장 두 개만 한 공장부지가 군데군데 남아 있다. SK종합화학은 2013년 6월 중국 최대 국영 석유기업인 시노펙과 우한 에틸렌 합작법인 설립 계약(JVA)을 체결했다. SK그룹이 3조1000억 원을 투입한 초대형 프로젝트지만 SK종합화학에서 파견한 간부는 3명뿐이다. 나머지는 단기파견자들이다. 이정훈 중한(우한)석유화학유한공사 부총경리는 20여 년 동안 중국에서 경력을 쌓은 중국통이다.

이 부총경리가 내세우는 성과는 두 가지이다. 첫째는 원천 기술과 원료 없이 합작을 성사시킨 점이다. 중동을 제외한 아시아 지역 기업 중 중국 에틸렌 사업에 진출한 것은 SK가 처음이다. 중국은 그동안 원유나 자체 기술력을 보유한 일부 서구 메이저 회사와 중동 산유국 기업에 한해 에틸렌 합작사업 참여를 선별적으로 허용해왔다.

둘째는 SK주도로 석유화학 다운스트림 분야 사업을 확장할 수 있다는 점이다. 다운스트림Downstream은 후가공後加工을 의미하며, 에틸렌을 원료로 플라스틱, 고무제품, 방직, 포장재료, 건축자재 등을 생산하는 수많은 기업이 필요하다. 이 부총경리는 "후베이성과 우한시 정부에서 울산공단 등 한국 석유화학 다운스트림 업체들이 입주할 경우 각종 혜택을 줄 수 있다"고 밝혔다.

IBK기업은행은 지난 2012년 10월 국내은행 최초로 우한시에 중국내 7번째 영업점인 우한분행을 개설했다. 이는 우한이 빠르게 성장하고 있고 한국기업의 진출도 늘고 있다는 점을 고려한 결정이었다. 장광태 우한분행장은 중국에서 9년 이상 근무한 중국전문가이다. 우한은 한국인이 많지 않기 때문에 중국어를 구사하지 못하면 제대로 활동할 수가 없다. 한국기업이 많지 않아 설립초기 영업기반이 취약하다는 판단 아래 후베이성 정부를 통해 우대지원 약속을 받아내었고, 5년 동안 영업장 임대료도 동결시켰다. 이러한 약속을 구두가 아닌 문서로 받아둔 것이 큰 도움이 됐다. 중국에서 협상을 구두로 끝내면 큰 후유증이 발생한다. 나중에 실무진이 "들은 바 없다"고 말하는 경우가 있다.

장 분행장은 중국인을 상대로 한 영업에도 주력하고 있다. 우량 중국기업 유치와 개인영업에도 힘써 현지화를 추진해 나가고 있다. 무의탁 독거노인 보호시설 방문, 아파트 주민을 상대로 칼갈이磨刀 봉사활동을 벌이는 등 작은 일부터 단계적인 대응을 해나가고 있다. 장 분행장은 "정면 돌파보다 유연하게 우회적으로 접근하는 것도 좋은 마케팅 방법이 될 수 있다"고 말했다.

부산 동서대는 우한 재경정법대학과 함께 2011년 중앙 교육부 허가를 받아 한

중국제교육원을 설립해 운영하고 있다. 이 대학은 중국 내 최초의 한중 대학 간 공동합작 모델로 향후 양국 학술기관간 협력의 선도적 역할을 할 것으로 기대된다. 한중국제교육원의 탄생 배경에는 권세진 원장의 끈질긴 노력이 있다. 중국 교육부로부터 정식으로 4년제 대학 학력을 인정받고, 학생선발권과 학사 운영권을 받아내는 것은 쉬운 일이 아니었다. 권 원장은 베이징대에서 석사와 박사학위를 받고 영남대를 거쳐 동서대에 합류한 중국통이다. 동서대 장제국 총장의 전폭적인 지원과 7년 동안 대학 설립과 운영에 매진해온 권 원장의 헌신이 아시아권 대학 최초로 한중합작대학 설립을 가능하게 했다.

수년 동안 끈질긴 노력 끝에 교육원 설립에 성공한 권 원장은 "중국 학생들과 동반 관계를 구축하게 되고 이후 애니메이션과 디지털영상 분야를 공동으로 개척해 나가게 될 것"이라고 전망했다. 이 대학 학생들은 1~2학년 과정을 중국에서 이수하고 3학년은 동서대에서 수업을 들은 후 다시 4학년 과정을 중국에서 마치면 두 대학의 학위를 동시에 취득하게 된다. 권 원장은 "합작대학을 기반으로 교육콘텐츠 수출은 물론 중국 현지 기업들과의 산학협력에도 적극 나설 계획"이라고 말했다.

롯데시네마는 지난 2011년 9월 우한시에 롯데시네마 서원관을 개관하고 중국 진출에 박차를 가하고 있다. 롯데시네마는 후베이성영화총공사와 2011년 공동으로 후베이싱러극장유한공사湖北興樂影城有限公司를 설립했다. 2011년 9월 서원관을 개관한 이래 현재 7개를 운영 중이며 향후 5년 동안 100개를 운영한다는 계획을 세워놓고 있다. 천웬웬 후베이싱러극장유한공사 부총경리는 "롯데시네마의 서비스 노하우를 도입해 관객들에게 차별화된 서비스를 제공하고 있다"고 말했다. 서원관은 선양 송산관에 이은 두 번째 중국 상영관이다. 12개관 2300석 규모로, 560석 규모인 대형관과 VIP관을 비롯해 4D영화관 등을 갖췄다.

2. 중부 6개성

중국의 도시를 관찰할 때 일대일로帶一路 프로젝트에 포함되는지를 봐야 한다. 중국 정부가 모든 역량을 일대일로 프로젝트에 쏟아붓고 있기 때문이다. 중부 6개성은 허난성을 제외하면 직접적인 관련이 없다. 대신 창장경제벨트長江經濟帶 조성을 추진하고 있다.

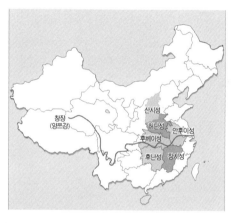

개발 열기를 창장 하구인 상하이일대에서 중·상류로 끌어 올리겠다는 야심 찬 계획이다. 이 때문에 우한이 '5대 국가전략 도시권의 핵심도시'에 포함된 것으로 보인다.

시진핑은 2013년 7월 중 우한을 방문했다. 집권한 뒤 얼마 안 되는 시점에 우한을 방문한 것은 상징적인 의미가 있다. 우한 방문은 마지막 소외지역인 중부지역에 대한 집중 육성 의지를 표시한 것으로 해석되고 있다. 쉬창성徐長生 화중과기

대학경제학원장은 "중부는 중국의 허리로 허리를 곧게 펴야 중국이라는 거인이 똑바로 걸어 나갈 수 있으며 중국 경제가 지속 가능한 발전을 할 수 있다"고 밝혔다. 중부지역은 산시성, 안후이성, 장시성, 후난성, 후베이성, 허난성 6개성으로 구성된 중부 내륙지역으로 동서를 잇고 남북을 연결하는 사통팔달의 위치에 있다. 중부지역 총면적은 102만8000㎢로 중국의 10.7%, 인구는 2010년 6차 전국 인구조사에 따르면 3억5700만명으로 전국 인구의 26.8%를 차지하고 있다. 그 중 농촌 인구는 2억4400만명으로 중국 농촌인구의 1/3가까이를 차지하고 있다. 2012년 중부 6개성의 GDP는 11조6487억 위안으로 전국 GDP의 22.4%를 차지하고 있다.

중부지역은 신중국 성립부터 개혁개방 초기 단계까지는 국가의 대규모 투자로 공업화가 진행되고 중대형 도시가 형성되었다. 하지만 덩샤오핑의 개혁개방 이후 소외돼 경제적으로 '함몰' 되는 현상이 나타났다. 2006년 4월 중국 국무원이 '중부지구 굴기 촉진에 관한 약간의 의견' 을 발표하면서 중부지역에 대한 개발이 본격화 됐다. 국무원은 중요 식량생산기지, 에너지 자원자재기지, 현대 장비제조 및 첨단기술산업기지, 종합교통운수의 허브 구축이라는 비전을 제시했다.

중부지역은 중국 식량생산의 40% 가량을 차지한다. 이 지역은 농업에 적합한 평원, 임업에 적합한 산지, 낙농에 적합한 초원과 어업에 적합한 호수 등 다양한 자연생태환경을 갖추고 있다. 중부지역은 광물자원의 30% 정도를 보유하고 있다. 장시성은 원자력, 산시성, 허난성, 안후이성은 석탄, 후베이성, 후난성은 수력발전에서 전국 선두에 있다. 또한 농업 인구가 많아 동부 연해지역으로 대량의 노동력을 공급해왔다. 중부지역은 문화의 잠재력과 함께 인재가 운집한 지역으로 중국의 과학연구교육의 중심지이기도 하다. 우한에는 1000만명 인구 중 100

만명이 넘는 대학생이 있다.

시진핑 정부가 중부지역에 제시한
선물은 창장경제벨트 조성이다. 창장
경제벨트는 윈난에서 상하이까지 창
장을 따라 동서로 이어지는 중국 최
대 규모 경제권으로 11개의 성·시로
구성되며 유역별로 경제발전 수준의
차이가 큰 것이 특징이다. 이 프로젝
트는 물류, 운송, 통관의 통합을 통해
창장 유역 경제를 발전시키고 경제벨
트 내 지역 간 격차를 해소하는 것 등
을 목표로 하고 있다. 중국 정부는
2015년부터 창장경제벨트를 핵심 사

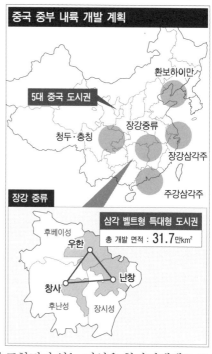

업으로 추진하기 시작했다. 일대일로에 포함되지 않는 지역은 창장경제벨트 조
성 사업을 통해 개발하겠다는 전략이다.*

이 중 눈여겨 봐야할 것은 거대 도시화 추진이다. 2015년 3월 국무원은 '창장
중류 도시군 발전계획'을 승인했다. 이는 중국의 '신형도시화계획(2014~2020
년)' 발표 후 처음으로 국무원 승인을 받아 실시하는 도시군 개발계획이다. 창장

---

* 대외경제정책연구원이 내놓은 '중국 창장경제벨트 조성계획의 핵심 사업 및 평가' 보고서에 따르면 중
국정부는 2015년부터 창장경제벨트 조성사업을 적극적으로 추진할 계획이다.

중류 도시군은 후베이성 성도 우한 도시군, 후난성 성도인 창사長沙와 주저우株洲·상탄湘潭 등 3개시를 둘러싼 도시군(환창주탄環長株潭 도시군), 포양호를 둘러싼 도시군(환포양호环鄱阳湖 도시군)을 3대 축으로 하는 특대형 도시군을 만들겠다는 계획이다. 이 계획이 성공할 경우 한반도 면적보다 넓은 31만7000㎢의 거대 도시군이 탄생한다. 우리 기업이 반드시 주목해야 할 지점이다.

중국 중부지역이 한국과 무역에서 차지하는 비중은 최근 10여 년간 3~4%에 머물러 있는 등 중부 6개성의 경제 규모에 비해 낮은 수준이다. 그만큼 성장의 여지가 크다. 중부지역의 가장 큰 문제점은 공업화와 도시화, 시장화 수준이 낮고 대외개방 정도가 높지 않다는 점이다. 한동훈 가톨릭대 국제학부 교수는 "중부지역이 동부지역의 제조업을 이전받을 만한 준비가 돼 있지 않다"고 지적했다. 인건비가 싸지 않고 물류비용이 여전히 문제점으로 지적되고 있다. 비즈니스를 지원하는 각종 서비스 역시 동부에 비해 약세이다. 될 수 있는 것도 안 되고, 쉬운 일도 어렵게 하는 관료주의적 사고방식도 걸림돌로 지적되고 있다.

3. 구이저우성

2013년 10월 25일 서울을 출발해 구이저우貴州성 성도 구이양貴陽에 이틀간 머문 뒤 우한을 방문했다. 구이저우성은 중부 6개성에 포함되지 않는다. 하지만 중국에서 가장 낙후된 지역부터 방문해 보고 싶었다. 또 2012년과 2013년 한국을 다녀간 중국

중국진화전자그룹 경영자와 함께

진화전자그룹中国振华电子集团 경영진들의 방문 요청도 있었다. 이들은 이틀 내내 진화전자그룹과 구이저우성의 곳곳을 안내하며 이해를 도왔다.

"사흘 맑은 날이 드물고, 평평한 땅이 삼리三里가 안 되고, 사람들의 주머니에는 서푼의 돈도 없다." 구이저우를 칭할 때 하는 말이다. 하지만 이런 말도 중국의 개발 열풍에 옛말이 돼버렸다. 구이양 시내는 우한처럼 온통 공사장이었다.

구이저우성은 그 자체로 하나의 자연 공원이다. 산수는 아름다운 자태를 뽐내고, 자연 풍광은 신기에 가깝다. 구이양에서 황궈수폭포黃果樹瀑布로 가는 길가의 산은 묘지의 봉분처럼 평지에 봉긋 봉긋 솟아 있다. 높이 74m, 너비 81m의 황궈수폭포는 천둥소리를 내며 우리 일행을 맞이했다. 무지개를 피워낼 정도로 화려하고 아기자기한 폭포는 뒤쪽으로 천연동굴인 수렴동이 나 있어 동굴 안에서 손을 내밀어 물을 만져 볼 수도 있

구이양 황궈수폭포黃果樹瀑布

다. 동굴에서 건너편을 바라보자면 어디가 폭포의 앞이고 어디가 뒤쪽인지 분간할 수가 없다.

다음날 방문한 먀오주苗族·묘족 마을과 박물관은 멋과 여유를 느끼게 했다. 먀오주촌을 찾으면 마을 사람이 모두 나와 악기를 연주하고, 은장식으로 한껏 멋을 낸 먀오주 여인들이 술잔을 들고 손님을 환영한다. 먀오주 전통시장의 족발과 물김치는 전혀 낯설지가 않았다.

구이저우의 자연은 손을 타지 않았고 사람들은 때 묻지 않았다.

3. 화남

화남지역 취재경로

1) 서울 ➜ 베이징(비행기)
2) 베이징 ➜ 난닝(비행기)
3) 난닝 ➜ 구이린(택시)
4) 구이린 ➜ 광저우(비행기)
5) 광저우 ➜ 푸저우(비행기)
6) 푸저우 ➜ 샤먼(고속철도)
7) 샤먼 ➜ 서울(비행기)

1. 광시좡족자치구 난닝

(1) 엄동설한과 봄날이 공존하는 중국

2014년 1월 13일 중국 베이징에서 비행기로 4시간이 걸려 광시廣西좡壯족자치구 주도 난닝南寧에 도착했다.

서울에서 꽤나 사이판을 가는 거리이다. 베이징 날씨가 너무 추웠기 때문일까? 난닝은 너무나 온화하고 평온했다. 베이징이 영하의 강추위였지만 이곳은 봄 날씨로 가로변에 울긋불긋 꽃이 피어 있다. 사람들의 외모와 말투가 다르고 소득 수준과 소비 성향도 천차만별이다. 마치 유럽처럼 여러 나라가 하나의 중국을 구성하고 있다는 생각이 들었다.

중국인에게 껌 한통씩만 팔아도 13억개라는 말을 많이 한다. 양말을 생산하는 한 중소기업인이 중국 시장에 도전했다가 중국인 1명에게 판촉비를 1달러만 써도 13억 달러나 든다는 사실을 몰랐다며 눈물을 머금고 철수했다는 '양말장수 이야기'가 있다. 중국 시장이 하나의 단일한 시장일 것이라는 잘못된 고정관념을

갖고 접근해서 실패한 사례다. 중
국 시장은 매우 복잡하고 이질적
인 미성숙한 시장이다. 베이징에
서 인기 있는 우유 브랜드와 서남
쪽으로 28㎞ 떨어진 허베이성 스
자좡石家庄에서 인기 있는 브랜드는
다르다. 서울에서 인기 있는 제품

광시좡족자치구 수리청 간부들과 함께

이 부산에서도 먹히는 단일시장과는 판이하다. 밀폐용기 제품으로 중국 생활 속
에 깊숙이 침투한 락앤락도 시장 분포도를 그려보면 몇 개 대도시에 제한돼 있
다. KGC인삼공사의 정관장 홍삼도 일부 지역에서만 팔리고 있다.

미국 뉴욕에서 인기를 끈 특정 패션이 미국 전역에 퍼져 나가는 비교적 균일한
소비성향을 갖고 있는 미국과도 다르다. 베이징의 소비 취향이 시간이 지나면 난
닝에 자연스럽게 전파될 것이라고 보는 것은 단견이다. 지역 특성이 매우 강하고
자기 지역에 대한 자부심도 커서 대도시에서 유행한 상품이라고 무턱대고 받아
들이지 않기 때문이다. 오히려 배타적인 경우도 있다.

13억6000만명 중국 인구 중 한국 기업이 판매하는 상품을 소비할 수 있는 인구
는 얼마나 될까? 2012년 말 현재 도시화율이 52%였다. 중국 인구 13억6000만 명
중 7억명 가량이 도시에 살고 있으며 이 중 한국 상품을 소비할 여력이 있는 중상층
은 크게 줄어든다. 이 중 농민공 등을 제외하면 실질적인 도시화율은 35% 정도로 4
억명 가량 된다. 다만 중국 정부가 도시화 비율을 1년에 1~2% 가량 높여 나가면서
매년 2000만명 가량이 도시에 편입돼 소비층에 가세하기 때문에 시장 성장 속도는
빠르다.

중국 시장은 또한 폐쇄적이라 외국 수출업체가 접근하기가 쉽지 않다. 관세뿐

만 아니라 소비자에게 다가가기까지 유통과정에서 각종 세금과 비용을 부담해야 한다. 규제와 보이지 않는 수많은 문턱을 넘어야 한다. 중국이 큰 시장이지만 누구에게나 열려 있는 공정한 시장이라고 전제하고 달려들었다간 큰 손실을 감수해야 한다. 각종 진입장벽과 새로운 시장 개척에 필요한 시간을 고려할 때 중국 시장의 구조를 파악해 기업별로 차분하게 대응해 나갈 필요가 있다.

시진핑 정부의 신창타이 아래서 중국 경제는 제조에서 소비 중심으로 바뀌고 있다. 세계의 공장에서 시장으로 변모하고 있다. 원가를 낮춰 싸게 만드는 게 경쟁력이던 시기에서 고급 제품을 비싸게 파는 것이 경쟁력을 좌우하게 됐다. 생산, 원가절감, 노무관리 등에서 브랜드, 마케팅, 품질, 고급화 등이 키워드로 떠오르고 있다. 소비자와 소통 채널이 중시되고 소프트 산업이 부상하고 있다.

(2) 아세안 공략의 거점 난닝

서쪽으로 베트남과 마주하고 있는 난닝은 동남아 교류의 관문이다. 중국에서 낙후한 곳 중 하나였던 난닝이 중국과 아세안을 잇는 중심지로 부상하며 12년째 두 자릿수 경제성장률을 이어가고 있다. 난닝세관 통계에 따르면 2015년 1분기 광시와 아세안 10개국 간 무역액이 365억 위안(약 6조3747억 원)으로 전년 동기에 비해 39%나 증가했다. 광시좡족자치구는 중국과 아세안 10개국을 통합하는 '10+1 전략'의 핵심 축이 되고 있다.

2012년 1인당 GDP는 5566달러로 소비시대의 막을 열었다. 안내를 담당한 황녕성씨는 "삼성 휴대폰, 삼성TV, 현대·기아차 등 한국 제품이 소비자들에게 인기를 끌고 있다"고 전했다. 난닝시 한복판에 들어선 명품 매장은 낙후한 주변 경

중국 육상·해상 실크로드 '일대일로'

일대일로—帶—路 프로젝트

관과 부조화를 이루고 있었다. 지난 2012
년 11월 한국을 방문해 농촌진흥청 등을 견
학하고 돌아간 광시좡족자치구 수리청장
일행과 오찬을 함께 했다. 비행기가 지연돼
한참을 늦었지만 아랑곳 하지 않고 반갑게
맞아 주었다. 1년만의 재회였다. 짧은 시간
이었지만 이 지역에 대한 많은 소식을 얻을
수 있었다.

중국은 난닝에서 동남아국가연합(아세
안·ASEAN) 10개국과 함께 10년 넘게 엑
스포를 열고 있다. 난닝을 관문으로 삼아 경제영토를 아세안으로 확장하려는 전략을 추진하고 있다. 14억명에 가까운 중국과 6억명이 넘는 아세안 인구를 합치면 20억명의 경제권이 된다. 난닝~베트남~라오스~캄보디아~태국~말레이시아~싱가포르를 연결하는 4500km의 난신회랑南新走廊이 개통을 앞두고 있다. 이 도로는 중 · 아세안 자유무역지대 11개국 중 7개국을 지나게 된다. 철도도 베트남 하노이~캄보디아 프놈펜 구간 300km를 제외하면 이미 모두 건설된 상태다.

이러한 정책은 시진핑 집권 이후 더욱 국제적인 차원으로 격상돼 21세기 해양 실크로드 구축 전략으로 구체화 되고 있다. 시진핑은 2013년 9월 카자흐스탄에서 실크로드 경제벨트를, 10월에는 인도네시아에서 21세기 해양 실크로드 개념을 각각 제시했다. 중국 정부는 이를 일대일로—帶—路 프로젝트로 명명하고 있다. 일대—帶는 중국과 중앙아시아, 유럽을 연결하는 실크로드 경제벨트이다. 시안-우루무치-중앙아시아-터키 이스탄불-독일 뒤스부르크까지 이어진다.

일로—路는 해상을 통해 서남아시아와 유럽을 연결하는 21세기 해양 실크로드 구축 전략이다.

중국 정부는 2015년 3월 28일 하이난海南성에서 열린 보아오博鰲포럼에서 '실크로드 경제벨트와 21세기 해상 실크로드 공동 건설 추진을 위한 전망과 행동'을 발표했다. 중국 31개 성급 행정단위 중 18곳이 일대일로 사업에 참여한다. 이 중 서남지구는 광시 · 윈난 · 티베트로 남아시아와 동남아로 진출하는 통로가 된다. 윈난은 남아시아, 동아시아로 향하는 '중심'이며, 광시는 일대일로를 유기적으로 연계하는 중요 '관문'이다. 연해지구는 상하이시, 푸젠성, 광둥성, 저장성, 하이난으로 해상 실크로드와 연계된다.

시진핑 중국을 이해하는 데 일대일로는 전공필수이다. 왕이王毅 외교부장은 양회 기간 중 2015년 중국 외교의 키워드가 '한 개 중점, 두 개 기본선'이라고 말했다. '한 개 중점'은 일대일로의 전면 추진이고 '두 개 기본선'은 '평화'와 '발전'을 의미한다. 중국은 실크로드 구축을 통해 경제적으로 낙후되고 민족문제가 복잡하게 얽힌 중국의 서북과 서남지역의 개발과 안정을 꾀하고 있다. 서남지역인 윈난성과 광시좡족 자치구 역시 지리적 편협성으로 개발에서 소외돼 왔으나 동남아로 접근성을 높여 지역경제 개발의 모멘텀을 찾고 있다.*

중국 지방마다 경쟁이 치열하다. 중국 중앙정부가 뿌리는 '돈 세례'를 받기 위해서이다. 경제 침체의 돌파구를 실크로드 프로젝트에서 찾을 수 있다는 판단이다. 자금 여력은 충분하다. 중국 정부는 400억 달러의 신 실크로드 펀드를 조성했고, 아시아인프라투자은행AIIB 설립에 500억 달러를 내놨다. 50억 달러 규모의 해상 실크로드 은행 등 설립 방안이 줄줄이 발표됐다. 투자가 집중되는 곳은 2~3년 후 소비가 폭발한다.

중국 정부는 일대일로를 경제개발협력에 방점을 두고 추진하고 있지만 서방과 인도는 '진주목걸이 전략의 개정판'이 아니냐며 의심의 눈초리를 보내고 있다.** 중국의 신 실크로드 전략에는 선경후정先經後政(경제를 먼저 하고 정치는 나중에 한다) 원칙이 적용되고 있다. 이 때문에 정치와 안보 문제를 지나치게 앞세우며 접근할 경우 기회를 잃게 된다. 우리는 이미 좋은 사례를 갖고 있다. 대우인터내셔널 미얀마가스전에서 생산된 가스는 미얀마 내수시장은 물론 중국 윈난

---

* '중국의 신 실크로드 경제권 추진 동향과 전망', 대외경제정책연구원.
** '진주목걸이 전략'은 컨설팅회사 부즈앨런해밀턴이 2005년 미 국방부 의뢰로 작성한 '아시아에서의 에너지미래보고서'에서 중국이 에너지 자원의 원활한 수송과 광범위한 안보목적을 위해 방어적·공격적 입지를 구축하는 방식으로 중동에서부터 남중국해까지 해로를 따라 전략적 관계를 만들고 있다면서 그 거점을 이으면 진주목걸이 모양과 같다고 해서 붙인 이름이다.

성, 구이저우성을 거쳐 최남단 광시좡족자치구 등 중국 수요처로 공급되고 있다. 가스는 중국이 2013년 완공한 약 800km 길이의 미얀마 육상 파이프라인을 따라 중국 국경 지역으로 수송된다. 중국 정부가 미얀마를 신 실크로드 전략의 핵심 지역으로 삼고 인프라에 투자한 덕을 톡톡히 보고 있다. 중국이 인프라를 깔고 우리는 돈을 버는 윈-윈 전략이다. 대우인터내셔널은 미얀마 가스전을 통해 2014년 2500억 원의 영업이익을 올렸으며 향후 25~30년간 연간 3000억~4000억 원의 세전이익을 창출할 것으로 전망하고 있다.

(3) 구이린에 가다

난닝에서 광저우로 가는 길에 구이린桂林(계림)에 들렀다. 1월 13일 난닝에서 인터뷰를 마치고 저녁 비행기로 구이린으로 이동해 쉐라톤 호텔에 여장을 풀었다. 구이린은 빼어난 풍치로 예로부터 시인과 화가들의 글과 그림의 소재가 되어왔다. '신선이 되는 것보다 구이린 사람이 되는 게 낫다'는 말에서도 구이린의 그 기막힌 자연 풍경에 대한 찬사를 읽을 수 있다.

다음날 오전 9시30분 리장漓江(리강)의 유람선을 타고 천하제일桂林山水甲天下(계림의 산수는 천하제일이다)의 산수를 감상했다. 리장은 구이린에서 양쉬阳朔(양삭)까지 83㎞ 구간에 걸쳐 흐르는데, 카르스트 지형으로 생성된 수많은 봉우리를 감돌아 흐른다. 20위안짜리 중국 돈 뒷면에 새겨진 구이린 산수풍경의 진면목이 펼쳐졌다.

5시간가량 걸려 양쉬에 도착해 시지에西街를 둘러보았다. 길 양쪽에는 청나라 때 만든 벽돌집이 있는데 하늘을 향해 뻗은 처마, 푸른 기와, 흰 담장, 붉은 창문

20위안짜리 중국 돈 뒷면에 새겨진 구이린 산수풍경의 진면목

등 남방 소도시 특유의 운치를 담고 있다. 시지에는 저녁이 되면 또 다른 느낌이 난다고 하지만 편안한 여행을 즐길 만한 여유가 없었다. 양쉬에서 다시 구이린으로 이동해 비행기를 타고 저녁 9시 광저우에 도착했다.

2. 광둥성

(1) 해상실크로드 허브 광저우

4년 만에 다시 찾은 화남지방의 중심 광둥廣東성 성도 광저우廣州는 또 다른 도시로 거듭나 있었다. 광저우 바이윈白雲 국제공항은 시설이나 모든 면에서 현대적으로 잘 정비되어 있고 승객으로 북새통을 이뤘다. 시내로 가는 도로 주변에 높이 자란 가로수는 깨끗했고, 꽃의 도시花城 답게 겨울에도 꽃이 피어 있었다. 중국 전역을 괴롭히는 미세먼지 농도도 높지 않았다.

광저우탑을 배경으로 동창들과 함께

중국의 남대문 광저우는 중국 제 1의 상업도시이다. 매년 봄, 가을 캔턴 페어Canton fair(광저우 수출입상품교역회)가

중국 화남공업지역

열리면 전 세계 바이어 20여만명이 이곳에 모여든다. 총영사관도 51개나 있다. 우리에게는 2010년 광저우 아시안게임 개폐회식 때 화려한 조명을 뽐내던 광저우탑과 어우러진 야경으로 잘 알려진 곳이다.

광저우는 역사적으로 해상 실크로드의 허브로서의 역할을 해왔다. 고대 진시황이 점령한 후 남해군南海郡을 설치하면서 중국 대륙 역사 속에 등장해 당唐대 광저우항은 중국 대륙 최대의 항구 도시였다. 1년간 연인원 80만명이 광저우에서 상업에 종사했다. 광저우는 상인의 천국이었다. 송대에도 광저우는 만국 상인들이 끊임없이 왕래하는 대외 무역항이었으며, 청나라 때는 무역독점을 통해 천자의 남쪽 금고 역할을 했다.

광둥성 상인은 월상粤商으로도 불리는데 월상은 넓게는 조주방潮州幫, 광주방廣州幫, 객가방客家幫을 포괄하며 좁게는 광주방만을 의미한다. 월상은 정부의 도움

없이 스스로 일어섰다. '산은 높고 황제는 멀리 있다山高皇帝遠'는 말처럼 광둥지방은 중원과 멀리 떨어져 있어서 과거에 급제하겠다는 정치지향을 가진 관방중심 분위기가 많지 않았다. 산시성의 진상晉商이나 안휘성의 휘상徽商들이 부를 축적하는 과정에서 정부로부터 소금업 독점권을 얻어 사업 밑천을 마련한 것과 대비된다.

월상들은 개혁개방 이후 상인 정신을 바탕으로 서구 상업 문명을 쉽게 받아들여 재기했다. 광둥성으로 몰려든 일본, 대만 및 세계

2012년 12월 8일 시진핑 중국 공산당 총서기가 광둥성 선전시 롄화산에 위치한 덩샤오핑 동상을 찾아 헌화했다.
사진_신화망

적인 제조업체들과 함께 세계의 공장을 만들었다. 월상의 DNA에는 고통을 감내하는 유교 문화와 경쟁과 개척 정신의 서구 상인들의 특징이 융합돼 있다. 광둥의 부모들은 똑똑한 자식을 학자나 관리로 만들기보다 장사를 시켰다. 그래서 월상을 진짜 장사꾼純商(순상)이라 부른다.

세계로 진출한 화교 중에는 광둥 사람이 가장 많다. 광둥상인의 개방성과 시장경제 마인드는 중국에서 최고 수준이다. 필자의 베이징대MBA 동창 3명이 월상의 후예들이다. 이들은 장사에 밝고 판단력이 빠른 것으로 동창들 사이에서 유명하다. 매우 현실주의적인 사고방식을 갖고 있어 손안에 들어와야 비로소 자신의 돈이라고 여긴다. 친구는 친구이고 사업은 사업이다. 눈앞의 이익이 우선이다.

(2) 경제특구 특허권은 시씨 가문 소유

2012년 12월 8일 시진핑은 공산당 총서기 선출 직후 광둥성 선전시 롄화산蓮花山에 위치한 덩샤오핑 동상을 찾아 헌화한 후 남순강화 장소였던 광둥성 선전과 주하이珠海를 방문해 개혁 추진 의지를 천명했다.

광둥성에는 시진핑 부친 시중쉰習仲勳의 발자취가 고스란히 남아 있다. 시중쉰은 1978년 4월 광둥성 당위원회 서기에 부임해 1인자가 되었다. 시중쉰은 경제특구를 기획하고 설계해 중앙에 건의했다. 선전, 주하이, 산터우, 푸젠성 샤먼의 경제특구는 이렇게 탄생했다. 당시 시중쉰은 홍콩과 마카오의 화교자본가들을 접촉해 자금을 선전으로 끌어들였다. 이러한 공로가 인정되어 시중쉰은 3년만인 1981년 베이징으로 복귀해 승승장구했다. 은퇴 후 1990년부터 2002년 사망할 때까지 12년간 선전에서 생활하는 등 경제특구에 대한 강한 애착을 보였다. 시진핑은 아버지가 정무를 주관하던 2년여 동안 자주 광저우에 내려와 부모를 만났고, 주장삼각주와 하이난도 등을 둘러보았다.

1997년부터 2001년까지 선전시 당서기로 시중쉰을 극진히 모신 장가오리張高麗는 정치국 상무위원에 올랐다. 시중쉰을 광둥성 당서기에 추천한 예젠잉葉劍英과 그의 후예들은 시중쉰이 은퇴한 뒤에도 각별한 관심을 보였고, 시진핑 집권 후 군을 장악하는 데 중요한 역할을 한 것으로 알려졌다.

중국의 개혁개방은 광둥성에서 출발했으며, 2단계 새로운 고조기도 광둥성에서 시작됐다. 톈안먼 사건 이후 개혁개방이 후퇴할 조짐을 보이자 덩샤오핑이 88세의 노구를 이끌고 선전을 찾아 승부수를 던졌다. 1992년 1월 18일~2월 22일까지 우한, 선전, 주하이, 상하이 등을 시찰하고 남순강화를 발표했다.

(3) 덩샤오핑의 꿈 실현

1992년 덩샤오핑은 남순강화 때 선전에서 "광둥이 힘을 다해 20년 동안 아시아의 4마리 용을 따라잡으라"고 독려했다. 지난 2009년 4월 광둥성은 경제개발 청사진인 '주장삼각주지역 개혁발전 계획안'을 발표하고 당시 경제규모 기준 세계 13위인 한국의 GDP를 2020년까지 따라잡을 것이라고 밝혔다. 하지만 2015년이면 한국을 추월할 것으로 전망된다. 덩샤오핑의 꿈이 23년 만에 실현되는 것이다.

싱샤오웨이辛曉維 광둥성 통계국장은 광둥성의 2013년 GDP가 2012년에 비해 8.5% 증가한 6조2300억 위안으로 잠정 집계됐으며 처음으로 1조 달러를 돌파했다고 소개했다. 그는 이어 광둥성의 GDP가 1998년 싱가포르, 2003년 홍콩, 2007년 대만을 각각 추월했다면서 2014년 한국을 넘어서면 아시아 4룡을 모두 제치는 것이라고 설명했다. 광둥성의 2014년 성장률이 7.7%대를 기록해 당초 예상과 달리 한국을 추월하지는 못했다.

광둥성 정부 관계자들은 이구동성으로 "광둥성 인구가 한국보다 두 배가량 많기 때문에 1인당 GDP는 한국에 뒤처지며, 아직도 노동집약형 산업이 중심인데 반해 한국에는 세계적으로 영향력 있는 기업도 많아 서로 차이가 많이 난다"고 설명한다. 하지만 중산대학 교수들과 대화를 나눠보면 이미 한국은 안중에 없고 지향점은 멀리 앞서 나아가 있다는 인상을 받게 된다.

광둥성은 중국에서 1등을 많이 차지하고 있는 경제적 우등성이다. 인구 1억명이 넘는 성으로 중국 전체 GDP의 9분의 1, 전체 교역의 4분의 1, 재정수입의 10분의 1을 담당하고 있다. 광둥성은 2013년부터 GDP와 교역규모가 각각 1조 달러를 초과함으로써 '쌍조달러' 달성이라는 경제적 성과를 이루었다. 중국 정부는 2015년 4월 21일 톈진시, 푸젠성과 함께 광둥성을 새로운 자유무역구로 출범시켰다. 2016년 홍콩—주하이—마카오를 연결하는 해상대교가 완성되면 주장 삼각주 경제클러스터는 경쟁력이 더욱 강해질 전망이다.

(4) IT산업의 블랙홀 선전

역사와 전통의 도시 광저우가 개혁개방 속에 부활했다면 선전深圳은 무에서 유가 창조된 도시이다. 시진핑 부친 시중쉰이 선전을 선택해 경제특구로 만들었으며, 홍콩의 화교 자본을 끌어다 기틀을 다졌다. 시중쉰은 1988년 공직에서 은퇴한 뒤 선전에서 말년을 보냈다. 선전은 시習씨집안과 중국의 '자오아오嬌傲(자랑)'이다. 중국 정부가 선전을 어떻게 대할지 짐작케 한다.

선전은 세계의 공장이자 블랙홀이다. 우선 가까이 있는 홍콩의 산업을 빨아들이고 있다. 세계 민간드론시장의 1위업체인 DJI는 홍콩 과기대 졸업생인 왕타오(프랭크 왕)에 의해 설립됐다. 왕타오는 홍콩에서 회사를 설립했지만 여건이 여의치 않자 선전으로 옮겨와 성공했다. 선전에서 창업하는 기업이 늘자 이번에는 창업을 지원해주고 지분을 챙기는 조직이 생긴다. 세계적인 하드웨어 신생 벤처기업 전문 지원자인 헥셀러레이터와 하이웨이1 등이 포진해 있다. 이들은 창업 벤처기업에 초기자금과 컨설팅을 전문적으로 제공하는 곳으로 제조업에 특화된 프로그램을 운영하고 있다. 세계에서 우수한 기업을 선전으로 데려와 집중 육성한다. 비율은 미국과 캐나다 50%, 유럽 25%, 중국 15%, 한국 10% 순이다. 이런 '선전 블랙홀' 메커니즘은 향후 선전을 세계적인 IT산업의 메카로 만들 것이다.

선전은 샤오미小米와 메이주魅族를 비롯한 하드웨어 신생 벤처기업들을 탄생시키는 요람이 되었다. 아이폰, 아이패드, 맥북 등 애플의 제품 대부분을 위탁 생산하는 팍스콘의 공장이 선전에 자리 잡고 있다. 선전에는 800여개가 넘는 다국적 기업의 대규모 공장뿐만 아니라 소규모 부품생산이 가능한 공장형 기업이 활성화 되어 있어 제조 신생 벤처기업들이 모여들고 있다. 설계가 끝나면 1주일이면 한국의 1/2가격에 시제품試製品을 만들 수 있다. 화창베이 전자상가에 가면 언제든 부품부터 시제품까지 조달이 가능하다. 하드웨어 생태계, 공급사슬이 거의 완벽한 수준이다.

최근 미국(샌프란시스코)-중국(선전)에 거점을 두고 운영하는 한국 기업도 나오고 있다. 샌프란시스코는 소프트웨어와 비즈니스의 거점이며 선전은 R&D 및 생산을 담당하는 분업체계이다. 혹은 홍콩에 지주회사를 창업하고 R&D와 생산은 선전에서 하는 기업도 있다. 소프트웨어 개발은 한국인과 선전 현지 인력이 함께 하고 하드웨어는 선전업체에 외주생산을 한 뒤 전량 미국, 유럽, 중동에 판매한다.

선전은 시진핑 정부 개혁개방의 진정한 테스트베드Test-bed가 되고 있으며 홍콩의 기능을 점차 흡수해 나갈 것이다. 첫째, 광둥성자유무역구를 선도하고 있다. 선전의 첸하이前海는 광저우난샤신구, 주하이헝친신구 등과 함께 광둥성자유무역구의 중추적 역할을 수행할 것으로 기대된다. 둘째, 선강퉁深港通(선전증시와 홍콩증시 간 교차 거래를 허용하는 제도)이 시행되면서 외국자본의 투자기회가 확대돼 선전증시의 위상이 더욱 높아질 것으로 보인다.* 셋째, 중국 첫 핀테크

---

* 코트라 선전 무역관에 따르면 선전증시는 IT, 헬스케어, 소비재, 금융 등 중국 내 빠른 성장세를 보이는 기업이 포진돼 있다. 선전증시 규모는 글로벌증시 시가총액 기준 세계 8위(2조 달러 돌파), 거래량 세계 4위(월 평균 4950억 달러)를 차지한다. 이는 런던증시의 두 배, 상하이증시 거래량과 비슷하다.

적용 민간은행인 WeBank가 공식 업무를 시작해 금융 혁신을 주도할 것으로 보인다.

(5) 신창타이 가장 먼저 적용

2014년 하반기부터 시작된 중국 외자 기업의 공장 폐쇄가 광둥성에 집중됐다. 2014년 12월 마이크로소프트는 베이징과 광둥성 둥관시 노키아 공장을 폐쇄한다고 발표했다. 일부 제조 부문은 베트남 하노이 공장으로 이전한다. 일본 시계 제조업체 시티즌Citizen은 광저우 생산 기지를 폐쇄하고 모든 직원을 해고했다. 외자기업의 철수는 해당 기업과 근로자뿐만 아니라 외자 기업에 연계된 업체들이 모두 매출 감소와 공급 과잉을 겪게 된다. 동시에 수많은 중국인 근로자가 일자리를 잃게 된다. 하지만 중국은 크게 개의치 않고 있다. 떠나는 기업은 경쟁력을 잃은 기업이라 붙잡을 필요가 없다는 시각이다. 신창타이 아래서 외국 기업의 철수를 경제 패러다임 전환의 계기로 삼고 있다.

광둥성은 중국에서 신창타이가 가장 먼저 적용된 도시이다. 광둥성은 중국 발전의 견인차이자 세계의 공장에서 구조조정을 통한 질적 성장을 추진해왔다. 지난 2008년 글로벌 금융위기 이후 광둥성이 견지해온 질적 성장의 성패 여부는 시진핑 시대 중국 경제의 미래와도 관련이 있다.

광둥성이 발표한 2014년 주요업무 계획보고에 등장한 키워드는 전환轉型, 개혁, 민생, 생태生態 등이다. 광둥성은 경제 규모가 커진 만큼 질을 어떻게 향상시킬 것인가를 최대 과제로 삼고 있다. 광둥성의 2013년 성장률이 8%를 웃돈 고성장을 이룬 원인은 질적 성장 정책이 효과를 냈기 때문이다. 2013년 광둥성은 지속적인 산업 고도화 정책으로 서비스업 생산액이 2차 산업 생산액을 추월했다. 광둥성 경제에서 소비가 차지하는 비중도 커졌다. 2013년 소비·투자·수출의 경제 기여도가 2007년 각각 45.5%, 22.8%, 31.7%

황순택 주광저우총영사   양창수 전 주광저우총영사

에서 54.4%, 43.7%, 1.9%로 소비 기여도가 10%포인트 가까이 늘었다. 세계의 공장에서 시장으로 변모해 제조업이 아닌 서비스업, 수출이 아닌 내수시장이 오늘의 광둥을 만들고 있다. GDP '1조 달러 클럽' 진입의 일등 공신은 바로 소비였다. '광둥에서 돈 자랑하지 마라'는 이야기는 주재원들이 거주하는 아파트 지하 주차장에 가보면 확인할 수 있다. 세계 명차 전시장이나 마찬가지이다.

광둥성은 지역 내 산업과 우수노동력 이전도 왕성하게 추진하고 있다. 경제가 발전한 지역의 노동집약적인 산업을 경제발전 수준이 낮은 광둥성 동·서·북부지역으로 이전시키고 광둥성 동·서·북부지역 우수한 노동력을 해당지역이나 주장삼각주 지역의 2, 3차 산업으로 이전시키고 있다.

(6) 화남지역 개척자들

한국과 광둥성 간 교류와 협력의 역사는 길다. 일찍이 신라의 혜초 스님이 1300년 전 광저우를 거쳐 인도로 구법여정을 떠났다. 일제강점기에는 우리의 젊은 우국지사들이 1924년 쑨원 선생이 세운 중산대와 황포군관학교에 와서 수학했다. 황포군관학교 졸업생 가운데는 약산 김원봉 선생과 독립운동가 이종희 선생을

안상근 코트라 광저우무역관장 　 양성식 전 광둥포항자동차강판 　 최재익 LG디스플레이 차이나 상무 　 이민재 한인상공회수석부회장
유한공사 총경리

비롯한 한국인도 58명 포함돼 있는 것으로 알려졌다. 1938년에는 우리 임시정부가 광저우에 피난 와서 많은 도움을 받았다. 오늘날 광둥성에는 6만여명의 한국인이 생활하고 있고 1000여개의 기업이 활동하고 있다.

광둥성은 중국 대륙 31개 성·시 중 한중 교역액의 4분의 1을 차지하는 우리의 최대 교역성이며, 우리의 세계 3대 교역 대상 지역이다. 중국의 1개 성이 미국, 일본 다음으로 교역 규모가 크다는 것이 믿기 어렵지만 사실이다.

양창수 전 주광저우 총영사는 "개혁개방뿐만 아니라 중국이 향후 어떻게 나갈 것인가의 바로미터가 광둥성에 있다"고 말했다. 중국이 세계 공장으로서는 더 이상 부가가치를 창출할 수 없기 때문에 산업 고도화와 업그레이드轉型升級를 통해 세계의 소비시장으로 거듭나기 위한 실험이 광둥에서 진행되고 있다. 이 과정에서 한국과 협력할 공간은 더욱 커지고 있다.

양 전 총영사는 광둥성이 지역적으로 한중일의 중심이며, 산업 추이도 3차 산업으로 가고 있어 성숙도가 높기 때문에 '구슬을 꿰면 바로 보배'가 될 수 있는 지역이라고 강조했다. 그는 "좋은 파트너를 찾아 이익을 공유하는 것이 성공의 비결"이라고 조언했다. 내수시장 개척에서 믿을 만한 유통사업자를 찾는 것이 관건이다.

양 전 총영사는 "광저우 총영사관이 창설될 때 광둥성에 한인이 5000명에 불

포스코가 2013년 4월 중국 광둥성 포산佛山시에 준공한 용융 아연 도금강판 생산 공장

과했지만 9년 뒤 5만명까지 늘었고, 교역 규모도 10배가량 증가했다"고 말했다. 지난 2009년 왕양 광둥성 당서기 방한 때 우리 정부와 중국 지방정부 간의 첫 장관급 협력채널인 '한-광둥성 경제무역발전 포럼'을 개설해 매년 개최하고 있으며, 고위급 교류도 활성화되고 있다. 이러한 고위층 교류는 산적한 현안을 일괄 타결해 성과를 내는데 큰 도움을 주고 있다.

황순택 주광저우총영사는 중국과 일본 등을 거쳐 국립외교원에서 아시아태평양연구부장을 역임한 동북아전문가이다. 특히 일본에 근무 경험이 많다. 광둥성은 일본에 익숙한 도시이다. 중국의 개혁개방 이후 광둥성에는 수많은 일본기업이 진출했다. 도요타, 닛산, 혼다 같은 일본 자동차 3사도 모두 진출해 있다. 중국 동북부 지역에 비해 상대적으로 반일감정이 덜했기 때문이다. 황 총영사는 "광둥성 광저우는 해상실크로드의 중심지역이었다"며 "일대일로 프로젝트 중 해상

실크로드의 허브역할을 담당하게 될 것"이라고 말했다. 해상 실크로드는 '중국 푸젠성 취안저우泉州~광저우~싱가포르~방글라데시~탄자니아~홍해~지중해'로 이어지는 해상물류망을 전제로 하고 있다.

안상근 코트라 광저우무역관장은 영국, 이스라엘, 미국 등에서 30여 년간 근무한 글로벌 전문가이며 이 경험을 중국에 적용하는 'T자형 인재'이다. 안 관장은 중국을 보는 시각부터 교정해야 한다고 강조했다. 그는 "아직도 중국이 못산다, 더럽다, 기술력이 낮다는 말이 있지만 중국은 매년 무섭게 발전하고 있다"고 강조했다. 중국에 진출하면 기술 유출을 걱정하지만 LCD나 반도체 등 몇 가지 품목을 제외하고 우리가 중국의 기술을 배워야 할 상황이라고 설명했다. 광동성에는 대형 가전업체 TCL, 2013년 LG유플러스가 LTE망 구축을 위해 기지국 장비를 도입하기로 한 중국 통신장비 업체 화웨이華爲, 중국 가전시장에서 하이얼과 함께 시장점유율 1, 2위를 다투는 메이디美的 · Midia, 중국 부동산 대표기업인 완커万科 및 헝다恒大, 중국의 대표적인 전기차 업체 비야디BYD 등 중국을 대표하는 기업이 수두룩하다.

안 관장은 광동과 한국의 상호 보완성이 크기 때문에 상당기간 공존할 수 있을 것으로 전망했다. 중국의 자동차 산업이 발전하면 국내 자동차 부품 업체들에게 많은 기회를 가져다 줄 것으로 전망된다. 안 관장은 2013년 11월 BYD자동차그룹과 한국산 부품 공급 확대를 위한 구매상담회를 선전에서 개최하기도 했다. 성장하는 중국기업은 핵심기술 또는 디자인에 목말라하고 있다. 우리 기업이 디자인이나 핵심기술 등 산업체인의 중간부분을 공략할 경우 성공 가능성이 큰 시장이다. 안 관장은 "규모나 하드웨어에서 놀랄 때가 많지만 소프트웨어, 디테일, 민도 등에서 차이가 나기 때문에 우리가 치고 들어갈 여지가 많다"고 강조했다.

중국은 철강 산업 보호 차원에서 여러 형태로 까다로운 규정을 적용해 투자를 제한해 왔다. 외국자본은 중국에서 제철소 건설이 불가능하고, 중국 철강기업에 대한 투자 지분도 50% 이상을 넘을 수 없다. 중국 기업과 합작한 많은 외국기업은 중국 철강업체에 휘둘릴 수밖에 없다.

포스코가 2013년 4월 중국 광둥성 포산佛山시에 준공한 용융 아연 도금강판 생산 공장은 이런 장벽을 뛰어넘었다는 점에서 평가할 만하다. 포스코는 1997년 4월 중국 지방정부와 공동으로 광둥순더포항강판을 설립해 전기 강판을 제조해 왔다. 포스코는 이 공장을 증설하는 형식으로 투자를 한 뒤 회사를 분리하는 우회전술을 택했다.

광둥포항자동차강판유한공사 양성식 전 총경리는 "중국 철강회사와 합작을 통해 권한을 행사할 수 있는 것이 거의 없다"고 전했다. 중국 철강업체는 기술 수준이 높고 정부가 힘을 실어줘 발언권이 크다. 본사에서 소재를 구입하거나, 본사와 공동판매, 이익 공유 등에 심각한 장애를 초래하게 된다. 신속한 의사결정이 어렵고 기술개발 · 투자 · 영업 등 다양한 영역에서 충돌할 수밖에 없다. 광둥포항자동차강판유한공사는 포스코가 100% 투자한 기업이며 본사에서 소재를 구입해 아연도금강판을 생산하고 본사와 통합판매를 하고 있다. 양 전 총경리는 "생산 · 가공 · 판매 모든 단계를 중국 현지에서 수행하게 돼 중국 정부의 강판 국산화 요구에 대응할 수 있게 됐다"고 말했다.

LG디스플레이는 국내 대형 LCD 패널 시장에서 최강자이다. 중국에서도 TV용 LCD 제품 시장점유율 1위이다. 시장조사 기관인 디스플레이서치에 따르면 중국에서 2013년 4분기 기준 23%로 1위를 차지했다. 최재익 LG디스플레이 차이나 상무는 "2013년 TV용 LCD 제품 물량이 부족해 5대 전략거래선에만 공급했다"고 밝혔다. 한마디로 없어서 못 팔 정도였다.

LG디스플레이는 광저우에 8.5세대 LCD패널 생산라인을 짓고 2014년 3분기부터 직접 생산에 돌입했다. 기존에는 경기도 파주공장에서 생산한 패널을 가져다 조립했다. 현지 생산은 관세 인상 등에 선제적으로 대응한 측면도 있다. 중국 정부는 초기에는 낮은 관세를 적용하다 중국 업체의 생산량이 많아지면 관세를 올려 자국 업체를 보호하는 정책을 펴왔다.

시장 전망은 밝지 않다. 공급량이 많은 데다 중국 정부가 신규 공장 설립을 계속 승인하고 있다. 최 상무는 "중국 업체와 치킨 게임으로 치닫는 게 아니냐는 우려도 나오고 있다"고 전했다.

광저우에 거주하는 교민들 중 상당수는 의류업에 종사하고 있다. 최근 인건비, 임대료 상승 등으로 고전을 면치 못하고 있다. 이민재 한인상공회수석부회장은 "중국인이 직접 서울 동대문에 가서 디자인을 모방하거나 홍콩 출신 디자이너를 고용해 제작하는 등 추격이 빨라 어려움을 겪고 있다"고 전했다.

광저우 최대 의류 도매시장 후이메이匯美 쇼핑몰은 2007년 개업해 현재 인기가 높은 의류 도매시장이다. 후이메이는 한국부를 만들어 동대문 출신들을 대거 영입했다. 이 부회장은 "처음에는 좋았지만 장사가 잘되니 재계약을 거부해 상인들이 다 쫓겨날 수밖에 없었다"고 전했다. '동대문 스타일'을 고스란히 넘겨주고 나오게 된 것이다. 이 부회장에 따르면 최근 자금력과 개발력으로 중국의 가격 경쟁력과 패션 선진국의 창의력 사이에 낀 샌드위치 신세를 극복하기 위한 움직임도 보이고 있다.

(7) 광저우의 한국인 호스트바

벤츠, BMW, 포르쉐, 람보르기니, 페라리.

광저우 주재원들이 거주하는 아파트 지하 주차장은 세계 명차 전시장을 방불케 했다. 이번 취재 과정에서 '광둥에서 돈 자랑하지 마라'는 이야기를 실감했다. 2013년 광둥성은 GDP '1조 달러 클럽'에 첫 진입했다. 일등 공신은 소비였다. 세계의 공장에서 시장으로 변모해 제조업이 아닌 서비스업, 수출이 아닌 내수시장이 오늘의 광둥을 만들고 있다.

1992년 한중수교 이후 20여년은 한국에 '호시절'이었다. 그동안 한국 사람들이 중국에서 '갑' 행세를 하며 큰 소리를 치고 우쭐거렸지만 우리 자식들이 중국인들을 상대로 발마사지나 허드렛일을 해야 할지도 모른다는 우려가 점점 현실이 되고 있다.

얼마 전 광저우 교민사회에서 한국인 호스트바에 대한 대응을 두고 논란이 벌어졌다. 가능한 수단을 총동원해 영업을 막아야 한다는 주장과 중국 당국이 처리할 수밖에 없다는 주장이 맞섰지만 결론을 내지 못하고 흐지부지되고 말았다. 요즘 광둥에서 한국 강남에 현지처를 둔 것이 부의 상징처럼 되고 있다고 한다.

돈이 많은 곳으로 재화와 용역이 흘러들어가는 것을 막기는 어렵다. 광둥성에 이어 장쑤, 산둥, 저장 등이 한국을 잇달아 제칠 것이다. 이런 추세라면 중국 돈의 원심력은 한국에 있는 값지고 귀한 것들을 빨아들일 것이고, 그 원심력으로 다져진 중국의 파워는 하드파워와 소프트파워로 한반도에 다시 투사投射될 것이다.

이제 규모로 중국과 경쟁할 수 있는 시대는 지났다. 규모의 대소를 경쟁의 기준으로 삼는 시대도 아니다. 규모에서 좀 뒤지면 어떤가? 중국이 갖고 있지 못한 점을 잘 파악하고 이를 전략적 수단으로 활용해야 한다. 중국이 한국에 손을 내밀게 만들어야 한다.

이때 우리가 놓치면 정말 끝장날 것들이 있다. 영어와 중국어를 능숙하게 구사할 줄 아는 총명한 인재, 미국, EU, 일본에 못지않은 기술 및 제품 양산능력,

까다로운 소비자에 의해 검증 받은 신제품과 마케팅 능력 등이다. 한국은 인재, 기술, 신제품을 확대 재생산할 능력을 갖춘 '창조기지'로 거듭나야 한다. 중요한 것이 정치 리더십이다. 송나라 명재상 범중엄_{范仲淹}은 "세상 사람들보다 먼저 근심하고 세상 사람들보다 나중에 즐거워한다_{先天下之憂而憂, 後天下之樂而樂}"고 했다. 정치 지도자들이 새겨 들어야 할 구절이다.

아름다운 꽃은 오래 피지 않고, 좋은 시절은 언제까지 계속되는 것이 아니다. 꽃이 다 지고, 호시절이 지난 뒤 깨닫고 후회하면 무슨 소용이 있겠는가? 광둥성 취재에서 큰 기회도 발견했지만 엄청난 위기감을 가슴에 안고 푸젠성으로 향했다.

3. 푸젠성

(1) 해상실크로드의 출발점

2014년 1월 17일 저녁 광저우에서 푸젠福建성 푸저우福州 창러국제공항福州長楽国際空港에 도착했다.

푸젠성은 시진핑이 17년 동안 근무한 곳으로, 2012년 4월 그의 발자취를 따라 현장 취재를 진행해 매우 익숙한 지역이다. 2013년 10월 한국을 방문한 푸젠성 행정학원(당교) 교수진이 공항에서 따뜻하게 영접해 주었고 당일 만찬에도 한국에서 만난 교수단 15명 중 대부분이 참석해 정을 나누었다.

푸젠성을 방문할 때마다 느끼는 감정은 '친근감'이다. 3600만 명 인구와 12만 km²면적이 남한(9만 9000km²)과 비슷해서일까? 푸젠성을 산과 바다의 성이라고도 한다. 우이산武夷山은 유네스코 세계복합유산으로 등록될 정도로 유명하며 '차왕'이라고도 불리는 대홍포大红袍의 생산지이기도 하다.

푸젠성 남부에 거주하는 민난閩南인들이 상업에 능해 푸젠상인의 주축을 이뤘

푸젠성행정학원(당교) 교수진과 석사연구생들에게 시진핑 리더십 강연

다. 푸젠성 동남부에 위치한 취안저우泉州는 당나라 때 중국의 4대 항구 중 하나였으며 송·원 시대는 동방 해양교통의 요충지이자 해양실크로드의 기점이었다. 마르코 폴로는 그의 책에서 취안저우를 '세계에서 제일 큰 무역항구'라고 기술할 정도였다. 취안저우는 시진핑의 '일대일로'와 관련 해양실크로드의 출발점으로 각광을 받고 있다. 푸젠상인들은 두뇌회전이 빠르고 근검절약이 몸에 배어 있으며 절대 손해를 감수하지 않는다. 해외에 진출해 부를 축적한 다음 다시 고향에 투자한다. 이 투자를 바탕으로 다른 성으로 영향력을 확대하고 있다.

푸젠성은 개혁개방 과정에서 광둥성과 상하이에 주도권을 빼앗기면서 큰 혜택을 보지 못해 상대적으로 낙후한 지역이다. 푸젠성이 대만해협을 사이에 두고 대만과 대치해온 최전방이라는 점이 원인이다. 푸젠성 샤먼廈門과 마주하고 있는 대만의 진먼다오金門島(금문도)는 마치 한국의 서해5도와 북한의 황해도와 비슷하다. 2010년 11월 북한이 연평도에 포격을 가한 것처럼 중국은 1958년 8월 23일부터 44일 동안 47만발의 포탄을 쏟아 부었다. 이처럼 푸젠성은 냉전시기 양안대립의 전초기지였다. 1992년 덩샤오핑의 남순강화 이후 대만과 교류가 활성화되면서 대만의 개방성도 많이 유입된 곳이다.

푸젠성에 머무는 이틀 동안 푸젠성행정학원(당교)측은 시진핑에 대한 이해를 돕기 위한 배려를 아끼지 않았다. 시진핑은 1985년 6월 15일 샤먼시 부시장에 부임했으며, 닝더寧德를 거쳐 1990년 푸저우시 당서기에 부임해 1995년 푸젠성 부서기, 2000년 푸젠성장이 되어 2002년까지 17년 동안 근무했다. 필자가 머문 숙소나 다음날 강연, 그리고 방문지역도 모두 시진핑과 관련된 것이었다. 다음날 오전 푸젠성 행정학원교수진과 석사연구생들이 참석한 가운데 시진핑 리더십에 대한 강연과 토론이 진행되었다.

강연 이후에는 푸저우시 구도시 지역의 삼방칠항三坊七巷과 근대의 계몽사상가 옌푸嚴復를 비롯하여 푸젠성이 배출한 인재들과 그들에 대한 시진핑의 태도 등에 대한 설명이 이어졌다.

지금도 주말이면 일일평균 20만명 이상의 관광객이 방문하는 삼방칠항은 명청의 고건축 박물관으로 불렸으며 방대한 규모의 고대 공동체 건축군이었다. 700여 년 전 이탈리아의 마르코 폴로가 이곳에서 일주일가량 머문 뒤 "내가 본 것 중에서 가장 아름다운 거리와 골목이었다"라고 극찬했을 정도로 고풍스런 아름다움을 가지고 있다. 홍콩 자본을 끌어 들여 개발하는 과정에서 정교한 수많은 목조, 석각과 전통 민가들이 훼손되었다고 한다. 당시 시진핑이 보존을 지시해 남아 있는 곳들을 살펴보았다.

(2) 대만과 융합발전의 전초기지

시진핑 집권 후 푸젠성이 다시 주목을 받고 있다. 2014년 11월 1일 시진핑은 푸젠성 동남부 끝자락에 위치한 섬 핑탄다오平潭島를 방문했다. 핑탄다오는 2009년 중국과 대만의 첫 번째 경제통합 실험구로 지정, 양안 협력의 창구 역할을 하고 있는 마치 개성공단과 같은 곳이다. 중국 정부는 대만과 경제교류를 더욱 활성화하기 위해 지난 2009년 푸젠성 해안지대

중국 푸젠성과 주요 도시(시진핑 이동 경로)

를 중심으로 '해협서안경제구'를 만들어 경제공동체의 기반을 다지고 있다. 현재 핑탄다오에는 261개에 달하는 대만기업이 진출해 있다.

중국 정부는 2015년 4월 21일 푸젠성자유무역구를 출범시켰다. 상하이에 이어 광둥성, 톈진, 푸젠성이 새롭게 자유무역구에 포함된 것이다. 푸젠성 자유무역구에는 푸저우, 샤먼, 핑탄 지역이 포함됐다. 푸젠성자유무역구는 대만과 융합발전을 중점으로 해서 21세기 해양 실크로드 및 관광 등의 내용을 포함하고 있다.

전문가들은 양안兩岸경제협력기본협정ECFA, 푸젠성 자유무역지대 건설 등을 통한 대만과의 경제무역 확대와 21세기 해상실크로드 구축에서 푸젠성이 중요

한 역할을 발휘할 것으로 전망하고 있다. 최근 푸젠성에서는 대규모의 철도, 고속도로, 항만 등 교통 인프라 건설이 추진되고 국유기업이 대거 진출하면서 의류와 신발 등 제조업 중심이었던 산업 구조가 전환되고 있다.

푸젠행정학원 궈웨이구이郭爲桂 교수는 "2012년 GDP 성장률이 전년대비 11.4%, 2013년 10.5% 성장하는 등 높은 성장세를 보이고 있다"고 밝혔다. 최근 몇 년간 푸젠성의 경제 성장속도가 중국 연해 도시 가운데 톈진에 이어 두 번째로 빠른 것으로 나타났다. 전문가들은 향후 푸젠성이 연간 10%의 경제성장률을 유지해 2020년에는 대만의 GDP 규모를 추월할 것으로 전망했다. 2013년 푸젠성의 GDP 규모는 2조1700억 위안(약 382조 원), 대만의 3분의 2 가량인 것으로 전해진다. 2013년 대만의 GDP 규모는 3조2000억 위안(약 564조 원)이었다.

한국의 푸젠성에 대한 투자 규모는 크지 않으며 성도 푸저우보다 샤먼에 한국 기업이 많이 진출해 있다. 샤먼 투자가 전체 푸젠성 투자의 50% 가량 차지한다. 코트라는 무역관을 샤먼에 두고 있다. 푸젠성자유무역구의 푸저우, 샤먼, 핑탄 중 주목할 만한 곳은 역시 샤먼이다.

푸저우에서 샤먼으로 이동해 취재를 마치고 항공편으로 귀국했다. 귀국길 항공편에는 샤먼에 골프여행 후 귀국하는 한국 사람들로 북새통을 이루었다.

(3) 장성택 처형 이전과 이후

2014년 1월 베이징에서 만난 중국의 북한 전문가가 기자에게 경험담을 털어놓았다. 그는 북한 김일성대에서 유학을 했고 김정일 위원장과도 친분이 있던 인물이다.

북한정권이 장성택 세력을 갑자기 제거한 데 이어 장성택 숙청을 결정하자 그에게 질문이 쏟아졌다. 그중에는 장성택 사형 가능성을 묻는 질문도 있었다. 그는 절대로 그런 일은 없을 것이라고 잘라 말했다. 그런데 바로 다음날 장성택 공개처형이 이루어졌다.

이 전문가는 김정일과 달리 김정은 정권이 예측 불가능하다는 데 깊은 우려를 표시했다. 기자가 베이징, 난닝, 광저우, 푸저우 등에서 만난 중국 지인들은 예외 없이 '장성택 처형에 사냥개가 동원됐다' 는 보도가 사실이냐고 물었다. 나이 어린 조카가 고모부를 처형한 것이 유교적인 관념이 남아 있는 중국인들에게 엄청난 충격을 준 것 같다. 북한 정권이 장성택 숙청에서 보인 급작성과 잔혹성에 대해 인륜을 저버린 비상식적 처사라며 목소리를 높였다.

베이징에서 만난 지식인들은 북한에 대한 불편하고 불안한 마음을 숨기지 않았다. 푸젠에서 만난 한 교수는 "김정은에게 핵무기는 너무나 위험한 장난감"이라고 걱정했다.

민심은 천심이다. 중국 지도부가 이를 모를 리 없다. 시진핑이 북한에 거리를 두게 된 이유 중 하나도 장성택에 대한 처리 때문인 것으로 알려졌다. 중국인의 민심만 놓고 본다면 북중관계는 장성택 사건 이전과 이후로 크게 나뉠 것이다. 북중관계는 주변국이 쉽게 이해할 수 없는 특수성이 있다. 수많은 우여곡절을 겪었지만 북한이 갖고 있는 전략적 지위 때문에 복원되곤 했다. 최근 동아시아 패권을 두고 미일과 대치하고 있는 중국에게 북한의 전략적 가치는 여전히 중요하다.

민심과 북한의 전략적 가치, 그리고 럭비공처럼 튀는 북한 지도부의 예측 불가능한 움직임에 베이징 외교가는 잠 못 이루는 밤을 보내고 있었다. 왕이 중국 외교부장은 수시로 실무자들에게 전화를 걸어 상황을 점검하고 있다. 거의 매일

새벽까지 업무가 이어지고 주말도 쉴 틈이 없다고 한다. 담당 부국장은 과로와 스트레스로 대상포진에 걸리기도 했고, 실무자는 면역결핍증상으로 고통을 호소한 것으로 알려졌다.

2014년 초 윤병세 외교부장관은 시무식에서 "지난 1년간 열정과 사명감을 갖고 '광화문의 잠 못 이루는 밤'이라는 말을 들을 정도로 헌신적으로 일해 주신 여러분을 자랑스럽게 생각한다"고 말했다.

서울 광화문이나 베이징 모두 '잠 못 이루는 밤'을 보내야 할 만큼 동북아 정세가 요동치고 있다.

베이징시
허베이성
①
서울
산둥성
②
쟝쑤성
안후이성
난징
허페이 **⑤** **④** **③**
쑤저우 상하이
⑥ **⑨**
항저우 **⑦**
⑧ 닝보
장시성 푸젠성
⑩

4. 화동

화남지역 취재경로
1) 서울 ➜ 베이징(비행기)
2) 베이징 ➜ 상하이(비행기)
3) 상하이 ➜ 쑤저우(고속철도)
4) 쑤저우 ➜ 난징(고속철도)
5) 난징 ➜ 허페이(고속철도)
6) 허페이 ➜ 항저우(고속철도)
7) 항저우 ➜ 닝보(승용차)
8) 닝보 ➜ 항저우(승용차)
9) 항저우 ➜ 상하이(고속철도)
10) 상하이 ➜ 서울(비행기)

1. 저장성

(1) 장사의 달인 배출

저장浙江성은 시진핑에게 행운을 안겨준 곳이다. 푸젠성에서 많은 지도자가 낙마했지만 저장성은 새로운 스타를 배출하는 장이 되었다. 저장성의 풍부한 자원과 경제력은 누가 정무를 주관하든 그 치적이 돋보이게 만들었다. 2002년 저장성 당서기직을 물려준 사람은 장더장張德江이다. 그는 2002년 시진핑에게 저장성 당서기를 물려준 뒤 정치국 위원으로 승진했다. 장더장이 저장성 업무를 주관하던 4년 동안 민영경제가 크게 발전했고, 외자도입 실적도 많아 시진핑을 위해 좋은 기초를 마련해 주었다. 시진핑은 장더장의 성과에 안주하지 않고 '과학발전관'에 기초한 '팔팔전략'을 세워 후진타오의 격려를 받았다.*

---

* 후진타오는 16차 당대회 이후 조화사회를 축으로 하는 '과학적 발전관'을 천명해 '3개 대표론'을 주장한 장쩌민의 그림자에서 벗어나려 했다. 시진핑은 이에 코드를 맞춰 조화로운 저장和諧浙江이라는 구호를 내놓았다. 그는 또 후진타오의 과학적 발전관을 저장에 구체적으로 구현한 '팔팔전략八八戰略'을 수립해 발표했고 일정한 성과를 올렸다. 시진핑의 이런 태도는 상하이시위원회 천량위의 행보와 대비되면서 후진타오와 원자바오의 큰 환심을 샀다.

민영경제의 발전에서 저장상인浙江商人이 중요한 역할을 했다. 중국에는 '시장이 있으면 저장상인이 있고 시장이 없으면 저장상인이 만든다' 는 말이 있다. 그만큼 저장상인들의 '장사본능' 은 유명하다. 원자바오 전 총리는 저장상인의 특징으로 개척, 창의성, 강인함, 고생을 두려워하지 않는 정신, 융통성 등을 꼽았다. 저장성 기업인 중에는 자수성가형이 많다. 알리바바阿里巴巴 창업자 마윈

즈장신위 책

马云 회장도 항저우의 평범한 대학 영어강사였다. 알리바바 외에도 중국의 10대 자동차 기업 중 하나인 리수푸李書福 회장의 지리자동차吉利汽车, 중국 최대 음료회사인 쭝칭허우宗慶后 회장이 이끄는 와하하娃哈哈가 대표적인 민영기업이다.

저장상인은 닝보寧波, 원저우溫州 상인들을 중심으로 새롭게 진화했다. 저장성에는 성도 항저우杭州를 중심으로 타이저우台州, 이우義烏 등 굵직굵직한 배후 도시들이 분포되어 있다. 닝보는 당나라 이후 항저우, 광저우 등과 함께 해상무역 감독청이 설치된 대규모 무역항이었다. 청나라 중엽까지 어촌에 불과하던 상하이 경제계를 주물렀던 주축이 닝보상인이었다. 창장삼각주를 무대로 꽃피었던 중국 근대 상공업은 닝보상방이 개척한 것이다. 상하이의 금융과 무역을 장악했던 상하이총상회의 수장은 대대로 닝보 출신이 차지했다. 중국에서의 신규 산업은 닝보인의 독무대였다. 돈 벌 기회가 보이는 곳에는 어디나 닝보인들이 앞장섰다.

중국에서 원저우 출신은 사업의 달인들이다. 원저우상방은 흔히 개미군단으로 불린다. 투자의 귀재로도 정평이 높다. 주식, 부동산, 자원 등 종류를 가리지 않는다. 돈이 될 만한 상품이면 막강한 자금력을 동원해 매입한 후 차익을 실현한다.

시진핑은 저장성에서 집권 구상을 했다. 그는 당서기 재직 시절인 2002년 2월

부터 2007년 3월까지 지역 기관지인 〈저장일보浙江日報〉에 '즈장신위之江新語' 란 제목으로 칼럼을 연재했다. 시진핑은 당시 저신哲欣이란 필명으로 글을 연재했고 이후 책으로 출판했다. 책에는 시진핑이 집권 후 내놓은 아이디어가 상당수 담겨 있다. 시진핑은 칼럼에서 민생탐방은 사전통지 없이 해야 한다고 역설했다. 집권 이후 사전 통보 없이 만두집을 깜짝 방문해 화제가 됐다. 비판과 자아비판 운동에 대한 시각도 담겨 있다. 그는 이 운동은 당이 엄격히 집행해야 할 주요 작풍이라며 철저히 관철할 것을 촉구했다. 집권 후 그대로 시행됐다. 시진핑은 칼럼을 통해 법치가 새 시대의 요구라며 필요성을 재차 강조했다. 그는 총서기 취임 직후 "공산당은 반드시 헌법과 법률의 범위 내에서 활동해야 한다"며 법치를 주장했으며 2014년 10월 4중전회에서 의법치국依法治国을 결정했고, 2015년 양회를 계기로 이를 4대 전면론 중 하나에 포함시켰다.

2015년 초 지방정부는 무리한 GDP 성장률 목표치를 내놓지 않았다. 시진핑은 2004년 2월 8일 게재한 칼럼에서 "GDP는 간부의 성적을 평가하는 주요 기준이지만 그것이 유일한 기준이 되어서는 안 된다"면서 "경제 발전이 가져온 문제를 해소하고 사회 안정을 유지하면서 민생의 고충을 해결하는 것도 평가 항목에 넣어야 한다"고 주장했다. 덩샤오핑 이후 지방간부의 업적을 평가할 때 GDP성장률을 주요 기준으로 삼았던 관행인 'GDP 영웅론'이 폐지됐다.

(2) 한중 '전략적 짝짓기'

항저우는 "하늘에는 천당이 있고, 땅에는 쑤저우와 항저우가 있다上有天堂, 下有蘇杭"는 말이 있을 정도로 아름다운 자연경관과 살기 좋은 도시로 유명하다.

이흥균 코트라 항저우무역관장　이재령 전 코트라 항저우무역관장　김광복 한눠건강관리유한공사　이한재 만도 관리총감
　　　　　　　　　　　　　　　　　　　　　　　　　　　　　　　　부총경리

2014년 3월 13일 저녁 항저우 신도시에 자리 잡은 쇼핑센터 완샹청万象城의 '부산요리'에는 손님들로 북새통을 이뤘다. 중국인이 운영하는 한국식당이지만 음식 맛이나 분위기는 큰 차이가 없다. 코트라 항저우무역관 이재령 전 관장은 "중국에서 항저우에 가서 돈 자랑 하지 말라는 얘기가 있을 정

항저우 유명 관광명소 시후西湖가 바로 내다보이는 곳에 위치한 팔색삼겹살을 찾아가 보았다. 오후 3시인데도 여전히 식사를 하는 손님들이 있다. 저녁에는 중국인 고객들로 장사진을 이룬다고 한다.

도로 소비 수준이 높은 곳이지만 베이징이나 상하이에 비해 경쟁은 덜한 편"이라며 "최근 한류와 한국 상품에 대한 반응이 뜨겁다"고 전했다. 항저우에는 LG전자, LG화장품유한공사와 안경렌즈를 제조하는 대명광학 공장 등이 있다. 2013년부터 새로운 변화가 일기 시작했다. 제조업보다 서비스업 진출이 두드러지고 있다. 한화생명이 중국 업체와 손잡고 항저우에서 영업을 개시했다. 뚜레쥬르, 파리바게뜨, 카페베네 등 국내 프랜차이즈 업체의 진출이 이어지고 있으며, 팔색삼겹살, 명동칼국수 등 일상생활과 관련된 서비스 업종이 몰려들고 있다.

3월 14일 항저우 유명 관광명소 시후西湖가 바로 내다보이는 곳에 위치한 '팔색삼겹살'을 찾아가 보았다. 오후 3시인데도 여전히 식사를 하는 손님들이 있다. 저녁에는 중국인 고객들로 장사진을 이룬다고 한다. 이재령 전 관장은 팔색삼겹살이 대박을 터뜨린 몇 가지 원인을 체계적으로 분석했다. 첫째는 자본력 있는 중국인과 동업을 하면서 시후변 중심 지역에 진출할 수 있게 됐다. 한국인이 독자적으로 진출할 경우 자본력에 한계가 있어 중심부에 진출하지 못하고 한국인이 거주하는 변두리에서 영업을 하면서 별다른 주목을 끌지 못하는 경우가 많다.

둘째는 한국 식당의 특징을 그대로 살려 놓았다. 우선 간판부터 한글로 써 놓았으며 홍보문구, 식단도 한글로 쓰여 있다. 한국 식당의 오리지널리티(원조)를 가장 진하게 느낄 수 있게 만들어 놓았다. 한국인이 식당을 한다면 중국 고객이 알기 쉽게 중국어를 쓰는 것을 당연시 한다. 하지만 중국인들은 한글이 있어야 오리지널리티를 인정하는 소비자의 마음을 정확히 읽고 있다.

셋째 중국인과 함께 With China 성장하는 것이다. 한국측은 초기 매장 구성, 조리 방법, 직원 예절 교육 등 운영 시스템을 전수해 주고 로열티를 받는다. 매장이 늘고 사업이 번창할 경우 쌍방이 상생하는 구조이다. 요즘 항저우에서 잘나가는 명동칼국수나 프렌차이즈점 모두 재력 있는 중국인 사업가를 통해 성공하게 됐다. 중국 개발회사들이 상업시설을 만들면서 '한국풍'이나 '유럽풍' 등 테마 상가를 앞다퉈 건설하고 있다. 코트라 항저우무역관 이홍균 관장은 "일정한 공간을 제공하고 한국형 커피숍, 분식점, 화장품점, 식품점, 성형외과 등 공동 입점을 요청하는 경우도 늘고 있다"고 전했다.

현지화에 주력한 롯데마트나 이마트는 적자가 눈덩이처럼 불어나는 등 고전을 면치 못하고 있다. 이마트 항저우점이 경영난을 견디지 못해 중국계로 넘어갔다. 중국에서 한때 27개였던 점포수가 16개로 줄었다. 중국에서 100개가 넘는 점

포를 운영 중인 롯데마트는 신규점
포 출점과 동시에 매출부진 점포
정리 작업을 진행 중이다.

닝보에는 지리자동차 공장과 만도기계 부품공장이 있다.

　4000여개의 점포를 갖고 있는
중국 1위 대형마트인 스지롄화世紀
聯華 등과 현지화와 가격 경쟁을 상
정한 전제 자체가 잘못됐다는 지
적이 나오고 있다. 한국계 마트가 중국계 마트보다 한국 상품이 부족한 경우도
많다는 평가도 있다. 항저우 신도시에 자리 잡은 쇼핑센터 완샹청 지하 중국 마
트에는 김치, 고추장, 된장, 심지어 한국산 번데기까지 찾아볼 수 있다. 롯데·이
마트가 한국의 협력업체와 동반진출을 통해 가장 많은 한국 상품을 가장 저렴하
게 구매할 수 있는 점포로 차별화해 활로를 찾아야 한다는 주장이 나오고 있다.

　항저우에서 관심이 집중되고 있는 분야는 의료서비스 분야이다. 항저우 시내
와 시후 부근 도로변을 걷다보면 끝없는 한국 성형외과 광고들을 마주하게 된다.
성형에서 시작된 한국 의료서비스에 대한 관심은 건강검진, 아동·산부인
과·노인양로 분야로 확산되고 있다. 저장한눠건강관리유한공사 김광복 부총경
리는 "한국 의료가 중국 진출에 실패한 것은 너무 작은 규모로 진출했거나 큰 병
원은 자기 이름을 고집했기 때문"이라고 분석했다. 김 부총경리는 의료서비스
분야의 진입장벽이 높고 규제가 많은 상황에서 중국 기업을 앞세우고 협력하는
방법이 가장 현실적이라고 설명했다. 서울의과학연구소SCL 및 하나로의료재단
이 중국의 디안진단迪安診斷과 공동으로 저장한눠건강관리유한공사를 만들었지만
지분은 30%가 안 된다. 하지만 의료 서비스 수준의 격차가 현격해 상호 의존성
이 클 수밖에 없다. 건강검진에 머물지 않고 다양한 의료서비스로 이어질 가능성

이 크다.

항저우에서 자동차로 1시간 반 가량 가면 중국 민영자동차 지리자동차공장이 있다. 2010년 18억 달러(약 1조9300억 원)에 볼보를 인수한 지리吉利자동차는 현대자동차를 벤치마킹 모델로 삼고 있다.

지리자동차 바로 옆에 만도기계 부품공장이 자리하고 있다. 지리자동차는 세계적인 부품 업체와 합작을 하고 있는데 대부분 10% 미만이다. 하지만 만도기계에는 35% 가량 지분을 투자할 정도로 각별한 관심을 보이고 있다. 2011년 합작 2013년 매출액이 9억 위안을 달성했으며 2014년은 12억 위안을 목표로 했다. 이한재 만도 관리총감은 "지리자동차에 부품을 납품하면서도 중국의 다른 자동차 업체 두 곳에 납품을 추진하고 있다"고 밝혔다. 지리자동차라는 안정적인 거래선을 유지하면서 다른 거래처를 찾을 수 있다는 점에서 '양수'를 둘 수 있게 됐다.

만도와 지리의 합작은 중국 완성차 업체와 한국 자동차 부품업체간 본격적인 협력의 신호탄으로 받아들여지고 있다. 지리자동차는 유명 헤드헌팅 업체를 통해 한국인 자동차 전문가 모시기에 각별한 관심을 쏟고 있다. 특히 현대자동차 출신 임원들을 대거 영입한 것으로 알려졌다. 이들은 지리자동차의 공장관리나 구매대행, 부품 국산화 등을 담당하고 있다. 국내에서보다 연봉을 두세 배는 더 받을 수 있을 뿐 아니라 가사도우미와 비서 등 다양한 부가혜택도 제공되는 것으로 알려졌다.

이들이 한국 부품을 우선 구매할 경우 부품업체의 수출에 기여하는 긍정적인 측면도 있다. 하지만 '용병'으로 한국 자동차 업계의 기술을 고스란히 중국 업체에 이전하면서 향후 한국 기업을 심각하게 위협할 수 있다. 이 때문에 해외로 진출하는 전직 임원들에 대한 적절한 관리 방안을 찾아야 한다는 지적도 나오고 있다.

(3) 항저우의 한국형 건강검진센터

중국의 진단검사 기관인 디안진단迪安診斷유한공사가 서울의과학연구소SCL에서 기술을 이전 받기로 했다는 소식이 전해지면서 주가가 급등했다.

2013년 1월 23위안에 머물렀던 주가는 2014년 1월까지 3배 가까이 올랐다. 한국과 중국의 의료 서비스 수준 차만큼 주가가 오른다고 볼 수는 없지만 주식시장은 민감하게 반응했다. 이러한 격차는 실제 건강검진에서도 드러났다. 중국 민간 병원인 츠밍검진센터 고위 관계자가 한국에서 건강검진을 받은 결과 위암을 발견했다. 저장성 출신 그룹 총수들의 사교클럽인 강남회 멤버 중 한명도 하나로종합검진센터에서 대장암을 발견하고 즉시 수술을 받았다.

이 소식이 회자되면서 항저우에 설립되는 '한국형검진센터' 에 관심이 집중됐다. 2013년 4월 서울의과학연구소SCL가 주도해 만든 SCL글로벌네트웍과 디안진단유한공사가 건강검진 협력을 위한 양해각서MOU를 체결한 이후 합작법인 설립, 관련 인허가 획득, 전문인력 채용, 건강검진 센터 건립, 건강진단 모의 운영 등 준비를 진행하고 있었다.

2000명 가량 예약을 받아두고 시작했다. 한뉘건강검진센터는 저장성 항저우시에 세워진 최초의 '한국형 건강검진센터' 이다. 항저우시 중심 랜드 마크 빌딩 29층에 한국의 하나로종합검진센터 기술 인력과 서비스를 도입했다. 최상의 서비스를 제공하기 위해 저장대에서 우수한 의사 6명을 채용했고 한국에서 내시경 담당의사, 치과의사 등 '명의' 들이 가세했다.

디안진단의 2대 주주는 푸싱그룹復星集團이며, 3대 주주가 일본의 소프트뱅크이다. 최근 푸싱그룹이 향후 중국의 병원 500개를 인수하겠다는 공시를 했다. 500여개 병원의 검진은 디안진단에, 건강진단은 한뉘건강관리유한공사에 위탁

하기로 했다. 향후 항저우에 2호점을 내고 베이징, 상하이, 충칭, 난징으로 늘려 나갈 계획이다. 김광복 한뉘건강관리유한공사 부총경리는 "인허가 장벽이 매우 높고 규제가 많은 것은 사실이지만 중국측 파트너를 통해 해결하는 구조를 만들었다"고 말했다. 이 경우 한국에서 파견나간 의사는 의료 기관에 신청하면 1년짜리 허가증을 내주는데, 1년 마다 갱신할 수 있다.

중국의 건강검진 서비스는 상당히 낙후돼 있다. 건강검진을 받기 위해 저장 1 병원에 6개월 동안 대기해야 하며, 환자들과 뒤섞여 검사를 받아야 한다.

(4) 항저우에서 본 한국형 히든 챔피언

독일 경영학자 헤르만 지몬이 '히든 챔피언' 이란 책을 통해 세계 시장을 지배하는 작은 기업들을 조명하면서 국내에서도 한동안 히든 챔피언이라는 단어가 유행했다.

헤르만 지몬이 꼽은 히든 챔피언 2000여개 중 2/3가 독일어권에 속하는 기업이다. 독일은 전 세계 히든챔피언 중 절반에 해당하는 기업들을 보유하고 있어 유로존 재정위기에도 독일 경제를 안정시키는 데 큰 역할을 한 것으로 평가받고 있다.

박근혜 대통령은 독일 순방 후 한국형 히든 챔피언이 경제 분야의 화두로 떠올랐다. 한국의 중소·중견기업은 독일의 히든 챔피언만큼 원천 기술을 보유하고 있지 않다. 한국 기업은 독일의 앞선 기술혁신 기법, 산학 연계형 직업훈련, 기업 간 인수·합병M&A 등 많은 것을 배워야 한다. 하지만 한국이 갖고 있는 고유의 장점도 최대한 살려 나가야 한다. 한국이 갖고 있는 장점은 압축 성장의 DNA, 즉

속도Speed이다. 속도는 유효주기가 점점 짧아지는 저성장 시대에서 기업의 가장 중요한 경쟁 원천이 되고 있다.

한국은 중국이라는 거대한 시장을 옆에 두고 있으며 선진 기술을 도입해 빠르게 제품을 양산하는 능력을 갖추고 있다. 게다가 세계에서 가장 까다로운 소비자에 의해 검증 받은 신제품 출시 능력도 평가 받고 있다. 한국에 투자하는 중국 기업이 늘어나는 이유도 여기에 있다. 초기에는 게임 펀드를 조성해 국내 주요 개발사에 대한 지분 투자 및 인수를 강화해 높은 수익률을 거두었다. 중국 온라인 게임 시장의 맹주였던 샨다게임즈는 수천억 원을 투자해 국내 개발사 지분을 인수하는 데 그치지 않고, 인기 국산 온라인게임 70여종을 중국 현지에 서비스하고 있다.

중국의 한 기업은 한국의 투자조합에 3000만 위안(약 50억 원) 가량을 투자했다. 여기에 국내 투자자가 가세해 500억 원 규모의 펀드를 조성해 한국의 바이오 기업에만 집중 투자하기로 했다. 한국에서 성공한 바이오 기업은 즉시 중국 시장을 공략해 '한국형 히든 챔피언'을 만든다는 전략을 세워 놓고 있다. 한국의 제품이 중국의 자본과 시장을 만나 히든 챔피언으로 성장하는 사례가 늘어나고 있다.

귤이 회남에서 나면 귤이 되지만, 회북에서 나면 탱자가 된다橘生淮南則爲橘, 生于淮北爲枳는 말이 있다. 헤르만 지몬이 제시한 히든 챔피언의 자격이나 조건 등은 유럽 생태계에 맞는 기업들이다. 라인강의 기적을 만들어낸 독일의 경제 DNA와 한강의 기적을 이끌어낸 한국 경제의 DNA가 다르듯, 헤르만 지몬의 히든 챔피언에 대한 창조적인 해석이 필요하다.

(5) 원조 뺨치는 중국판 카톡 '위챗'

카카오톡이 국민 메신저로 자리를 잡았다. 카카오톡을 모르면 간첩이라는 말이 나올 정도이다. 아마 간첩도 카카오톡을 사용할지 모른다.

중국에도 이와 비슷한 기능을 가진 위챗WeChat · 微信이 있다. 위챗의 원조는 카카오톡이다. 지난 2012년 4월 중국의 텐센트라는 회사가 카카오에 720억 원을 투자해 지분 14%를 확보해 2대 주주가 된 뒤 시스템을 벤치마킹해 사용하고 있다. 위챗을 사용하다 보면 그 기능이 카카오톡과 거의 같다는 것을 알 수 있다. 하지만 위챗이 카카오톡 기능을 그대로 베꼈다는 사실을 아는 중국인들은 많지 않다.

위챗 가입자 수는 6억명에 달한다. 카카오톡이 한국 모바일 시장을 장악했듯 위챗은 중국어권 시장을 사로잡고 있다. 카카오톡과 위챗을 함께 사용하다보면 카카오톡에는 없는 기능이 위챗에서 빠르게 늘어나는 것을 알 수 있다. 예를 들면 '주변 탐색' 서비스를 이용하면 지금 이 순간 위챗을 쓰는 이용자 중 나와 가까이 있는 순으로 보여줘 '접속'이 가능하다. '흔들기' 기능을 사용하면 나와 동시에 흔든 이용자를 찾아준다. 중국 쓰촨성 청두에 사는 예葉씨 아줌마를 만날 수도 있고, 홍콩의 교수와 접속해 대화를 나눌 수도 있다.

밭이 좋으면 무엇을 해도 잘 된다. 중국의 인터넷 생태계는 마치 아마존강 정글 같다. 새로운 종이 탄생하듯 중국에서는 인터넷과 결합한 신종 업태와 새로운 서비스가 잇따라 출현하고 있다. 모바일 결제도 그런 경우이다. 2014년 3월 6일 베이징서우두국제공항 지하 주차장에서 한 여성이 기다리던 택시를 타는 모습이 목격됐다. 이 여성은 택시 애플리케이션(앱)을 이용해 손쉽게 택시를 이용했다. 게다가 위챗 결제시스템인 텐페이Tenpay를 이용하면 택시비 20위안 중 일부를 보조해 준다. 이런 택시앱 이용자는 2014년 3000만명, 2015년에는 4500만명에 이를 것으로 추산되고 있다.

신정수 동방CJ부총경리　　송종선 제보스杰薄斯 부사장

텐센트는 이러한 결제시스템을 활용해 온라인 금융상품을 선보이며 금융권을 흔들고 있다. 2014년 1월 온라인 재테크 상품 리차이통理財通을 위챗과 연동해 출시했다. 리차이통은 출시 하루 만에 8억 위안(약 1400억 원)을 돌파했다. 인터넷 기업들이 금융 사업을 전개하는 과정에서 국유 은행들이 이를 강력히 견제하고 나섰다. 중국은행관리감독위원회도 규정을 위반했다고 지적했다. 인민은행은 인터넷 거래 송금액을 제한하는 정책 초안을 발표하기도 했다. 하지만 중국 지도자들은 "창조 경제의 성장을 억제해서는 안 된다"는 입장을 견지했다. 중국은행관리감독위원회가 규제에 관한 공고를 발표하자 리커창 총리가 "국가에서 금지하지 않은 상품을 규제해서는 안 된다"라는 뜻을 공개적으로 밝히는 등 오히려 인터넷 기업이 주도하는 산업 융합, 신사업 창조를 적극 옹호하고 나섰다.

중국 금융하면 떠올리는 것이 낙후성이다. 하지만 요즘 중국에서 인터넷과 금융이 만나(핀테크Fintech)면 세계 표준을 주도한다. 알리바바는 2004년 인터넷 상거래 업무를 원활히 하기 위해 즈푸바오支付寶, 즉 알리페이를 설립해 온라인결제를 시작했다. 2013년 6월에는 인터넷 펀드 위어바오餘額寶를 출시했는데 1년여 만에 가입자 9000만명, 100조 원 규모로 늘어나 단일 펀드 기준 중국 1위, 세계 4위에 이름을 올렸다. 알리바바는 한술 더 떠 보험과 은행 영역까지 진출하며 전통적인 금융사업의 근간을 뒤흔들고 있다. 인터넷보험회사 중안보험衆安保險을 설립했고, 민간 인터넷 상업은행 허가까지 받았다. 만약 중국 정부가 금산분리 원칙을 고수했다면 일어나지 않을 기적 같은 일이었다.

인터넷 전문은행은 미국에서 처음 탄생했다. 1995년 설립된 SFNB가 세계 최초 인터넷 전문은행이다. 중국 인터넷 기업들은 사업 초기에 미국의 비즈니스 모델을 모방하며 출발했지만 지금은 자체의 혁신 능력과 정부의 적극적 지원을 바탕으로 중국만의 독창적인 비즈니스 모델을 창출해 나가고 있다. 위챗이 카카오톡을 모델로 했지만 사용자의 입장에서 보면 훨씬 더 편리하고 안정적이라는 평가가 나오고 있다. 중국 검색 포털사이트 바이두 역시 네이버보다 검색이 훨씬 안정적이다. 우리 기업이 새로운 상품으로 시장을 창출하는 데는 창의성이 있지만 이것을 가져다 시장에서 진화시켜 나가는 중국 기업에게 한수 배워야 할 것 같다.

중국 인터넷 생태계는 텐센트 외에도 바이두, 알리바바 같은 거대 공룡기업이 있다. 바이두는 인터넷 검색, 알리바바는 전자 상거래, 텐센트는 게임과 메신저 사업을 시작으로 인터넷 생태계에서 할 수 있는 모든 분야에 진출하고 있다.

지난 2009년 저장성 항저우에 있는 알리바바 본사를 방문한 적이 있다. 항저우는 알리바바의 고향이다. 마윈은 항저우의 아파트에서 알리바바를 창업했다. 당시 기자를 안내한 알리바바 직원은 한국의 IT산업에 대해 부러움을 감추지 못했다. 이제 항저우는 알리바바가 창업하고 글로벌 기업으로 성장한 근거지이며, 다수의 전자상거래기업들이 모여 있는 '전자상거래의 메카'로 거듭나고 있다. 성 정부의 강력한 지원책이 뒷받침됐기 때문에 가능했다. 2007년 상하이 당서기가 된 위정성俞正聲은 취임 직후 시정부 간부들을 불러 모아 질타했다. "왜 알리바바의 마윈 회장을 붙잡지 못했는가." 알리바바는 당초 상하이에서 창업을 할 계획이었지만 창업 문턱이 높아 고향 항저우로 돌아가 둥지를 틀어야만 했다. 항저우의 친기업 정책을 보여주는 사례다.

리커창 총리는 2014년 11월 저장성을 순시하며 항저우에 들러 국제전자상거래 종합시험구 건설에 대한 지원 의사를 표명했고, 2015년 3월 항저우를 '인터넷자유무역구'로 지정했다. 3월 12일 중국국무원은 항저우에 해외전자상거래 종합시범구 설립을 공식적으로 인가해 중국 유일의 해외전자상거래 종합시범구가 항저우에 들어서게 됐다. 마치 상하이시의 자유무역구처럼 항저우에 인터넷자유무역구가 들어선 것이다.

(6) 전자상거래 모든 면에서 한국 추월

세계적인 열풍을 일으킨 알리바바는 중국 전자 상거래 시장의 약 80%를 차지하고 있다. 2014년 10월 미국 상장 직후의 시가 총액이 아마존과 이베이를 합한 것보다 더 커 화제가 되었다. 알리바바 상장 직후 상하이를 방문해 전자 상거래 현황을 긴급 점검해 보았다.

"중국 온라인쇼핑 생태계는 한국에 비해 모든 면에서 선진국이다."

상하이에서 온라인쇼핑 업무를 담당하고 있는 송종선 부사장의 지적이다. 그는 KT그룹에서 온라인쇼핑 업무를 담당하는 등 18년 동안 한국 온라인쇼핑의 역사를 지켜봤다. 5년 전 상하이로 건너와 중국 전자상거래 전문기업 제보스杰薄斯에서 알리바바의 온라인 쇼핑몰인 티몰天猫에 한국관 운영, 쇼핑몰 운영, 브랜드 운영대행 사업을 총괄하면서 중국 온라인쇼핑의 발전을 지켜봤다.

송 부사장은 "중국 온라인 시장의 성공을 이끌어온 알리바바 산하 온라인쇼핑몰 톈마오와 타오바오淘寶, 징둥상청京東商城, 쑤닝苏宁닷컴 등 대형 쇼핑몰들이 철저히 고객의 입장에서 사업을 진행해 왔다"고 강조했다. 한국에서는 소비자가 온라인쇼핑몰에서 각기 다른 제품 5개를 구매할 경우 택배박스 5개가 배송되는 경우가 대다수이다. 모두 쇼핑몰과 거래하는 5개 업체(밴더)에서 소비자에게 각각 배달한 것이다. 물론 5개의 배달비용은 소비자에게 전가된다. 상품이 품절인 경우도 많이 발생하며, 품절 통보 속도도 그렇게 빠르지 않다. 주문한 지 2~3일이 지나 상품을 받을 때쯤이라고 생각할 무렵, 품절 통보 전화가 오기도 한다. 반품도 소비자가 거래 업체에 보내야 한다. 쇼핑몰은 거래 업체와 소비자에게 창고비, 물류비, 재고부담을 떠넘긴 채 중간에서 '손발에 흙 묻히는 일' 없이 이윤을 챙기고 있다. 공급자 중심의 생태계라고 할 수 있다.

한국에서처럼 중국 온라인쇼핑에 뛰어들면 낭패를 보기 십상이다. 중국은 온라인쇼핑업체가 창고비용, 물류비용, 재고부담을 떠안는다. 경쟁력의 관건은 신속한 물류창고 시스템이다. 물류창고에 얼마나 많은 제품을 쌓아 놓고 즉시 배송하느냐가 경쟁력을 좌우한다. 소비자가 제품을 골라 결제하면 바로 배송 정보가 뜬다. 각기 다른 제품 5개를 구매해도 한꺼번에 배달되니 배송비 부담은 줄어든다. 제품을 구매하기 전에 재고 상태를 확인할 수 있어 나중에 품절 사실을 알리면 반칙이다. 상품 대금 30%(최대 500위안)를 보상해줘야 한다. 2~3일 후에 아무렇지도 않게 품절 사실을 알리는 인터넷쇼핑몰은 퇴출될 수밖에 없다. 송 부사장이 운영하는 기업도 창고에 50만개가 넘는 재고를 쌓아두고 있다.

중국 온라인쇼핑에는 한국에 없는 시스템이 수두룩하다. 중국의 면적이 거대하지만 오늘 주문하면 오후나 다음날 배송되는 시스템이 갖춰져 있다. 상하이, 베이징, 광저우 등 대도시에서 오전 10시에 주문하면 오후 3시쯤 배송되기도 한다. 제품을 구입하기 전에 가장 가까운 거리에 있는 공급자를 선택할 수가 있기 때문이다.

상품에 대한 평가 시스템도 객관적이고 투명하다. 티몰에서 매달 4000만 위안(약 80억 원) 가량 판매하다 특별한 이벤트를 벌이면 하루에 2억 위안(약 400억 원) 가량 판매하는 한 의류업체 상품에 댓글이나 사용자 후기가 몇 백만개씩 붙는다. 이런 경우 알바생을 동원한 인위적인 '시장조성'이 불가능하다. 인터넷 쇼핑몰에 입점한 업체에 대한 누적 평가도 계속된다. 한 업체가 같은 업종의 타 업체에 비해 환불 속도가 어떤지, 고소당한 횟수나 비율이 어떤지 고객에게 노출된다.

'오늘만 이 가격' 등 사기성 세일로 고객을 현혹하는 일도 쉽지 않다. 특정 고객 정보를 누르면 최근 30일간 몇 월, 며칠, 몇 시에 구매한 가격 정보를 모두 볼 수 있다. 심지어 타오바오는 자사의 매출관련 데이터를 판매한다. 70만 원(약 3600위안) 정도면 타오바오 사이트에서 판매된 색조 화장품의 브랜드별 매출액이나 키워드별 구매 전환율, 구매자의 성별 지역별 구분이나 객단가, 최근 불티나게 팔린 상품 관련 정보를 얻을 수 있다. 구매해서 볼 수 있는 카테고리가 세분화되어 있어 비용 부담만 감수하면 다양한 카테고리의 정보를 얻을 수 있다. 타오바오에 입점한 회사별 매출도 파악할 수 있다. 서로가 매출을 속일 수가 없다. 모든 것을 공개한 상태에서 그야말로 '피 튀기는' 무한 경쟁이 벌어지고 있다. 신규 진입자도 타오바오에서 관련 데이터를 구입해 분석하고 연구하면 충분한 정보를 얻을 수 있다.

전문가들은 한국 기업이 너무 모르고 중국 시장에 뛰어든다고 입을 모은다. 티몰에 화장품 코너를 운영하려면 중국에 상표를 출원한 뒤 3년이 지나야 하고 법인 설립 후 3년이 돼야 가능하다. 중국에 관심이 많은 것 같지만 이런 구체적인 사실에는 별로 관심을 기울이지 않고 있다. 역설적이다. 자사 제품이 가장 좋다고 생각하지만 중국 소비자가 왜 사야 하는지, 인지도는 얼마나 되는지, 중국어 명칭을 무엇을 써야 하는지 모른다. 스타벅스를 애용하는 중국인은 영어로

된 STARBUCKS로 보고 읽는 경우는 거의 없다. 중국식 표현인 싱바커星巴克라고 부르는 데에 더 익숙하다. 화장품 브랜드 네이처리퍼블릭도 의미를 살려 자연낙원인 쯔란러위엔自然樂園이라는 중국어 브랜드 이름으로 소통한다.

전문가들은 온라인 시장을 상대로 소재거리를 만들어 꾸준한 마케팅을 진행해야 한다고 주문한다. 오프라인 매장을 내는 것도 쉬운 일은 아니지만 조건이 맞는다면 낼 수 있다. 하지만 매년 인상되는 임대료 부담을 감당하기가 쉽지 않다.

마케팅이나 인터넷쇼핑몰을 직접 운영하기 힘들 경우 대행업체를 찾는 것도 좋은 방법이다. 직영하려면 온라인 운영 인력을 전문적으로 운영해야 한다. 최근 YG엔터테인먼트는 대행업체를 통해 티몰에 'YG E숍' 온라인 스토어를 개설해 음반 및 MD상품 판매에 나섰다. 유니클로, 나이키, 니베아 등 세계적인 유명 브랜드나 베이직하우스, 아모레퍼시픽, LG생활건강 등의 주요 중국 진출브랜드들 상당수도 대행업체가 운영 중이다. 티몰은 운영을 대행해 주는 TP(타오바오파트너)를 심사해 공개하고 있다. TP 정보를 검색해보면 그 운영대행사가 어떤 브랜드를 대행하고 있는지 확인할 수 있다.

중국 시장에서 한국 상품에 대한 인지도는 한국인이 생각하는 것만큼 높지 않다. 입장의 차이가 분명하다. 한국분유가 중국에서 인기가 폭발하고 있다고 하지만 인터넷쇼핑몰에서 국가별 순위를 보면 7위 정도에 머물고 있다. 뉴질랜드, 영국, 호주산 등을 더 선호한다. 중국은 세계 기업의 각축장이다. 한국에 진출하지 않은 수많은 고급 브랜드가 중국에는 있다. 중국 소비자 입장에서 보면 이들 명품 브랜드가 우선순위이다. 한국 제품을 소비해야 하는 특별한 이유를 만들어야 한다. 한국 입장에서는 중국 시장을 공략하지 않을 수 없지만 중국 소비자 입장에서 반드시 한국 상품을 구입해야 하는 이유는 없다.

중국 최대 홈쇼핑 기업인 동방CJ도 온라인쇼핑 시장의 영향을 고스란히 받고 있다.

인터넷쇼핑몰에서 한국이 가장 강점을 갖는 분야는 패션의류, 화장품 등이며 아동용품도 관심을 끌고 있다. 하지만 한국 상품군이 너무 적다. 이 때문에 최근 코트라 상하이무역관 등은 우리 기업의 중국 온라인쇼핑 시장 진출을 적극 지원하고 있다. 이민호 코트라 상하이무역관장은 "티몰, 이하오디엔1號點, 징둥상청 등 주력 온라인쇼핑몰에 한국 업체를 효과적으로 입점시켜 활성화하는 데 역량을 집중하고 있다"고 말했다. 황유선 차장은 "상하이 자유무역구에 해외직구 서비스 과징퉁跨境通이 2013년 12월 정식 출범해 한국에서 관세·인증 부담 없이 진출이 가능해졌다"고 밝혔다.

한국 식품 및 제품 전문 판매점을 운영하는 정한기 천사(1004)마트 대표도 온라인에 진출했다. 점포를 확장하기 전부터 온라인쇼핑을 통해 지방 3, 4선 도시까지 영업 범위를 확장할 계획이다.

중국 최대 홈쇼핑 기업인 동방CJ도 온라인쇼핑 시장의 영향을 고스란히 받고 있다. 동방CJ는 지난 2004년 온라인쇼핑 시장이 성장하기 전 홈쇼핑 시장을 선도하며 폭발적인 성장세를 계속해왔다. 첫해 매출은 180억 원 가량이었지만 2014년 1조5000억 원 가량 될 것으로 전망했다. 10년 만에 100배 정도 성장해 2위와 3배 정도 차이가 나는 독보적인 지위를 유지하고 있다. 신정수 동방CJ 부총경리는 "향후 5년이 지나면 매출 비중이 TV 대 모바일이 균형을 이루게 하는 것이 목표"라고 밝혔다. 현재도 모바일의 비중이 15% 정도 된다.

2. 상하이시

(1) 상하이에 상륙한 '별 그대' 열풍

중국내 지도자 서열 6위로 정치국 상무위원인 왕치산王峙山 중앙기율검사위원회 서기가 2014년 3월 5일 전국인민대표대회 분임 토의장에서 한국드라마 '별에서 온 그대(별그대)'를 극찬하면서 중국내 한류에 대한 관심을 새롭게 촉발시켰다. 왕 서기는 예술계 인사들에게 "한국 드라마가 중국을 점령하는 핵심 이유는 전통문화를 승화했기 때문"이라고 평가했다.

왕치산 발언 후 3월 8일 저녁 중국 베이징의 왕징望京 쓰취四區를 지나다 깜짝 놀랐다. 이곳의 명소 켄터키프라이드치킨KFC이 철수했고, 그 자리에 CJ푸드빌의 베이커리 브랜드 뚜레쥬르가 자리잡고 있었다. '켄터키 할아버지'는 없었고 '별그대 김수현'이 자리를 지키고 있었다. 늦은 밤이었지만 행인들의 사진촬영도 이어졌다.

중국 최대 경제도시인 상하이시에서 한류에 대한 반응은 더욱 뜨겁고 직접적

베이징의 왕징에 켄터키프라이드치킨이 철수했고, 그 자리에 뚜레쥬르가 자리 잡고 있었다. '켄터키 할아버지'는 없었고 '별그대 김수현'이 자리를 지키고 있었다.

으로 나타나고 있다. 한정韓正 상하이시 당서기는 오피스텔을 건축 중인 현장을 방문해 "설계를 변경해 한국형 백화점을 건설하라"는 지시를 내렸다. 구상찬 전 주상하이총영사는 기자를 만나 "한정 당서기의 지시에 따라 최근 상하이시 관계 자들이 한국형 백화점 건설에 대한 구체적인 자문을 요청해온 상태"라고 밝혔 다. 한정의 결정은 매우 이례적인 것이다. 구 전 총영사가 파악한 건설 현장은 이 미 오피스텔 건설을 위한 기초공사와 지하주차장 공사까지 마무리된 상태였다. 한정이 부패 척결을 주도하고 있는 왕치산의 말 한마디에서 읽어낸 코드는 무엇 일까? 한정은 지난 2007년 상하이시 시장 재임 시절, 당시 당서기였던 시진핑의 업무를 측근에서 보좌하며 손발을 맞췄다. 당시 시진핑은 한정의 업무 능력과 태 도를 높이 평가한 것으로 전해졌다. 정치적 감각이 뛰어난 한정은 수뇌부의 연한 제일聯韓制日 전략을 읽어낸 것으로 보인다. '연한제일'은 한국과 연합해 일본을 제압한다는 뜻이다. 홍콩 매체 대공보大公報는 2014년 2월 4일자 보도에서 하얼 빈 안중근 의사 기념관 건립을 비롯해 시진핑이 박근혜 대통령에게 생일 축하서

상하이 홍첸루 한인 떡볶이집 앞에 중국인들이 길게 줄지어 서 있었다.

한을 보내 올해 한국을 방문하고 싶다는 뜻을 공개적으로 밝힌 점을 연한제일의 대표적인 사례로 꼽았다. 중국 주석이 한국 대통령 생일에 서한을 보낸 것은 처음이었다. 중국 해관통계에 따르면 시진핑 집권 후 첫해인 2013년 중국의 대일본 수입은 2012년보다 10.5%나 줄어들었다. 중국의 10대 수입대상국 중에서 2012년부터 연속 2년간 수입이 줄어든 국가는 일본밖에 없다.

2014년 3월 10일 상하이 한인 타운 홍첸루虹泉路 거리에는 평일에도 치킨과 닭강정, 뻥튀기 등을 사가려는 중국인들로 북적였다. 한인 치킨집 앞에는 중국인들이 길게 줄지어 서 있었다. 중국인들은 이 치킨을 먹기 위해 한때 2시간 정도는 줄서는 것도 마다하지 않았다고 한다. 이 집에서 팔리는 치킨의 양은 하루 500마리 이상인데, 물량이 동이나 줄을 선 손님들을 돌려보내는 경우도 있다. 별그대에서 등장인물이 라면을 끓여먹는 장면이 방송된 직후 중국 전자상거래사이트인 타오바오에서 농심 라면의 주간 매출이 전주보다 60% 이상 급등했고 홍첸루 한인 마트에서는 한때 신라면 품절 사태가 빚어지기도 했다.

한인 마트 매장에는 한국산 제품들이 진열대를 가득 채우고 있었다. 특히 한국에서 직접 생산한 생우유가 눈길을 끌었다. 김명신 전 코트라 상하이무역관 차장은 "일본 원전사고 이후 일본 수입제품이 유통매장에 재등장했지만 일본식품을 수입식품 대표격으로 바라보던 소비자들의 인식에 큰 변화가 생겼다"며 "중국에서 한국 식품은 반사이익을 봐 한국 유제품, 과자류, 기타 가공식품에 대한 수요가 뚜렷하게 늘어나고 있다"고 말했다. 한인타운의 망고식스 매장 앞은 200미터가량의 긴 줄이 서 있었다. SBS 드라마 상속자 방영 이후 김우빈 주스인 망고코코넛 주스를 먹고 사진을 찍는 사람들이 몰려와 대박을 치고 있다. 한류 드라마에 등장한 즉석 뻥튀기도 큰 인기를 끌었다. 홍첸루 한인들은 "지난해 가을 이후 홍첸루 일대는 중국 사람들에게 점령당해 버린 느낌"이라고 말했다. 실제로 동서남북 모든 방향이 차가 막혀 진입하기가 쉽지 않았다. 홍첸루의 모든 먹거리는 줄을 서야 먹을 수밖에 없는 상황이 됐다.

7개월 후 다시 찾은 한인 타운 홍첸루 거리에 치킨과 닭강정을 사기 위해 줄지어 선 중국인들도 보이지 않았다. 드라마 별그대 열풍으로 몸살을 앓던 홍첸루도 차분함을 되찾았다. 국경절 연휴(10월 1~7일) 동안 한국 음식점을 찾아온 중국 소비자들로 상가 매출이 많이 올랐다고 했다. 홍첸루가 한국의 인사동처럼 자리를 잡아가고 있다.

젊은 중국소비자들의 과시욕과 중국판 SNS인 웨이보와 웨이신의 절묘한 결합도 한류 상품 소비에 한몫하고 있다. 홍첸루에서 만난 중국 젊은이들이 한류상품을 소비하면서 촬영한 사진을 웨이보와 웨이신에 올리는 장면을 쉽게 목격할 수 있다. 그동안 중국 시장에서 미국, EU, 일본 제품은 하이엔드High-end로 평가 받았다. 반면 한국은 미드엔드Mid-end 기술과 제품으로 경쟁했다. 시진핑 집권 이후 부패와의 전쟁이 강도를 더하면서 중국 명품 시장이 뚜렷한 쇠퇴 조짐을 보이고 있다. 공무원에게 뇌물로 제공되던 고급 사치품 소비는 크게 위축되고 미드엔드군의 제품이 선호되는 경향도 나타나고 있다. 독일에서 탄생해 성주그룹이 인수한 MCM은 2013년 중국 국경절 연휴(10월 1~7일) 기간에 백화점 매출이 전년 국경절 연휴 대비 130% 정도 늘어난 것으로 집계됐고, 특히 롯데백화점 본점에는 까르띠에, 샤넬, 프라다 등을 제치고 2년 연속 매출 최상위 브랜드에 올랐다. 이러한 현상은 중국에서도 그대로 나타나고 있다.

(2) 화동지역 개척자들

구상찬 전 주상하이총영사는 30여년 가까이 중국과 인연을 맺어온 중국통이다. 후진타오 전 주석을 17회나 만났으며 박근혜 대통령과 시진핑의 첫 만남도 주선했다. 그는 한중관계가 난관에 부딪혔을 때 손을 내밀 수 있는 수많은 라오펑요老朋友를 두고 있다.

지난 2013년 6월 부임한 구 전 총영사는 한류 열풍을 지속시키고 이를 경제적인 성과로 연결시키기 위해 동분서주하고 있었다. 드라마 별그대 이후 뜨고 있는 한인상가 홍췐루를 어떻게 하면 더 활성화시킬 것인지 의견을 수렴하고 있었다. 구 전 총영사는 "주상하이 한국문화원을 이전하고 제2의 홍췐루를 설립하는 방안을 추진 중"이라고 밝혔다. 한인 타운 한곳만 호황을 누리면 단속과 규제가 이어지고, 과잉 경쟁에 임대비가 올라 건물주만 도와주는 결과가 나타날 수 있다. 홍췐루 부근으로 한국문화원을 이전하고 새로운 한류상가를 조성해 견제와 임대료 인상에 대한 압박을 사전에 완화시키겠다는 구상이었다.

구 전 총영사가 담당하고 있는 화동지역에만 한국인이 10만명이나 된다. 그는 부임 이후 다양한 성과를 거두었다. 교민들을 위한 전문 창구인 민원실을 마련했고, 쑤저우한국학교를 설립했다. 공관에서 역대 처음으로 5개의 상을 받았다. 주상하이총영사관은 2013년 12월 단일 해외 공관 사상 처음으로 비자 발급 50만건을 돌파했다. 비자 발급 50만건은 세계에 나가 있는 한국 공관 전체가 2003년 한 해에 발급한 모든

한석희 주상하이총영사

비자 건수를 합친 규모에 해당한다. 한국을 다녀간 중국인들이 여행에서 경험한 한국 음식과 문화를 상하이에서 제대로 맛볼 수 있다면 기꺼이 투자하고 싶어 한다.

　박근혜 대통령 대선주자 시절 싱크탱크였던 국가미래연구원의 외교·안보 분과에서 활동했던 한석희 주상하이총영사는 2013년 1월 대통령 당선인 특사단 일원으로 중국을 방문했었다. 한 총영사는 특사 방문 당시 분위기를 떠올리며 "앞으로 5년 동안 한중관계는 더없이 좋을 거라고 확신했다"고 말했다. 외교학을 전공한 학자로서 그가 해보고 싶은 것은 한미관계에 대한 한국과 중국 사이의 인식을 줄여나가는 것이다. 중국은 "한미동맹 강화는 중국에 불리하고, 한미동맹 약화는 중국에 유리하다"는 이분법적인 논리로 한미관계를 바라보는 경향이 있다. 한 총영사는 "중국어를 할 수 있고 중국 사람들과 섞이는 것도 좋아하기 때문에 매력공세Charm offensive로, 공공외교 차원을 넘어서 중국 사람들이 한국을 좋아할 수 있게끔 하는 데 시간투자를 많이 해볼 생각"이라고 말했다. 교수 출신인 한 총영사는 중국내 한국 연구 활성화와 유학생 처우 개선에 대해서도 관심이 많다. 그는 "한중 대학생 토론 프로그램을 여는 등 상하이 지역에서 한국 연구를 활성화시켜나가겠다"고 밝혔다. 또 "유학생들이 졸업한 후 중국에서 직장을 다니려면 경력 2년이 필요한데 그런 부분도 살펴볼 생각"이라고 말했다.

구상찬 전 주상하이총영사　　이민호 코트라 상하이무역관장　　이창호 중국 제성유압유한공사 회장　　정한기 천사(1004)마트 대표

　대만에서 근무한 경험이 있는 이민호 관장은 중국과 일본의 갈등이 우리 기업에 주는 기회를 놓치지 말아야 한다고 강조했다. 지난 2000년 초반 천수이벤 독립 노선으로 인한 갈등 시기 대만 기업이 중국에서 소외된 적이 있다. 당시 한국이 중국에서 큰 기회를 잡았다. IMF이후 내실을 다진 한국은 IT뿐만 아니라 철강, 조선, 자동차 산업의 호조로 2005년 1인당 GDP에서 대만을 추월하고 급기야 2007년 2만 달러를 먼저 달성하게 됐다. 2005년 한국의 1인당 GDP는 1만 6500달러로 대만의 1만5500달러보다 높았다.

　대만은 중국과 독립문제로 인한 정치 불안과 컴퓨터·전자 산업의 전반적인 부진으로 경제에 상당한 충격을 받았다. 당시 중국은 독립을 지지하는 대만 기업들에게 보복을 가하겠다고 압력을 넣기도 했다. 정부 관리들이 천수이벤 정부를 후원하는 업체들은 어려움에 맞닥뜨리게 될 것이라고 공공연히 밝히기도 했다. 이 관장은 "당시 한국 기업이 중국에서 뿌리내리는 데 양안 갈등이 큰 기회를 가져다주었다"고 말했다. 일본이 중국시장에서 견제를 받고 있는데, 이것은 우리에게 기회요인으로 작용하고 있다. 2013년 우리나라가 일본을 제치고 사상 처음으로 중국 수출 1위국으로 부상했다.

　중국의 일본에 대한 견제는 매우 구체적이고 집요하게 이루어지고 있다. 중국 정부가 일본의 제트로JETRO(일본무역진흥기구) 상하이대표처 직원 비자를 갱

신해 주지 않아 26명이었던 직원수가 10여명까지 줄었다고 한다. 외국계 대표처의 규정을 엄격히 적용할 경우 4명까지 줄일 수 있다.

중장비 실린더 제조업체인 제성유압은 중국 현지 제조사와 함께 빠르게 성장한 업체다. 2003년 창업 당시 중국 굴착기 시장은 볼보, 현대, 두산 등 외자계가 98%를 차지하고 있었다. 이 때 제성유압은 싼이三― 등 중국 굴착기 제조사에게 핵심 부품인 유압프레서를 공급했다. 이 회장에 따르면 한창 잘 나갈 때는 제품에 페인트칠도 못했는데 200만~300만 위안(약 5억 원)씩 싸들고와 줄을 섰다. 2011년 상반기까지 주문 100개가 들어오면 80개밖에 생산하지 못해 다음 달로 이월시켰다. 이 회장은 "어느 날 갑자기 상황이 역전됐다"고 회고했다. 이 회장은 "머지않아 자동차나 전자산업 분야도 그렇게 될 것"이라고 전망했다. 3~5년 만에 추격당할 것이라는 전망이다. 중장비의 경우 2002년 현지 기업이 2%대였지만 현재 50%까지 상승했다. 두산중공업, 현대중공업은 2009년 중국시장 1, 2위로 15% 이상을 차지했지만 지금은 3~5%대로 급락했다.

최근 중국 기업의 추격 속도가 너무 빠르다. 부동산에서 돈을 번 기업은 회사의 라인을 통째로 해외에서 사오고 있다. 연봉 100만 위안(약 1억8000만 원)에서 300만 위안(약 5억 원)을 주고 인재를 스카우트한다. 자체 브랜드화도 앞당기고 있다. 관련 업체들은 납품을 하기 위해 기술을 내줄 수밖에 없게 됐다. 이 회장은 중국에서 사업에 성공하기 위해서는 "중국 현지 기업과 호흡을 맞춰야 한다"고 강조했다. 그는 항상 현장을 직접 방문해 우선 라인에서 자사 제품을 사용하고 있는지 확인한 뒤 창고에 가서 재고 현황을 파악한다. AS 현장 방문도 필수 코스이다. 이 회장은 "급속하게 성장한 중국 기업들은 특정 분야 기술이 부족하다"며 "그것을 메워주면서 과실을 얻어야 한다"고 말했다. 다만 무엇부터 제값 받고 넘겨줄 것인지 고민하고 단계적으로 현지화를 해야 한다. 핵심기술은 반드시 지켜내야 한다.

상하이에서 한국 식품점을 운영하는 천사(1004)마트 정한기 대표는 "한류 열풍으로 일부 점포는 매출액이 20~30% 가량 늘었다"며 "이런 흐름이 계속될 것"이라고 기대감을 드러냈다.

정 대표는 천사마트를 2007년 인수했다. 그는 "중국 소비자가 한글 상표가 부착된 '한글제품'을 선호한다"고 말했다. 한국산 식품 가격에 대해 중국 소비자들이 크게 부담스러워 하지 않고 있다. 식품업체가 연구를 많이 해 적정한 가격을 맞추고 있다. 한국 기업들이 중국 소비자들에게 맞는 가격의 기획 상품을 출시하면서 중국 상품과 가격 역전 현상도 발생하고 있다. 정 대표는 "실제로는 관세가 그렇게 높지 않다"고 말했다. 중국이 WTO가입 이후 관세가 점차 낮아지는 추세이다. 4~5년 전만 해도 중국인들에게 한국 상품은 비쌌다. 하지만 요즘 중국 상하이 지역 소비자들은 그 정도는 충분히 살 수 있을 만큼 구매력이 높아졌다. 정 대표는 회사 직원들이 퇴근할 때 즐겨 구매하는 품목을 유심히 살펴보곤 한다. 과자, 초콜릿, 햇반, 우유 등이 환영받는 품목이다. 김치, 김, 유자차는 전통적으로 잘 나가는 품목이고 최근 한국산 생우유가 뜨고 있다. 정 대표는 "제품의 맛이나 포장 형태, 광고방식 등 한국 마케팅을 경쟁업체들이 따라 오지 못하고 있다"고 말했다.

(3) 상하이 자유무역구

2014년 3월 10일 오후에 방문한 상하이 와이가오차오外高橋 보세구역 내 상하이자유무역관리위원회에 마련된 비즈니스센터에는 입주 신청을 위해 몰려든 사람들과 대행업자들로 붐볐다.

2013년 12월말 현재 상하이자유무역구에 등록된 외자기업은 145개, 내자기업은 2488개다. 외자기업의 30%는 일본 기업이며 나머지는 미국, 유럽기업이 차지하고 있다. 한국기업의 진출사례가 많지 않은 것은 자유무역구에 대한 온도차를 반영한 것이다. 일종의 보세구역 업그레이드판으로, 자유무역구를 통해 금융개혁을 시도하려는 의도라는 분석과 전면적인 개혁개방 심화를 위한 시험무대로 보는 시각이 엇갈리고 있다. 상하이에서 만난 관찰자들은 "큰 방향은 나와 있지만 구체적인 규정이 마련돼 있지 않아 혼란스럽다"고 말했다.

중국 정부의 자유무역구에 대한 정책 자문을 담당해온 상하이재경대학 천보陳波 교수를 만나 자세한 내용을 들어 보았다. 이 자리에는 이강국 당시 상하이 부총영사, 황인상 영사, 박준석 경제연구원 등이 함께 했다. 천 교수와의 인터뷰를 요약하면 대략 5대 핵심사항으로 구분할 수 있다.

첫째는 정부직능의 전환이다. 기존 사회주의 계획경제체제 하에서 정부가 가졌던 강력한 권한과 기능을 시장에 양보하는 조치이다. 시진핑 정부 개혁의 키워드인 간정방권簡政放權(권한을 하위단위로 이양)을 시범적으로 구현하겠다는 것이다. 이곳에서 시행되는 공상등록 절차의 간소화나 해관 통관의 신속화 조치들은 향후 중국내 다른 도시로 확대 적용된다. 둘째는 외상투자 규제 완화이다. 대표적인 개혁조치가 네거티브 리스트Negative list이다. 중국은 투자허용 가능 품목을 나열하는 것이 일반적이다. 그만큼 투자가 허용되는 품목이 적다. 하지만 자유무역구에서는 투자금지 품목을 나열한 뒤 나머지 업종은 모두 투자가 가능토록 했다. 이러한 개혁 조치로 과거 강력한 규제 권한을 가졌던 국가발전개혁위원회(발개위) 등 부처의 권위가 상대적으로 약화될 것으로 보인다. 천 교수는 "곧 발표 예정인 2014년도 버전의 네거티브 리스트는 과거 1만7000여개 항목이 넘는 외상투자 관련 규제 조항을 2000개 수준으로 대폭 축소하게 될 것"이라고 밝혔다.

셋째는 무역 자유화이다. 자유무역구의 무역 자유화 정도는 싱가포르 수준이 목표이며, 기존의 무역형태에서 역외무역Off-shore trade과 같은 새로운 무역형태 출현도 가능할 것으로 예상한다. 이러한 고도의 무역 자유화를 실현하기 위해서는 위안화 국제화,

천보陳波 상하이재경대학교수

자본시장의 개방 등 금융개혁이 선행될 것이다. 넷째는 금융개혁이다. 일정 범위 내에서 위안화의 자유로운 매매를 허용하는 위안화 국제화가 예상되며 이는 다시 환율시장화, 금리자율화로 이어질 것이다. 또한 자본시장을 개방해 자본의 유출입이 용이한 환경을 조성할 필요성이 제기되고 있다. 자유무역구에 전용계좌를 개설하면 중국인은 QDII2(적격 국내 개인투자자)를 통하지 않고 해외 투자가 가능하고, 외국인은 상하이의 증권, 선물 등 금융상품 투자가 가능할 전망이다.

다섯째는 법제화다. 과거에는 최고 권력자의 말이 곧 법이었다면 현재는 합법적인 과정을 거쳐 새로운 법제 환경을 조성하는 등 절차상의 노력을 추구할 것으로 보인다. 이밖에도 천 교수는 자유무역구가 성공하기 위해서 다국적 기업 지역본부 유치가 매우 중요하다는 입장을 보였다.

상하이자유무역구 설립 1주년이 지난 뒤 다시 취재를 진행했다. 우리 기업과 금융기관이 소극적으로 대응하고 있다는 우려의 목소리가 나오고 있다. 2014년 10월 한국 기업은 무역·물류 회사를 중심으로 45개사가 자유무역구에 등록했지만 은행은 한 곳도 없는 상황이다. 중국의 2차 개혁개방에 합류할 골든타임을 놓치고 있다는 지적이다. 상하이자유무역구관리위원회에 따르면 2014년 9월 15일 현재 신규 등록 기업이 1만2266개사에 이르고 외자기업도 1677개를 돌파

했다.

중국은행을 필두로 공상은행, 농업은행, 건설은행 등 15개 주요 중국계 은행들이 분행 형태로, 4개는 지행 행태로 진출했다. 홍콩계 은행과 미국, 유럽, 일본 등 외국 은행들도 적지 않게 진출했다. 특히 86개 금융 기관 중 외자은행이 23개나 되지만 한국 은행은 단 한 곳도 등록한 곳이 없다. 일본 은행은 3개가 등록했으며 세계적인 종합금융그룹인 HSBC그룹의 HSBC은행도 영업을 개시했다.

이강국 부총영사는 "우리의 최대 교역, 투자 대상 국가인 중국의 신정책을 직접 체험하고 새로운 제도 이점을 활용해 나간다는 차원에서 적극적인 관심과 진출이 필요한 것으로 판단된다"며 "최소한 한 개 은행이라도 진출해 자유무역구의 핵심인 금융 정책 변화를 따라잡아 나가야 할 것"이라고 지적했다.*

외국계 은행들은 단기적으로는 영업이익이 많이 나지 않지만 중국 금융기관의 정책본부는 베이징에, 실제 집행본부는 상하이에 두고 있는 경우가 대부분인 점과 중국 금융시장 실무학습과 함께 자유무역구에서 다양한 금융 혜택을 누릴 수 있다는 측면을 고려해 진출하고 있다.

한국 금융기관이 진출에 소극적인 이유는 중국 정부가 시장 위험을 최소화하기 위해 매우 점진적이고 단계적인 정책을 실시하기 때문인 것으로 보인다. 금융뿐만 아니라 서비스업, 통관 등 모든 개방 산업과 시스템 도입을 위한 시행세칙이 미비하다는 점이 애로 사항으로 지적되고 있다. 실제로 100% 독자 외자병원 설립이 가능해짐에 따라 한국 성형외과 병원 설립과 문의가 많았지만 등록자본

---

* 이강국 부총영사는 이후 《상하이 자유무역시험구》(북스타 펴냄)를 출판했다. 현재 주시안총영사로 재직 중이다.

금이나 설립요건을 충족시켜도 실제로 허가를 내주지 않는다는 주장이 나오고 있다. 하지만 수많은 시행세칙이 계속 발표되고 있다. 2013년 9월 29일 현판식 후 개최된 주요부서 국장급 브리핑 내용을 면밀하게 검토한 정부 당국자는 "세부적인 내용이 다 있다"고 강조했다. 2013년 7월 발표된 시험구 헌법에 해당하는 '총체방안' 발표 이후 분야별로 시행세칙 제정이 진행되고 있다.

시진핑 중국 국가주석이 2013년 5월 23일에 상하이자유무역시험구를 둘러보고 창신 (혁신) 중심지로서의 역할 제고를 당부했다.

중국 지도부의 각별한 관심도 가볍게 볼 수 없는 점이다. 시진핑은 2013년 5월 23일에 자유무역구를 둘러보고 창신(혁신) 중심지로서의 역할 제고를 당부했다. 리커창 총리는 2014년 9월 18일 방문해 자유무역구는 우대를 주는 곳이 아니라 혁신과 개혁의 장이며, 이곳에서 내자 기업과 외자 기업간의 구별은 의미가 없음을 강조하였다.

중국 수뇌부가 자유무역구를 방문한 것 자체가 제2의 개혁개방의 시험무대로서 중앙 정부의 관심과 지지를 보여준 것이다. 중국 정부는 정책은 반드시 실행에 옮긴다說到做到는 관례를 지켜왔다. 박은하 주중한국대사관 경제공사도 "다소 더디게 진행되고 있다는 평가도 있지만 최고 지도층의 관심 하에 추진되는 자유무역구는 향후 중국의 정책 방향으로 기능할 것으로 보인다"고 말했다. 자유무역구를 우대 혜택의 관점에서만 보면 관망할 수밖에 없게 된다. 하지만 중국 정부는 우대 혜택보다 중국 31개 성시에 개방의 범위와 개선 정책을 적용하려는 목적이 크다. 자유무역구에서 실시된 정책이 전국으로 확산되고 있다. 자유무역구에서 개혁 정책을 체험한 기업이나 금융기관은 향후 전 중국의 개혁 방향을 선행 학습할 수 있게 된다는 점에서 단기간의 이익 때문에 관망하거나 방치할 일이 아니라는 지적이 나오고 있다.

2015년 3월 중국 지도부는 광둥성, 텐진시, 푸젠성에 새로운 자유무역구를 건설하는 계획을 공식 승인하고 기존의 상하이자유무역구를 확대하는 내용의 계획을 통과시켰다. 상하이자유무역구는 루자쭈이陸家嘴 금융지구, 진차오金橋개발구, 창장 첨단기술단지 등 일부를 새로 포함해 28.8㎢에 불과한 기존 범위가 120.7㎢로 대폭 확대됐다.

⑷ 시진핑 정부와 중국 자본시장

"제1세대 부자는 무역에서 나왔고 제2세대는 부동산, 제3세대는 인터넷에서 나왔다. 이제 제4세대 부자는 자본 시장에서 출현할 것이다."

중국 은하증권銀河證券 수석 경제학자인 판샹둥潘向東 박사의 주장이다.

상하이종합주가지수가 4000포인트를 넘어섰을 때인 2015년 4월 13일 중국 공산당 기관지인 〈인민일보人民日報〉가 연속해서 홍보 기사를 내놓으며 주가 띄우기에 나섰다. 신화사, CCTV 등 관영 언론도 관변 학자를 앞세워 이에 가세했다. 중국 정부가 증시공정股市工程에 나서는 몇 가지 이유가 있다.

첫째, 시진핑 정부 출범 후 부패척결과 신창타이 선언으로 체감 경기가 급격히 위축되고 있다. 부패척결에 박수를 보내던 중국인들도 경기 하락과 실업에 따른 생활고에 불만이 고조될 수 있다. 중국 정부는 증시 부양과 창업열풍을 통해 이에 대응하고 있다. 주가를 올리면 투자자 자산이 늘어나고 소비가 증가하며 상장사들 실적과 실물 경제가 개선되는 선순환 구조를 만들 수 있다. 둘째, 주가 상승이 개혁의 성과를 홍보할 수 있는 지표가 되고 있다. 주가가 오르는 것은 투자자들이 수중의 돈을 갖고 중국 경제의 미래에 한 표를 던진 것이나 마찬가지라며 시진핑의 전면 개혁심화에 대한 기대와 지지를 표시하는 지표라고 선전하고 있다. 셋째, 기업과 은행의 구조조정을 촉진하는 계기로 삼고 있다. 증시 활성화를 통해 자금을 증시로 끌어 들이면 기업의 자금조달이 원활해지고 은행 의존도가 줄어들게 돼 궁극적으로 은행의 리스크도 완화시킬 수 있다.

후진타오 10년 동안 은행 대출을 통한 부동산 투자가 경기를 주도했다면 시진핑 정부 10년은 자본시장이 주도하는 경제로 변신할 것이다.

홍콩증시에 상장된 중국 태양광기업 한능박막발전漢能薄膜發電·Hanergy이라는 신에너지 회사 리허쥔李河君 회장이 홍콩의 부동산 재벌 리카싱을 추격하고, 인터넷 부호 마윈을 추월해 중국 1위의 부자 반열에 올랐다. 이 회사 주가는 1년만에 450% 이상 폭등하며 2015년 3월 5일 현재 시가총액이 40조 원을 돌파해 아시아 최고 부동산 재벌 리카싱의 50조 원을 추격하고 있다. 이 회사는 2014년까지만 해도 1달러대(홍콩달러)에 그쳤던 주가가 2015년 3월 5일 최고치인 9.07달러까지 치솟으며 1년 새 450% 넘게 폭등했다. 심각한 스모그 등 환경문제가 신에너지 업체인 한능박막발전의 주가를 견인했다.

주식시장은 실물경제나 현실을 반영하는 거울과 같다. 중국 주식시장의 황제주가 술회사에서 교육 관련주로 바뀐 것도 흥미롭다. 중국 주식시장에서 2015년 2월 온라인 교육 관련주全通教育가 마오타이貴州茅台를 제치고 최고가주에 올랐다. 시진핑의 '개혁 보너스'가 자본시장의 발전을 유도하는 원동력이 되고 있다.

중국의 금융 시장 개혁 개방은 금리와 환율 자유화, 자본 시장 개방, 위안화 국제화 과정이 동시에 추진되고 있다. 중국 정부는 2015년 5월 1일 예금보험제도를 시행함으로써 금리자유화 등 금융 제도 정비에도 박차를 가하고 있다. 5월부터 은행이 파산하더라도 50만 위안(약 8900만 원) 한도에서 원금을 보장해 주기로 했다. 예금보험제도는 예금자의 권익 보호 외에도 금리 자유화, 은행 구조조정 등 중국의 금융개혁 추진과 밀접한 관련이 있다. 은행에 맡긴 돈에 대한 안전장치가 없었던 이제까지는 시중 예금 자금이 대형 은행에 집중됐지만, 어느 은행을 이용해도 예금을 보호받을 수 있다면 금리가 높은 은행으로 자금이 이동하게된다.

이 과정에서 은행들은 예금을 끌어들이기 위해 높은 금리, 우수한 서비스, 상품 개발을 전개하게 되고, 은행 간에는 자연스럽게 경쟁 구도가 형성된다. 시장경쟁에서 도태된 은행은 자연스럽게 도산하면서 시장 자발적인 은행 구조조정이 추진될 수 있을 것으로 보인다. 은행 간 경쟁은 대형 은행의 시장 독점 구도에도 영향을 줄 수 있다. 대형 은행의 금융시장 독점은 기업의 자금조달 비용 상승등의 문제로 이어져 실물경제에도 악영향을 미치는 원인이었다. 은행들이 예금금리 경쟁을 전개하기 위해선 예금금리 자유화가 이뤄져야 한다. 중국이 예금보호제도 단행을 결정한 것은 머지않아 예금 금리 자유화를 실현한다는 신호탄이다. 예금보험제도 시행은 정부가 경쟁력 없는 은행의 파산을 용인하겠다는 의지로 풀이할 수 있다.

자본시장 개혁 개방도 주목할 만하다. 2014년 후강퉁滬港通(상하이증시와 홍콩증시 주식 연동거래제도)이 정식 출범한 데 이어 2015년 중국 자본시장 최대 쟁점은 기업공개(IPO) 등록제 정식 시행 △적자기업의 상장 가능 △선강퉁深港通(선전증시와 홍콩증시 주식 연동거래제도) 개통 △선전거래소의 선물거래 시행 등이 꼽히고 있다. 중국 정부는 2015년에 모든 작업을 마무리 짓는다는 방침이다.

(5) 재중동포, 중국시장 진출 열쇠

중국 권역별 취재를 진행하며 어느 지역이든 조선족 동포와 관련된 사안이 없는 곳이 없었다. 중국 조선족 기업들의 놀라운 변화를 직감할 수 있었다. 어떤 지역에서는 조선족 기업이 한국 투자기업의 규모나 경영실적을 추월하고 있었다. 이런 현상은 '개혁개방 1번지'인 광동성에서 두드러지게 나타났다. 중국 소수민족 연구 전문가인 정재남 주우한총영사는 "광동성에는 중일 수교 이후 중국 헤이룽장성 출신 조선족 동포들이 많이 진출해 자리를 잡고 있다"고 설명했다.*

1972년 중일국교정상화 이후 일본 기업이 광동성에 많이 진출했는데, 헤이룽장성 출신 조선족 동포들이 일본어 구사 능력이 뛰어나 대거 이주하게 되었다는 설명이다. 그 후 언어와 문화, 관계 등 중국 현지의 네트워크를 잘 활용하면서 실력을 키워나갔다. 세계해외한인무역협회World-OKTA 선전지회 남기학 지회장도 그런 사례이다. 조선족 동포인 남 지회장은 10년간 헤이룽장성 계서대학에서 강사와 조교로 근무하다 선전으로 옮겨와 일본계 교와 플라스틱 인더스트리얼에 근무하면서 성실성을 인정받아 공장장까지 승진했다. 2003년 12월 아세아전자유한공사를 설립했으며, 2005년 8월부터 엽가정밀플라스틱공장 회장직을 맡았다. 이런 사례는 상하이, 베이징 등에서 쉽게 찾아볼 수 있다. 산둥성 칭다오

---

* 《중국의 소수민족》 살림 지식총서

에는 철수하는 한국 기업과 협의를 통해 연착륙을 시도하는 경우도 있었다. 향후 중국 내수시장을 확대해 나가는데서 재중동포 기업과 한국 기업의 협력은 필요하다. 재중동포 기업은 한국 기업에게 중국 내수시장 진출의 교두보 역할을 해줄 수 있는 소중한 동반자가 될 수 있다.*

조선족 동포는 한중관계의 자산이고 통일 과정과 이후에도 중요한 역할을 할 것으로 보인다. 상하이 조선족 동포들은 개혁개방의 중심지에 살고 있어 가장 깨어 있다는 평가를 받고 있다. 한국과 연계된 사업을 많이 해 상대적으로 친한 성향이 강하다. 한중관계가 잘 돼야 사업도 발전한다는 점 때문에 한국의 미래와 통일에도 큰 관심을 보이고 있다. 상하이에 거주하는 주중 동포는 10만명 가량된다. 1980년대 초반 270여명이 거주했지만 개혁개방 이후 10만명까지 크게 늘었다.

김민달 상하이 조선족기업가협회 고문(명예회장)은 1960년대 초반 대학졸업후 상하이 푸단대의 중국과학원에 소속돼 제1호 인공위성 프로젝트에 참여했다. 문화혁명의 광풍 속에 간첩으로 몰려 11년 동안 고초를 겪은 뒤 명예 회복이 되고 복직했다. 김민달 고문은 상하이 동포 사회에서 맏형 역할을 하고 있다.

김 고문은 "대한민국 정부와 국민이 200만명 조선족을 너무나 잘못 보고 있다"고 목소리를 높였다. 한중수교 직후 한국에서 불법 체류자를 보는 시각으로 동포들을 바라보고 있다는 불만이다. 주중 동포들에 대한 참여 기회를 제공하는 노력도 부족하다고 지적했다. 북한은 김정일 위원장 추모 행사 등 주요 행사 때면 조선족 기업가협회에 초청장을 보낸다. 김 고문은 "박근혜 대통령 취임식 등

---

* 이장섭 전남대학교 교수, 《중국조선족사회의 경제환경》, 《중국조선족기업의 경영활동》, 《중국조선족 기업의 네트워크》 참고

주요 행사에 참석해달라고 초청장을 보내면 얼마나 좋겠느냐"고 말했다.

최근 재중 동포들의 경제적 위상이 높아져 한국인과 역전 현상이 나타하고 있다. IT, 제조업 등 어느 업종이든 동포 기업가들을 찾아볼 수가 있다. 김 고문에 따르면 지난해 상하이 조선족 동포기업인들 매출액이 15억 달러 정도나 됐다. 지난해 LCD용 필름 업체, 반도체용 접착제 생산 공장, 교류 전원을 직류로 변환시키

김민달 상하이 조선족기업가협회 고문(명예회장)

는 전환기Convert 회사 등이 상하이시가 선정한 선진기업에 포함됐다.

김 고문은 "조선족과 좋은 관계를 맺고 친하게 지낸 한국 사람들은 대부분 성공했다"고 말했다. 주중 동포는 개혁개방 이전에는 200만명 정도였지만 한중 수교 이후 35만~40만명이 해외로 빠져 나갔다. 그 중 60%는 한국에 거주하는 것으로 추정된다. 현재 중국에서 거주하는 동포는 150만~160만명 정도이다. 주중 동포들은 소수민족 중 교육 수준이 가장 높고 상당수가 대도시에 정착해 있다. 최근 연매출 1억 위안 이상의 기업들이 각지에서 등장하고 있다. 중국시장에 진출하는 우리 기업들에게 전략적 파트너가 될 수가 있다.

주중 동포는 중국 사회에 한국의 분단 문제를 제기하고 이에 대한 여론을 환기하는 역할을 할 수 있는 소중한 존재이기도 하다. 중국의 학계, 언론계 등과 네트워크를 형성해 한반도 통일에 대한 긍정적 여론 형성에 일조할 수 있다. 김 고문은 "중국에 있는 동포들이 모국에 대한 애국심이 대단하다"며 "특히 남북통일에 관심이 많다"고 말했다. 주중 동포들의 북한에 대한 관심이 크다. 김 고문에 따르면 행사가 있어 초청 받으면 돈도 기부하고 나진 등에 투자도 하고 있다. 상하이 동포 중 일부는 나진 지역의 수산업, 부동산, 은행업에 투자하고 있다.

김 고문은 "김정은 정권 이후 중국 정부의 북한에 대한 태도가 변한 것이 사실"이라며 "북한을 무조건 지지하지 않는다"고 말했다. 독일 통일 당시 구소련의 역할을 중국이 할 수 있는지 묻는 질문에 "통일 문제를 제3국에 의지해서 해결한다는 것은 말이 안 된다"며 "당사자가 해결해야 한다"고 강조했다. 김 고문은 "자기민족 문제를 해결하지 못한 사람은 자본주의, 사회주의에 대해 말할 자격이 없다"며 민족 통일을 가장 우선 순위에 놓아야 한다고 강조했다.

김 고문은 미국, 캐나다 심지어 아프리카를 가도 화교가 잘 사는데, 그 비결은 똘똘 뭉쳤기 때문이라고 말했다. 그는 화교처럼 남북도 중국에 와서 뭉쳐야 서로 잘 살게 된다고 역설했다.

3. 장쑤성

(1) 난징 중화 제일의 상권 놓고 경합

2014년 1월 중국 신화망에는 장쑤江蘇성의 성도 난징南京시 3개 쇼핑몰이 전국 10위 안에 들었다는 기사가 실렸다. 상위 10위 중 4, 9, 10위를 차지한 쇼핑몰은 난징 시내 중심가인 신지에코우新街口에 밀집돼 있다. 이곳은 고가의 브랜드가 다수 입점한 쇼핑몰들이 집중돼 있어 장쑤성 제일 상권으로 꼽힌다. 특히 중국 전역에서 단위면적당 매출이 가장 높은 지역이다.

난징은 중국에서 중화제일의 상권을 두고 베이징, 상하이, 광저우 등과 다툴 정도로 소비수준이 높다. 난징시는 국유기업 비중이 70% 가량을 차지하는데, 중국의 국유기업은 상상을 초월할 정도로 막강한 자본력을 가지고 있다. 이러한 자본력에서 흘러나오는 부가 구매력으로 나타나고 있다. 난징의 자동차 산업은 전국 3위를 차지하고 있으며 가장 빠른 속도로 발전하고 있다. 석유화학도 중국에서 두번째로 큰 화학공업기지를 보유하고 있다. 전자산업은 난징시 공업 중 2위의 비중을 차지한다.

2013년 GDP는 8286억 위안으로 장쑤성에서 쑤저우(약 1조3284억 위안), 우시(약 8310억 위안)에 이어 3위를 차지했다. GDP 증가율은 11.9%를 기록하며 9%대 성장률을 기록한 다른 도시를 뛰어 넘었다.

난징에 먼저 자리를 잡은 우리 기업은 LG와 금호그룹이다. 난징에는 LG산업원이 있다. 1990년대 말부터 LG전자, LG디스플레이, LG화학이 생산기지를 구축했다. LG는 이곳에서 편광판 등 디스플레이 부품부터 액정표시장치LCD 모듈, TV 완제품까지 수직계열화를 통한 일괄 생산을 하고 있다. 수많은 협력회사들도 함께 이곳에 자리 잡아 동반 해외진출의 모범 사례로도 꼽는다. 2003년 10월 난징시와 장쑤성 정부는 LG가 지역경제와 사회발전에 힘쓴 공로를 인정해 이 단지의 공식 명칭을 'LG산업원'이라 이름 붙였고, 단지에 진입하는 왕복 4차로 도로도 'LG로'가 됐다.

금호타이어는 난징시에 공장 2개를 가동하고 있으며 효성과 코오롱도 진출해 있다. 난징에는 장금상선, 현대상선, 한진해운이 진출해 있는데, 이는 우리 기업이 난징을 내수시장보다 생산기지로 삼고 있다는 것을 보여 주는 것이다. 난징에서 생산한 제품을 이들 상선회사가 운반해 한국이나 미국 등으로 수출하는 기업이 대부분이다. 중국에서 최근 인건비가 상승하면서 공장으로서 이점은 줄어들어 신규 투자보다 베트남 등으로 이전을 고민하는 기업이 늘고 있다. 귀국하는 주재원은 늘고 있지만 새로 충원되는 인원은 줄고 있다. 교민수가 유학생 포함 5000명 정도로 난징의 경제적 위상에 비해 왜소해 보인다.

하지만 최근 새로운 변화도 감지되고 있다. 2011년 진출한 파리바게뜨는 점포를 10여개나 늘렸다. 난징시가 소프트웨어와 금융산업을 집중 육성하면서 2013년 하나은행이 진출했고, 삼성전자 소프트웨어 연구소도 성장을 계속하고 있다.

장쑤성 홈쇼핑 업체에서도 한국 상품에 관심을 갖기 시작했다. 주요 백화점에

서 인터넷 쇼핑몰을 개
설하면서 한국관을 개
설하고 한국 상품만 모
아서 판매하겠다는 제
안도 하고 있다. 고상영
코트라 전 난징무역관
장은 "거미줄처럼 연결
된 중국 고속철이 소비

중국 화동지역(상하이 장쑤성 안후이성 저장성)

시장에 지각 변동을 일으키고 있다"고 말했다. 고 전 관장이 난징에 와서 가장 충격을 받은 것은 '고속철 현상' 이다. 상하이-난징, 난징-항저우 노선이 개통되면서 상권이 통합되고 있다. 난징은 장쑤성 북부와 안후이성 남부의 중심 상권으로 급부상하고 있다. 고 전 관장은 "사회 분위기는 한국이 올림픽 경기를 개최한 1988년과 비슷하지만 상품은 시차가 크지 않다"고 말했다. 한국 홈쇼핑에서 대박난 상품은 여기서도 잘된다는 설명이다. 다만 홈쇼핑은 적지 않은 비용이 필요하기 때문에 인터넷 쇼핑을 많이 권하고 있다. 한국산 식품, 패션, 잡화에 대한 선호도가 점차 높아지고 있다. 최근 롯데, 한화 등도 난징 시장에 관심을 보이고 있다.

난징에는 독일 화학업체 바스프BASF, GE, 모토롤라, 월마트, 미쓰비시, 혼다 등이 진출해 있으며, 중국 기업도 성장을 거듭하고 있다. 주요 제조업이 추격당한 상황에서 한국이 노릴 수 있는 분야는 제조업의 부품, 환경, 서비스산업 등이다.

한성철 남서전자유한공사 총경리는 "자동차를 운전하는 사람들의 매너 등 소프트한 영역에서 많은 차이가 난다"며 "중국인들이 미처 갖추지 못한 부분을 우리가 채우면 된다"고 말했다. 중국은 미국을 제치고 세계 1위 무역대국으로 올라섰다. 상품 중에서 중국 상품이 절대적 우위를 점하고 있지만 핵심 상품의 경쟁

고상영 코트라 전 난징무역관장　정성영 경서과기유한공사 총경리　한성철 남서전자유한공사 총경리　이상휴 지수전자유한공사 총경리

력은 신통치 않다. 수출에서 전자기기와 최첨단 상품 비중은 각각 57.3%와 29.9%에 달하지만 대부분 기술력은 중국 밖에 있다. 전자기기의 61.2%가 외자기업 생산 제품이다. 최첨단 상품도 72%가 외자기업에 의한 것이다. 또 서비스 상품의 수출입 규모는 미국의 절반 수준에 불과하다. 한국이 기술력, 최첨단 상품, 서비스업 등에서 우위를 유지한다면 중국을 계속 잡아둘 수 있다.

　한성철 총경리는 "중국산 전자부품을 사용해보면 한국이 확실히 잘 만든다는 것을 실감하게 된다"고 말했다. 제품의 디자인도 마찬가지이다. 중국 기업이 개발한 것과 한국에서 생산한 것을 비교해보면 한국 제품이 멋지고 고급스럽게 느껴진다는 것이다. 요즘 중국에서 잘 나가는 이랜드가 한국 기업이라는 사실을 아는 중국인들은 많지 않다. 철저한 시장조사와 현지화 과정을 통해 중국 사람의 소비성향을 파악하고 분석해 현지 고유의 브랜드를 창출했기 때문이다.

　정성영 경서과기유한공사 총경리는 중국의 환경산업에 주목하라고 조언했다. 정 총경리는 "예전에는 스마트폰으로 날씨를 보다가 요즘은 공기가 어떤지를 본다"고 말했다. 스모그가 난징시 경제발전에 커다란 장애가 되고 있다. 2013년 12월초 난징시는 사상 초유의 심각한 스모그 사태를 겪었다. 당시 난징시 초미세먼지(PM 2.5) 지수는 12시간 넘게 300 이상을 유지하면서 스모그 적색경보를 발령

주재선 세종국제어학원 교수   최송희 난징고신기술산업개발구 국장   서영찬 하나은행 난징분행장

했다.

난징시 당국은 유치원과 초·중·고교 등 각 급 학교에 휴교령까지 내릴 정도였다. 난징시는 2014년에는 경제 성장보다는 환경오염 방지 등 주로 개혁에 힘을 쏟아야 한다며 성장률 목표치를 2013년 11.0%에서 10.5%로 0.5%포인트 끌어 내렸다. 중국공업생산액 1위 지역인 장쑤성은 오수처리산업에만 580억1000만 위안의 투자수요가 있어 다른 지역보다 사업 기회가 큰 지역으로 부상하고 있다.

이상휴 지수전자유한공사 총경리는 "소득수준이 올라가면 문화 수준도 따라갈 수밖에 없다"며 최근 다시 불고 있는 한류 열풍을 경제적 효과로 연결시켜야 한다고 강조했다. 주재선 세종국제어학원 교수도 "요즘 한국어를 배우려는 중국 학생들이 많이 늘었다"며 "한국 상품, 특히 한글상표 제품을 선호하고 있다"고 전했다. 홈쇼핑이나 인터넷 쇼핑을 통해 한국 제품 구매가 가능해지면서 가격차도 줄어들고 있다고 설명했다.

최송희 난징고신기술산업개발구 관리위원회 국장은 "이제 중국은 모든 투자를 선호하는 것이 아니다"라며 몇 가지 기준을 제시했다. 첫째는 투자 지역이 추진하는 산업 규획規劃에 적합한 기업, 둘째 친환경 기업, 셋째 고기술 기업, 넷째

기업의 투자 강도 등이다. 여기서 흥미로운 조건은 기업의 투자 강도이다. 2014년 3월 회사법이 개정돼 회사 설립시 등록자본금 규정이 해제됐다. 대신 1무(202평) 당 세수가 얼마 나와야 한다는 기준을 적용하기 시작했다.

현재 난징고신기술산업개발구에서 가장 선호하는 기업은 R&D센터, 중국 본사, 지주회사, 투자회사, 금융회사 등이다. 서영찬 하나은행 난징분행장은 "하나은행이 외국계 은행 중 최초로 동북 3성에 진출하면서 감독당국이 이를 높이 평가해 광저우, 난징 분행을 허가했다"며 중국 정부 정책을 읽어야 한다는 점을 강조했다. 하나은행은 중국에 진출한 외환은행과 합병을 통해 30여개의 분행을 확보했다.

중국 금융 감독 당국은 외국계 은행의 내부 관리가 허술해지고 있다는 점에 주목하고 감독을 강화하고 있다. 하나은행은 중국법인을 만들면서 현지화에 주력했다. 분행 20곳에 한국인은 30여명에 불과하며, 절반이 중국에서 MBA를 졸업했다. 서영찬 분행장도 상하이교통대 MBA를 졸업했으며, 본행에 사표를 내고 중국 법인에서 근무를 시작했다.

(2) 난징대학살기념관과 판도라의 상자

난징대학살기념관의 키워드는 슬픔, 분노, 화해와 평화이다.

2014년 3월 12일 난징대학살기념관 입구에서 당시의 처참한 상황을 표현한 조각상들이 기자를 맞이했다. 기념관에는 죽어간 사람들의 비명처럼 물방울 떨어지는 소리가 나는 곳이 있다. 이곳은 대학살 당시 12초마다 한 명씩 살해당했음을 상기하는 공간이다.

난징대학살기념관은 분노, 슬픔, 화해와 평화를 상징하고 있다.

1937년 12월 13일부터 다음해 1월까지 6주 동안 일본군은 국민당 정부의 수도인 난징을 함락하고 시민들을 무차별적으로 살육했다. 학살은 6주 동안 계속 됐으며 30만명이 살해된 것으로 집계됐다. 학살에 참여한 어느 일본 군인의 일기에는 "중국인을 죽이는 것으로 무료함을 달랜다. 산 채로 묻어버리거나 장작불로 태워 죽이고 몽둥이로 때려죽이기도 한다"고 적혀 있다.

"용서할 수는 있어도 잊을 수는 없다可以寬恕, 可以忘却 Forgivable, unforgettabe." 전시관은 당시 독일 지멘스사 지사장 존 라베John Rabe가 남긴 말을 그의 사진과 함께 전시해 뒀다. 존 라베는 난징 대학살 당시 25만명이 넘는 중국인들을 피난시킨 독일 사업가이다. 희생자들의 인적 상황을 문서로 정리해 보관하고 있는 맞은편에도 "과거를 망각하지 말고 미래 스승으로 삼자前事不忘, 后事之師"란 문구를 크게 새겨 두었다.

난징대학살 기념관의 결론은 화해와 평화이다. 당시의 비극을 생생하게 묘사하고 있지만 절제된 흔적이 역력하다. 전쟁의 참상과 세계 평화의 중요성을 거듭 역설하고 있다. 평화和平를 상징하는 여신상을 관람하는 것으로 기념관 관람을 마무리할 수 있게 했다. 이런 점에서 방문자들은 매우 수준 높은 기념관이라고 평가한다.

하지만 일본 아베 정권의 고위 인사들이 잇따라 난징대학살과 위안부의 존재를 부인하는 발언을 하면서 판도라의 상자가 열리고 있다. 중국도 그동안 자제하며 묻어둔 일본의 만행을 꺼내들어 전 세계를 상대로 폭로전을 펼치고 있다. 시진핑은 독일 방문 중에 이례적으로 일본군의 난징 대학살을 직접 거론하며 일본을 맹비난했다. 중국 최고지도자가 국제무대에서 일본 과거사를 이같이 신랄하게 비난한 것은 극히 이례적이다.

중국은 역사문제에서 공통분모를 갖고 있는 한국에도 손을 내밀고 있다. 기업이 가장 민감하게 반응하는 것은 리스크이다. 일본 기업과 거래하고 있는 중국 기업은 최근 상황을 상당히 우려하고 있다. 기회가 되면 거래선을 바꾸고 싶어 하며, 그 대안으로 한국 기업과 상품에 손을 내밀고 있다. 상하이, 난징 등 역사 문제에 민감한 지역에서는 승기를 잡아가고 있다.

(3) 중국 쑤저우공업원구와 개성공단

2014년 3월 11일 상하이에서 승합차로 쑤저우로 향했다. 잘 정돈된 고속도로를 지나자 숲과 빌딩으로 가득한 도시가 보였다. '쑤저우공업원구' 라는 이름에서 상상했던 공단과 매연은 찾아볼 수 없었다. 공단이라기보다 깨끗하고 세련된 한국의 판교신도시와 비슷했다.

덩샤오핑과 리콴유의 친분과 신뢰 관계가 쑤저우공업원구 성립에 중요한 역할을 했다.

쑤저우공업원구에는 중국 기업 1만3000여개, 외국기업 5000여개가 입주해 있다. 세계 500대 기업으로 손꼽히는 회사만 86개에 달한다. 쑤저우공업원구의 전체 규모는 288㎢로 쑤저우시 전체 면적(8488㎢)의 약 3.4%에 불과하지만 전체 경제 규모의 15%를 차지한다. 쑤저우공업원구에 입주한 기업들은 막대한 부가가치와 일자리를 창출하며 쑤저우시 전체를 먹여 살리고 있다.

쑤저우공업원구는 남한의 자본과 기술, 북한의 토지와 노동력이 결합한 개성공단과 유사한 방식의 공단으로, 싱가포르의 화교자본이 동포애에 기반을 두어 중국에 만든 공단이다. 공단 성립 초기 수뇌부의 신뢰관계가 중요했다. 덩샤오핑이 싱가포르를 방문해 리콴유李光耀를 만난 뒤 1994년 양해각서MOU를 체결하고 본격적인 개발에 나섰다.

덩샤오핑과 리콴유는 '동방의 유태인'으로 불리는 객가客家인 출신이다. 객가인의 기원은 황허黃河 지역의 잦은 전란을 피해 남하해 중국 남부에 정착했다는 설이 있다. 이들 중 상당수는 동남아로 대거 이동해 그곳에서 화교 자본을 형성하게 된다. 객가인 출신 중에는 세계적으로 이름을 떨친 정치가와 막대한 부를 쌓은 화교 거상들이 수두룩하다. 중국의 국부 쑨원孫文, 중국 개혁개방의 총설계사인 덩샤오핑, 전 싱가포르 총리를 지낸 리콴유, 대만 총통을 지냈던 리덩후이李登輝 같은 사람들이 모두 객가인 후예들이다. 현재 동남아 경제를 쥐락펴락 하는 사람들이 화교들인데 이 화교 거상들의 주축도 바로 객가인이다. 홍콩은 객가인 인구 비중도 높고, 아시아 최고 갑부인 리카싱李嘉誠 청쿵長江그룹 회장 등 경제적 영향력도 절대적이다.

쑤저우공업원구에서 개성공단의 향후 발전 모델을 찾을 수 있었다. 현재 개성공단은 중국의 1차 개혁개방 당시 경제특구와 비교할 수 있다. 중국은 해외로부터 자본과 기술을 도입하기 위해 1979년부터 광둥성의 선전 등에 4대 경제특별구역을 설치했다. 4대 경제특구 외곽에는 철조망을 설치하고 출입허가를 받은 사람만이 왕래할 수 있게 하는 등 외부와 철저히 분리했다. 2차 개혁개방은 1992년 덩샤오핑의 남순강화 이후였다. 덩샤오핑은 상하이를 거점으로 삼아 개혁개방을 화둥지역으로 확산시켰다. 상하이 푸둥지역 개발에 힘을 실었고, 1994년 싱가포르 정부와 함께 쑤저우공업원구를 조성해 시장경제 도입의 테스트베드 Test-bed로 삼았다. 중국은 1차 개혁개방 후 10여 년 동안 4대 경제특구에 자본과 기술을 도입해 시장경제를 실험한 뒤 과도기를 거쳐 1992년 이후 이를 심화 발전시켰다.

2013년 개성공단이 시작된 지 10년이 지났다. 이제는 개성공단도 쑤저우공업원구처럼 2단계 개발에 대한 논의가 진행되길 기대한다. 개성공단 2단계 개발은 마치 중국의 쑤저우공업원구와 같이 북한에 시장경제를 전면적으로 전수하는 테스트베드로 재설계할 필요가 있다.

이 때 쑤저우공업원구에서 참고할 몇 가지가 있다. 첫째는 운영의 주체와 관련된 부분이다. 진롄위 아태지역 마케팅처 부처장은 "공업원구 개발 운영에 관한 최고 의사결정기구는 중·싱 연합협조이사회로 중국은 장가오리 부총리, 싱가포르는 장지셴 부총리가 이사장 직무를 수행하고 있다"고 밝혔다. 둘째는 싱가포르식 제도 이전을 위한 소프트웨어 이식 프로그램이다. 중국 정부는 싱가포르식 제도를 공업원구에 이전해 싱가포르의 상업, 행정, 기술을 배우려는 생각을 갖고 있었다. 진롄위 부처장은 "공단 개발 초기에는 한해 200여명의 중국 공무원들이 싱가포르에서 경제개발, 도시개발, 노무관리 관련 연수에 참가했다"고 전했다. 싱가포르 공무원들이 직접 공업원구에 파견되어 중국 공무원들을 대상으로 교육을 실시했다. 셋째는 치밀한 계획과 일관된 집행이다. 류제 선전 부부장은 "1993년 1년 동안 설립자본금의 상당액을 투자해 계획에 매달렸다"며 "20여 년 동안 책임자가 여러 번 바뀌었지만 당초 계획과 달라진 것은 없다"고 말했다.

20여 년 동안 공업원구 건설이 거의 마무리되면서 최근에는 업그레이드에 주력하고 있다. 공단뿐만 아니라 주거지역, 상업지역 등이 어우러진 복합도시로 발전했고 최근에는 정보 인프라에 투자를 집중해 스마트시티를 건설하고 있다.

현재의 임가공 기능에 한정된 개성공단은 중국의 1차 개혁개방 당시 설립된 경제특구와 유사하다. 개성공단은 2단계 개발을 통해 △교육 훈련과 기술 확산의 거점 △주변 농업지역으로 개발, 확산 △관광과 결합된 상업, 서비스, 금융 등의 기능을 수행하는 종합적인 경제특구로 발전해야 한다.

4. 안후이성

(1) 동부와 중서부의 사각지대

2014년 3월 12일 저녁 난징남역에서 고속철을 타고 안후이安徽성 성도인 허페이合肥에 도착했다.

"역시 많이 낙후됐군…."

난징에서 고속철로 1시간 걸리는 중국 내륙지역은 느낌이 너무 달랐다. 같은 중부권역인 우한만 해도 이미 상전벽해桑田碧海가 진행 중이다. 안휘이성은 동부 연해지역과 개발이 한창 진행 중인 중서부지역의 사각지대라는 인상을 지울 수가 없었다. 역 광장에서 마중 나온 안내자와 택시를 기다리는 동안 비는 내리고 사람들로 발 디딜 틈이 없었다.

노자老子 장자莊子 조조曹操 화타華佗 등이 안후이성 출신이다. 포청천包青天의 고향이기도 하고, 청나라 말기 정치가 리훙장李鴻章의 고가도 있다. 진독수陳獨秀, 후진타오, 우방궈吳邦國(전 전인대위원장), 리커창 모두 안후이성 출신이다.

다음날 허페이에서 가장 발달한 지역 중 한 곳인 화이허루淮河路를 찾았다. 즐비하게 들어선 쇼핑센터들은 다른 어느 도시에 비해 부족함이 없다. 유명한 화이허루의 보행거리를 걸었다. 화려했다. 황금색으로 장식된 상가와 명품점, 고층건물이 늘어 서 있다. 베이징의 왕푸징 정도는 아니지만 여기저기 볼 것들이 많았다. 한글 간판도 눈에 띄었

허페이에서 가장 발달한 지역 중 한 곳인 화이허루淮河路를 찾았다.

지만 많지는 않다. 보행거리 가운데에 매점 간판에 떡볶이, 김밥도 보였다. 상하이 홍첸루처럼 줄을 서는 모습은 보이지 않았다. 한국기업 체인점을 찾아보기란 더더욱 힘들었다.

중국의 연해지역에서 조금만 빗겨나도 우리 기업의 진출이 눈에 띄게 줄어든다.

명청조 때 생계를 위해 고향을 등진 안후이성 사람들은 대운하가 지나가는 장쑤江蘇성 양저우揚州 등에 자리를 잡고 상업 활동을 했다. 한 때 '휘상이 없으면 장사가 되지 않는다無徽不成商' 는 말이 유행했다. 휘상徽商의 고향 휘주는 황산黃山 아래로 리안李安 감독의 영화 〈와호장룡〉의 무대이다. 지리적으로 휘주는 경작 가능한 토지가 적어 농사보다 장사를 선택할 수밖에 없었다. 산시상인들은 성공하면 고향으로 돌아가 가족이 모여 살았지만 휘상들은 가족과 함께 고향을 떠나 성공

하면 그 지역에 정착했다. 휘상들은 고향을 떠날 때 가족뿐만 아니라 조상의 유골을 갖고 나가기도 했고, 족보 편찬에 열성적이었다. 혈연이나 지연 중심의 상호 부조적 사업을 통해 단결하고 이 속에서 자금과 정보를 모아 시장의 수요에 적절히 대처해 나갔다.

휘상은 상인이지만 기본적인 사대부의 교양을 갖춰서 문상文商이라고도 불리고, 벼슬아치들과 교류해 큰 이권을 장악하는 능력이 뛰어났다. 휘상이 유교사상을 계승했음을 잘 보여주는 것이 선의후리先義後利이다. 이익을 취하려 할 때 의로운가, 그렇지 않은가를 먼저 생각하는 상도를 중시했다. 휘상은 청나라 성립 초기 재정의 상당 부분을 공급하면서 밀월 관계를 형성했다. 청년들을 관계로 진출시켜 자신들의 이익을 수호했다. 건륭황제乾隆帝가 강남지역을 순시할 때면 황제를 맞이하기 위해 대규모 토목사업과 문화 사업을 벌이는데 비용을 아끼지 않았다. 휘상들은 이를 통해 황실의 환심을 사고 강남 일대의 상권을 손에 넣게 된다.

휘상은 중국 근대화 과정에서 태평천국의 난과 밀물처럼 밀려오는 서양 문물에 대응하지 못하고 몰락했다. 중국 토종 자동차 메이커인 치루이奇瑞자동차의 인퉁야오尹同耀 회장이 대표적인 휘상의 후예다. 독자 브랜드가 약한 중국에서 그는 '민족 브랜드의 기수'로 통한다. 치루이자동차는 후진타오 시대 급성장했다. 쥐런巨人그룹 스위주史玉柱 회장도 안후이성 출신이다.

(2) 리훙장의 옛집을 찾아서

화이허루에서 멀지 않은 곳에 리훙장의 옛집故居이 있다. 리훙장은 19세기 후반 청나라 대신으로 조선에 대한 종주권을 주장하고 내정에 간섭했으며, 조선을 두고 일본과 청일전쟁을 벌였던 인물이다. 19세기 후반 리홍장은 대조선 정책을 주도했다. 임오군란 수습 과정에서 실질적인 간섭 정책으로 전환해 위안스카이袁世凱를 파견해 조선 정부의 내정 및 외교에 적극 간섭했다.

화이허루에서 멀지 않은 곳에 리홍장의 옛집故居이 있다.

리홍장은 쩡궈판曾國藩에게 유교와 학문을 배우며 그의 제자가 되었다. 태평천국太平天國의 난을 진압하는 데 공을 세웠다. 태평천국의 난은 광둥성의 농민 세력이 중심이 돼서 봉기했는데 후난성 출신의 쩡궈판이 이끄는 상군湘軍과 그 휘하의 리홍장 등이 이끄는 회군淮軍이 이들을 진압하고 청조의 운명을 연장시켰다. 쩡궈판 사후에 대권을 이어받은 리홍장은 초기에 서구 열강과 전쟁도 불사하였으나 여러 번 패배하면서 서구의 실력을 깨닫자 서구의 문물을 받아들이며 중국을 강하게 만들자는 양무운동의 주창자가 된다. 그 휘하의 인물들도 쟁쟁해서 나중에 청조를 멸망시키고 대총통이 되는 위안스카이 등이 있다. 출장입상出將入相의 영웅이라고 할 수 있지만 만주족 정권인 청조의 충신이라는 점과 서구에 영합하려는 듯한 모습을 보였다는 점에서 후대에 한간漢奸이라는 평가를 받았다.

리홍장의 정적이었던 양계초梁啓超는 그를 시대가 만든 영웅일지언정, 시대를 만든 영웅은 아니라고 평가했다. 그 원인은 불학무술不學無術 때문이라 했다. 그래서 국민의 본질을 알지 못하고, 세계의 대세를 통찰하지 못했으며, 정치의 근본을 이해하지 못했다고 평가했다.*

리훙장이 지금 다시 깨어나 한반도를 본다면 미소를 지으며 이렇게 말할 것이다. "청일전쟁 때나 지금이나 근본적으로 달라진 게 없구나."

(3) 포청천과 시진핑의 반부패

리훙장의 옛집에서 멀지 않은 곳에 포청천包青天의 사당인 포공사包公祠와 묘지인 포증묘包拯墓가 있다. 포청천은 북송 시대의 유명한 판관으로 본명을 포증包拯이라 하는데 그의 청렴결백을 기려 포공包公이라 높여 부른다.

전시실에 색정망한色正芒寒이라 쓰인 편액이 보였다. 포청천의 인간됨됨이를 상징하는 말이다. 색色은 표정, 정正은 품격, 망芒은 기질을 각각 의미하며, 포청천은 이 모든 것에서 얼음처럼 냉정하고 엄숙했음을 의미寒하는 것이다. 드라마에서 자주 보던 포청천의 죄인 판결 모습도 재현해 놓았다. 죄질의 정도에 따라 목과 팔 다리를 절단하는 용작두(황실사람), 호랑이작두(탐관오리), 개작두(잡범)도 보였다.

포청천이 감찰 업무를 맡은 감찰어사로 있으면서 파직을 시켰거나 사법처리를 하게 만든 대신만 30명이 넘었다. 그는 탄핵 상소를 황제가 받아들이지 않으

---

* 《이홍장 평전》, 양계초 지음. 프리스마

면 끝까지 물고 늘어졌다. 인종 황제의
총애를 받던 후궁의 큰아버지張堯佐가 1
년 동안 4회나 벼락 승진한 끝에 나라의
재정과 인사 조직을 한 손에 쥐고 흔들
었다. 포청천은 탄핵 상소를 여섯 번이
나 올려 끝내 그를 황제가 파면하도록
만들었다. 청풍각淸風閣은 그의 탄생
1000년을 기념해 2000년 10월에 개장
한 일종의 기념관이다. 이 건물 안에는
기념품이 있으며, 청풍각 위로 올라가
면 주변 시야가 한눈에 들어온다. 청풍
각을 내려와 들른 묘지 지하에서는 포
청천의 관과 유골을 볼 수 있다.

　송나라 때 포청천이 있었다면 지금은
왕치산王岐山 중국 공산당 중앙기율검사
위원회 서기가 있다. 중앙기율검사위는
중국 공산당 최고의 사정기관이다.
8000만명이 넘는 당원들의 비리 문제
를 집중적으로 다루고 있다. 그는 그동
안 사정이나 감찰 관련 일을 전혀 해본
적이 없었지만 2012년 11월 선출 이후
성공적으로 반부패 정풍운동을 진두지
휘하고 있다.

포청천의 사당인 포공사와 묘지인 포증묘를 찾았다.
포증묘에 있는 포청천의 유골과 용작두, 호랑이작두, 개
작두

왕치산의 성공 원인을 몇 가지로 분석할 수 있다. 첫째는 왕치산이 역사를 전공했기 때문이다. 그는 산시陝西성 박물관과 베이징 사회과학원의 근대사연구소에서 전문 연구자로 일한 경력의 소유자다. 왕치산은 역사학도 출신답게 독서광이다. 5년 전인 17차 당 대회가 끝나고 국무원 부총리에 취임할 때까지 4~5개월 동안 제자백가를 섭렵한 것으로 알려진다. 그는 특히 역사서를 선호한다. 청나라 300년 동안 자금성에서 벌어진 황제와 신하들의 암투를 그린 책 《대청상국大淸相國》, 프랑스 대혁명 전야 구제도가 혁명에 끼친 영향을 심도 있게 분석한 알렉시스 토크빌의 《앙시앙 레짐과 대혁명》등은 그가 추천하는 도서이다. 왕치산이 시베이西北대학 역사학과에 재학시절, 유명 지질학자 장바이성張伯聲을 만나 대화를 나눌 기회가 있었다고 한다. 장바이성은 지질학에서의 물결지각구조 이론의 창시자다. 여기서 왕치산은 중요한 교훈을 얻었다. "역사의 조류에 따르는 자는 번창한다. 혹자는 승리라고 말한다. 역사의 조류를 거스르는 자는 망한다. 혹자는 패배라고 말한다."

둘째는 왕치산이 경제전문가이기 때문이다. 왕치산은 1982년 중공중앙농촌정책연구실로 배치 받아 경제 분야 업무를 시작했다. 그 후 중국건설은행 부행장, 인민은행 부행장, 건설은행 행장 등을 맡았다. 건설은행장 임기 동안 그는 미국 모건스탠리와 협력해 합자회사인 중국국제금융유한공사를 만들었다. 중국 최초의 투자은행이다. 1997년 말 왕치산은 국무원총리 주룽지朱鎔基의 명령으로 광둥성의 금융위기 뒤처리 임무를 맡아 사태를 성공적으로 수습한 뒤 장관급인 국무원 경제체제개혁판공실 주임으로 승진했다. 그 후 하이난海南성 서기에 이어 베이징 시장대리를 맡아 사스SARS로 패닉에 빠진 베이징을 구했다.

왕치산이 손을 본 저우융캉周永康 전 중앙정치국 상무위원이나 링지화令計劃 전 통일전선공작부장 등은 그의 친척이 몸담고 있는 국유기업에 대한 조사를 통해 혐의를 포착해 압박해 들어갔다. 왕치산은 경제와 금융분야 전문가이기 때문에 이들을 사냥하는 법을 매우 잘 알고 있다. 사모펀드와 IT 기업을 창업해 거액을 축재한 태자당이 떨고 있는 이유이다.

왕치산 서기

셋째는 왕치산이 범 태자당에 속하기 때문이다. 그는 대외무역부 부부장 야오이린姚依林의 딸 야오밍산姚明珊과의 결혼으로 태자당 클럽에 가입했다. 왕치산은 1979년 산시성陝西 박물관을 떠나 사회과학원 근대사연구소에 배치 받을 때 장인 야오이린은 당시 중앙판공청 주임 겸 국무원 부총리, 국가계획위원회 주임이었다. 왕치산이 저우융캉, 링지화 등에 호랑이작두(탐관오리)를 사용할 수 있는 든든한 배경이 되고 있다. 넷째 왕치산과 시진핑의 개인적인 인연도 작용했다. 왕치산은 1948년생으로 시진핑보다 다섯 살 많다. 그들은 베이징에서 중학교를 다니다가 문화혁명 당시 서북지방 산시陝西성으로 내려가 지식청년 생활을 한 인연이 있다. 시진핑은 베이징을 오갈 당시 왕치산 숙소에서 한 이불을 덮고 하룻밤을 지냈을 정도다. 왕치산이 현재 권력 서열 6위이지만 시진핑에 이어 사실상 당내 2인자라는 말이 나오는 것도 두 사람의 각별한 인연에다 시진핑의 신임이 두텁기 때문이다. 반부패 정책은 경제 분야에도 많은 영향을 미치고 있다. 중국의 소비 패턴이 바뀌고 있다. 고급소비 시장은 감소하고 대중소비는 증가하고 있는데, 이는 한국 기업에 기회가 되고 있다. 시진핑 집권 이후 부패와의 전쟁이 강도를 더하면서 중국 명품 시장이 뚜렷한 쇠퇴 조짐을 보이고 있다. 공무원에게 뇌물로 제공되던 고급 사치품 소비는 크게 위축되고 미드엔드Mid-end군의 제품이 선호되는 경향도 나타나고 있다. 결국 샤넬은 중국시장에서 파격적인 가격인하를 시행했다. 2015년 3월 유럽시장과의 판매가격 차이를 줄이기 위해 유럽에서는 판매가격을 20% 올리고 중국내에서는 20% 내려 가격 차이를 축소하는 조치를 취했다.

반부패 정책이 거시 경제에 미치는 영향에 대해서는 부정적 측면과 긍정적 측면이 공존한다. 단기적으로는 소비 감소 분위기에 따라 일부 산업의 경기 침체가 우려되지만, 장기적으로는 긍정적 효과가 더 클 것으로 기대되고 있다. 베이징대 경제학과 쑤젠苏剑 교수는 반부패 효과가 700억 달러를 웃돌 것이라고 전망했다.

(4) 중국 민주특구 퉁링시

중국의 민주개혁과 관련 안후이성 퉁링銅陵시가 시범지역으로 떠오르고 있다.

안후이성 성도 허페이에서 자동차로 두 시간 가량 걸리는 곳에 위치한 인구 70만명의 퉁링시는 중국의 '민주특구'가 되고 있다. 중국은 새로운 제도를 도입할 때 특정 지역을 선정하거나 소조를 구성해 시범 실시한 후 성과에 따라 전면 실시를 결정한다. 이곳은 선거뿐만 아니라 전방위적인 개혁이 추진되면서 중앙 정부의 각 부처가 현지 조사단까지 파견하고 있다.

민주개혁을 주도하고 있는 인물은 호우시민侯淅珉 시장이다. 호우 시장은 베이징대 출신으로서 1980년대 덩샤오핑 주도의 개혁개방을 뒷받침했던 '국가 경제ㆍ체제개혁위원회'에서 4년, 국무원주택개혁영도소조와 건설부에서 17년 동안 근무하는 등 중앙에서 풍부한 행정 경험을 쌓았다. 국가 경제ㆍ체제개혁위원회는 1982년 출범한 뒤 1988년까지 존속했다. 개혁파 지도자 자오쯔양 전 총서기가 국가 경제ㆍ체제개혁위원회 주임으로 덩샤오핑 개혁개방 노선을 집행했다는 점은 시사하는 바가 크다.

호우 시장은 2011년 1월 안후이성 퉁링시 시장을 맡으며 본격적인 개혁에 시동을 걸었다. 그는 호적 제도를 개혁해 도시와 농촌의 차별을 없앴다. 농민의 이익은 크게 향상됐고,

호우시민侯淅珉 퉁링시장

약간 손해를 본 도시주민도 반발하지 않도록 설득해 주민들의 지지를 이끌어냈다. 정부 관리들이 이용하는 관용차 폐지 정책이나, 국무원주택개혁영도소조와 건설부 근무 경험을 살린 도시 재개발도 주민의 전폭적인 지지를 얻고 있다. 호우 시장의 민주개혁에서 가장 주목할 만한 점은 지방자치이다. 지역사회에서 할 수 있는 일은 정부에서 관여하지 않는다. 의료, 의료보험, 복지수당 등이 지역마다 자율적으로 실시되고 있다. 이에 대해 중국위생부도 각별한 관심을 보이고 있다. 촌村에는 이사회를 설립하고 민주적인 토론을 거쳐 각자가 출자해 주식회사와 같이 운용한다. 호우 시장은 퉁링시에 두개 지역을 선정해 직선제를 실시해 '중국 사람도 민주선거를 할 수 있다'는 자신감을 심어주고 있다.

중국공산당 중앙서기처 판공실에 근무한 뒤 연구원으로 활동하고 있는 우쟈샹은 "안후이성 퉁링시는 기층선거 시범지역으로 선정되어 하이쉔海選(직접선거)을 실행한 후 효과가 아주 좋았다"고 평가했다. 시진핑 정부 개혁의 키워드는 간정방권簡政放權(권한을 하위단위로 이양)이다. 우쟈샹은 "시진핑 정부는 하향식 설계Top-down design를 추진하는 경향이 있으며 권한을 하부기관으로 넘기는 이념으로 지방에서 할 수 있는 일이라면 중앙에서 간섭하지 않는다는 방식"이라고 밝혔다. 리커창 총리는 2013년 양회 후 가진 기자회견에서 중앙에서

지방으로, 관에서 민간으로, 정부에서 시장으로 권한을 이양해 시장이 힘을 발휘하도록 하고 사회가 창조력을 발휘하도록 하는 것이 전면 심화개혁의 방향이라고 주장했다. 그는 권한을 이양하면 어떤 사람들 권한은 줄어들 수 있고, 규정을 완화하면 시장경쟁력(경쟁)이 증가할 수 있지만 광대한 인민들에게 혜택을 줄 수 있다면 조금도 주저하지 않을 것이라고 강조했다. 퉁링시의 민주특구도 이러한 간정방권 정신을 실천하고 있다.

중국 정부가 퉁링시를 선택한 것은 이 지역이 개방적인 특징이 있다는 점을 고려한 것으로 보인다. 1988년 왕양汪¥(현 국무원부총리)이 시장으로 재직하면서 개혁개방을 지속적으로 추진해 왔다. 그가 심어 놓은 개혁개방의 씨앗이 역대 서기에 의해 계승돼 새로운 시도를 하기에 적합했다. 퉁링시의 사회적 분위기도 관련이 있다. 퉁링시는 외부에서 유입된 인구가 많아 이념이 보수적이지 않고 개방적이다. 특히 2012년 1인당 GDP가 1만3449 달러에 달해 안후이성에서 가장 높다. 1인당 GDP 1만 달러가 넘어서면 민주제도를 도입할 만한 경제적 기반에 도달했다고 볼 수 있다. 기자를 안내한 류촨비아오씨는 "퉁링시가 안후이성에서 1인당 GDP가 가장 높고 개방적인 마인드를 갖고 있어 민주제도를 도입하기에 좋은 여건"이라고 말했다.

퉁링시의 민주특구 실험은 후진타오 시기 민주주의의 시험장이 된 광둥성 우칸烏坎촌의 사례와도 다르다. 우칸촌이 비리 관료를 축출하고 직접 선거로 촌민위원회를 구성한 상향식이었다면 퉁링시는 중앙에서 풍부한 경험을 쌓은 간부가 지역에 내려가 민주개혁을 시험하는 하향식 설계이다.

한국의 민주화 과정과 중국

통치자/ 집권시기 ①경제성장률 ②1인당 GDP

한 국	중 국

개발독재

박정희 1963~1979(16년)
①9%
②1979년 1,674달러
▶경제개발5개년계획 추진 성과

덩샤오핑 1977~1989(12년)
①9.72%
②1989년 322달러
▶1978년 개혁개방 선언
▶1989년 톈안먼 사건 발생

권위주의

전두환 1980~1988(8년)
①8.7%
②1988년 4,435달러
▶1987년 6월민주화운동, 6.29 민주화선언

장쩌민 1989~2002(13년)
①7.6%
②2002년 1,135달러
▶2001년 WTO 가입

탈권위주의

노태우 1988~1993(5년)
①8.4%
②1993년 8,177달러
▶1988년 서울올림픽 성공개최

후진타오 2002~2012(10년)
①10.8%
②2013년 7,000달러 예상
▶2008년 베이징올림픽 성공개최

문민정부

김영삼 1993~1998(5년)
①7.1%
②1998년 7,355달러
▶하나회 해체 등 군부 제압

시진핑 2012~2022(10년)
①7% 예상
②2023년 1만 8,000달러 예상
▶2015년 12차5개년 계획 완료

국민의정부

김대중 1998~2003(5년)
①4.4%
②2003년 1만2,720달러
▶민주주의와 시장경제 병행발전

?

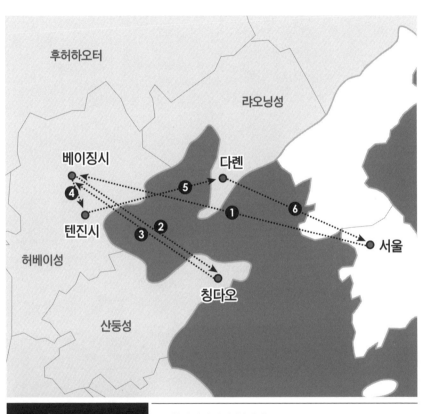

후허하오터

랴오닝성

베이징시

다롄

텐진시

허베이성

칭다오

산둥성

서울

5. 환발해만

환발해만지역 취재경로

1) 서울 ➜ 베이징(비행기)

2) 베이징 ➜ 칭다오(비행기)

3) 칭다오 ➜ 베이징(비행기)

4) 베이징 ➜ 텐진(승용차)

5) 텐진 ➜ 다롄(비행기)

6) 다롄 ➜ 서울(비행기)

1. 산둥성 칭다오

(1) 경제의 전략적 요충지

10년 만에 다시 찾은 중국 산둥_{山東}성 칭다오_{青島}에 옛 모습은 없었다. 세계에서 가장 긴 해상대교인 자오저우만_{膠州灣}대교가 웅장한 모습을 드러냈다. 2011년 개통된 자오저우만대교는 길이 36.48km로 바다를 가로질러 세워져 있다. 대교에 진입하기 전 왼쪽에는 대형 가전제품 판매량 세계 1위를 차지하고 있는 하이얼Haier 본사가 있다.

칭다오 공항에서 가까운 청양구_{城場區}는 한국 진출기업이 밀집되어 있으며 이들이 일군 도시라고 해도 과언이 아니다. 한국인이 산둥성에 10만명, 칭다오에 5만명, 청양구에 2만5000명 가량 거주하고 있다. 산둥성 인구 1억명 중 10만명은

세계에서 가장 긴 해상대교인 자오저우만膠州灣대교가 웅장한 모습을 드러냈다.

소수이지만 이 지역 경제발전의 '마중물' 이자 '희토류' 와 같은 존재이다.

칭다오의 2013년 1인당 GDP는 1만5000달러 규모로 산둥성(9000달러)보다 높다. 한중 수교 이후 20여 년 동안 한국의 투자유치, 무역 등으로 이룬 성과이다. 한국과 하루 항공편이 13편 오가며, 페리호는 칭다오~인천을 주 3회 운항한다. 산둥성은 한국과 8개 노선을 통해 24회 운항하고 있다. 매일 3편이 출발하고 도착하기 때문에 당일 배송이 가능한 물류의 거점지역이다. 신선식품 등이 산둥성 항구로 들어와 육로를 통해 상하이, 광저우 등 중국 전역으로 배달되는 '경제의 전략적 요충지' 이다.

한중 FTA 발효 이후 산둥성 특히, 웨이하이시의 역할이 더욱 커질 전망이다. 한중 FTA 조문 중 경제협력 제17장 26에는 중국 산둥성 웨이하이와 인천경제자

이수존 주칭다오총영사　황승현 전 주칭다오총영사　박용민 코트라 칭다오무역관장　양호영 칭다오 포스코 법인장

유구역(IFEZ)을 한중 FTA 시범협력지역으로 지정해 무역, 투자, 서비스, 산업 협력 등의 분야에서 시범협력사업을 추진하기로 했으며, 그 결과를 바탕으로 협력 사업을 양국 전체로 확대해 나가기로 명문화했기 때문이다. 최근 인천 등 지방자치단체들과 웨이하이시의 협력이 가속화되고 있다. 그밖에도 옌타이 한중 산업협력단지 건설, 한중 전자상거래 시범단지, 해상 전자상거래 간이통관 사업, 한화 결제센터 등이 추진되고 있다.

　교류가 빈번하고 역사가 깊은 만큼 우여곡절도 겪었다. 지난 2008년 글로벌 금융위기를 계기로 한국기업의 야반도주(비정상 철수)가 이어지면서 분위기가 험악한 상황으로 치달았다. 한국기업이 밀집해 있던 청양구에서 중국인에 의해 감금 · 납치 · 폭행당하는 한국인이 급증했다. 거래업체 대금 미지급과 채권 · 채무관계로 폭행당하거나 납치당하는 사건이 1주일에 4~5건 발생했다. 심지어 정상적으로 운영되는 기업조차 무단철수 기업으로 의심 받아 주문 취소나 원자재 공급중단, 은행의 자금거래 중단, 공장 폐쇄로 도산한 사례도 나왔다.

　황승현 전 주칭다오총영사는 취임 후 한국기업을 지역별, 업종별로 분류해 매월 1~2회씩 2~3개 기업을 방문해 현장을 체감하고 애로사항을 청취했다. 법학

이영남 재칭다오한국인(상)회장   이덕호 재중국한국공예품협회장   김혁 세계한인무역협회칭다오지회장

을 전공하고 외교부에서 조약국장을 역임하면서 갖춘 분쟁을 전문적·효율적으로 해결할 수 있는 지식과 능력이 상당한 효과를 거두었다. 이전과 같은 한국기업의 '맨몸철수'는 줄었다. 임금이나 하청업체 대금을 체불한 채 나가는 기업은 많지 않고 청산 방식도 기업의 지분을 양도하면서 부채도 함께 넘기는 방식을 통해 마찰을 줄여 나가고 있다. 칭다오에서 만난 기업인들은 대부분 CSR(기업의 사회공헌)에 몰두하고 있다. 재칭다오한국인(상)회 이영남 회장은 6년 동안 70회에 달하는 무의촌 의료봉사활동을 계속해왔다.

이수존 주칭다오총영사는 "칭다오의 산하가 한국과 너무 비슷하다"고 말했다. 또한 "산둥성이 지리, 역사, 문화적인 공통점이 많아 사업에도 유리하다"고 말했다. 산둥상인은 신용과 상도, 규범화된 상업행위를 중시한다. 산둥상인의 경영방식은 그다지 특별하지는 않지만 충실하고 착실하다. 광둥, 푸젠, 상하이 등 계산이 빠르고 이해관계에 따라 민첩하게 움직이는 남방 상인들과는 범주가 다르다.

이 총영사는 지난 1988년 중국전문가로 외교관을 시작해 대만, 베이징, 상하이, 일본 등을 거쳤다. 대만과 단교 후인 1995년 3월 주타이뻬이 한국대표부에 근무할 당시 단교에 불만을 품은 극우분자에게 목에 칼을 맞았다. 병원을 전전하다 6시간동안 대수술을 받아야만 했다. 목에 깊이 2㎝, 길이 7㎝의 중상을 입었지만 목동맥을 건드리지 않아 기적적으로 생명을 건질 수 있었다. 시퍼런 칼날을 잡고 버티던 양손은 20바늘 정도를 꿰매야 했다. 당시 중국 친구들은 그에게 "大難不死必有後福(큰 어려움을 당해도 죽지 않으면 반드시 나중에 복을 받는다)"며 위로했다.

한국 기업과 한국인에 대한 반감은 많이 해소되고 있지만 아직도 구조조정은 진행형이다. 지난 2006년 산둥성에 1만여개에 이르던 한국기업은 2010년 6000여개로 감소했다. 남아있는 기업도 기술력과 자금력을 갖춘 중·대기업을 제외하면 △중국 내륙지역으로 이전 △베트남 등 제3국으로 이전 △한국으로 이전(U턴기업)을 심각하게 검토 중이다.

칭다오에 진출한 한국기업의 현주소를 보려면 한국 공예품 제조회사 실태를 분석해볼 필요가 있다. 10여 년 전 한국 내 임금이 급격히 올라가면서 중국으로 공장을 옮긴 기업체는 1300여개 중 1000여개 정도 된다. 이들 업체들은 자재를 한국이나 제3국에서 수입해 2차 가공한 뒤 미주(70%), 유럽(25%), 중남미·아시아(5%)에 수출했다. 공예품업체에서 일하는 한국인만 4000여명, 가족까지 포함하면 1만여명에 달했다. 한국투자기업에서 일하는 중국인은 한때 30만명이나 됐다.

세계적인 경제 불황 탓도 있지만 노동비용의 급상승과 구인난, 가공무역 제한, 외자기업 우대혜택 전면 폐지 등으로 존폐위기에 놓여 있다. 관련 기업의 최대 관심사는 베트남이다. 재중국한국공예품협회는 베트남 현지 조사를 실시했다. 박봉량 수석부회장은 "인건비, 전기요금이 중국과 3배 차이가 나고 세제 혜택도 있어 자금력이 있고 큰 규모의 주문을 받을 수 있는 기업은 이전하는 것이

유리하다"고 말했다. 하지만 원자재 조달이나 하청 시스템이 갖춰져 있지 않아 신중한 판단이 요구된다. 초기 투자비용을 감당할 수 없고 다품종 소량생산을 하는 업체는 베트남이나 한국으로 이전하기가 쉽지 않은 상황이다. 중국만큼 원자재 조달 시스템과 하청체계가 잘 갖춰져 있는 곳은 찾기 어렵다. 이덕호 회장은 "저가 제품은 중국 기업에 넘겨줬지만 고가제품은 여전히 경쟁력을 갖추고 있다"고 말했다. 미국 등 '빅 바이어'는 한국 업체를 선호하고 있다. 품질과 디자인이 우수하기 때문이다. 납기를 제때에 맞추고 제품이 하자가 있을 경우 책임지는 자세도 높게 평가받고 있다. 한국 공예품 제조회사가 생존하기 위해서는 칭다오를 R&D 및 판매의 중심으로 만들고 산둥성 내륙지역으로 생산 기지를 옮겨 가면서 활로를 모색해야 한다는 지적이 나오고 있다.

한국 공예품 제조회사가 악화된 경영환경 속에서 생존을 위한 치열한 모색을 하고 있다면, 칭다오 포스코(QPSS 칭다오포항불수강법인)는 앞선 기술력과 품질 경쟁력으로 승부하고 있다. 양호영 칭다오 포스코 법인장은 여성 1호 포스코 해외법인장이다. 철강업종 특성상 남성 직원이 절대적으로 많은 포스코에서 내부 승진해 해외 생산법인장을 맡는 것은 쉽지 않은 일이기 때문에 더욱 주목받고 있다. 양 법인장은 화교 중·고등학교를 거쳐 대학에서 중국어를 공부하고 대만 중앙경관학교에서 교수로 일한 중국통이다. 지난 1993년 포스코 경력직(지역전문가 채용)에 합격해 입사하면서 "제가 우리나라에서 중국어를 제일 잘합니다"라고 말했다. 하지만 "알수록 어려운 것이 중국"이라고 털어 놓았다. 양 법인장이 2013년 4월 부임해 주목한 것은 중국 정부의 정책 방향이다. 중국이 서부대개발을 추진하면서 대규모 건설이 늘어나고 고층 빌딩이 속속 들어서고 있다. 양 법인장은 "고층 빌딩의 엘리베이터 설치가 늘어나면서 스테인레스강 수요도 커질 수밖에 없다"고 전망했다. 칭다오 포스코는 스테인레스강을 사용하는 엘리베이터 업체를 집중 공략해서 점유율을 25%까지 끌어 올렸다. 자동차에도 스테인리스강 등 고급 재료 사용이 늘어나면서 수요가 점차 늘고 있다. 20년 가까이 스테인리스강 판매를 담당해온 양 법인장은 기술과 품질을 최고 수준으로 유지하면서 일본기업 시장을 잠식하고 중국기업과는 확실한 차별화를 유지하는 전략을 세우고 있다. 그의 전략이 중국시장에서 먹혀들고 있다.

중국이 외자기업 우대정책을 전면 폐지하면서 한국 기업에 대한 새로운 유인책을 내놓기 위해 부심하고 있다.

박용민 코트라 칭다오무역관장은 "산둥성 정부와 성도인 지난濟南시 정부가 한국 상품전을 열겠다며 협조를 요청해왔다"고 전했다. 박 관장은 중국측에서 왜 한국 상품전을 열겠다고 나서는지 궁금했다. 새로운 투자 유치 방식이다. 상품이 팔려야 한국 기업이 들어오기 때문이다. 지난뿐만 아니라 린이臨沂, 허쩌荷澤 등에서도 같은 제안이 들어오고 있다. 박 관장은 최근 한류 열풍과 함께 한국 상품이 뜨고 있고 중국 정부가 나서서 시장을 키워줄 때 기회를 잘 활용해야 한다고 강조했다.

박 관장이 야심차게 추진한 사업은 중국의 거대기업과 한국의 우수 중소기업의 상생 프로젝트이다. 칭다오의 하이얼과 같이 세계 1위를 차지하고 있는 기업은 저가에서 고가시장 진입을 희망하고 있다. 중국 기업의 기술협력 대상은 미국과 유럽 국가에 집중돼 있고 한국 기업과는 단순 부품조달에 그치고 있다. 박 관장은 우리 중소기업이 하이얼에 기술과 제품을 동시에 공급할 수 있는 새로운 협력 기반을 구축하고 있다. 하이얼이 아이디어를 제시하면 한국 기업이 기술과 제품개발 제안을 하고 하이얼이 이것을 채택해 공동으로 개발해 그 성과를 공유하자는 구상이다.

칭다오에서도 조선족 동포기업인과 협력이 모색되고 있다. 세계한인무역협회 김 혁 칭다오지회장은 "자본과 기술력을 갖춘 한국 기업인과 중국을 잘 아는 조선족 동포기업인이 협력할 경우 구조조정 시기에 잘 대응할 수 있을 것"이라고 말했다. 조선족 동포는 산둥성에 20만명, 칭다오에 10만명이 거주하고 있다. 중국 경제가 급성장하면서 조선족 동포 기업인들의 위상이 급상승해 한중 두 나라의 경제 네트워크를 아우르는 세력으로 급부상하고 있다. 김 회장에 따르면 최근 세계한인무역협회 칭다오지회에 20여개 한국 기업이 참가하고 있다. 김 회장은 회원들이 주주로 참여하는 법인을 만들어 결속력을 강화하고 있다. 법인에서 운영하는 1300평 규모의 회관(칭다오세한레포츠)이 개장돼 이곳에서 회원사 제품 전시는 물론이고 업종별 모임과 각종 교류가 가능하다.

(2) 2세 경영으로 가업승계 활발

산둥성은 한국과 인접해 있는 대중 투자 우선 고려지역으로 수교 이전부터 투자가 이루어졌다. 1989년 스피커 제조업체인 토프톤전자가 진출한 이래 2006년 1만개까지 급증했다.

역사가 깊은 만큼 2세 기업인의 활동도 늘어나고 있다. 재중국한국공예품협회 이덕호 회장은 "2세 경영인들이 중국어에 능통하고 인맥도 튼튼해 공격적인 경영을 할 수 있는 장점이 있다"고 말했다.

액세서리 전문 생산업체로 명성을 떨친 (주)다산이 1990년 칭다오에 세운 현지법인은 중국에 진출한 공예품 1호 기업으로 손꼽힌다. 다산 칭다오 법인은 패션 주얼리 생산업체로 24년여 동안 모범적인 기업 경영을 해오고 있다. 이 회사는 윤영상 회장의 아들인 윤대영 총경리가 경영을 책임지고 있다.

1993년 중국에 진출해 김치생산·한식요리·호텔·농장을 경영하는 경복궁식품유한공사景福宮食品有限公司도 문병순 회장의 2세인 문지혜 총경리가 경영을 총괄하고 있다. 한식요리점 경복궁은 1993년 개업했다. 현재 고객은 현지인이 85% 이상이며 한국인 비율은 15% 내외이다. 제품의 안전성과 품질 향상에 주력해 해수두부가 최근 QS인증을 받았다. 문 총경리는 "가격은 높지만 건

문지혜 경복궁식품유한공사 총경리

강을 생각하는 소비자들은 크게 개의치 않는다"고 말했다. 이 회사 주력제품인 김치는 2001년부터 판매를 시작해 매출이 꾸준히 늘고 있다. 수출보다는 중국 내수를 고집하고 있다. 선두주자이기 때문에 가격을 선도할 정도로 중국 시장에서 확고한 지위를 차지하고 있다. 문 총경리는 "갈수록 유통시장의 벽이 높아진다"고 전했다. 예전에 없던 입점비를 요구하고, 각종 비용을 추가하고 있다. 새로 진입하는 업체는 담당자와 면담조차 어렵다. 문 총경리는 중국에 온 지 10년이 됐고, 한국에서 김치회사에 다니며 경험을 쌓았다.

칭다오에서 관심이 집중되고 있는 기업은 YG-1이다. 절삭공구 분야 강소기업으로 TV에서 '히든 챔피언'으로 소개됐다. YG-1은 금형가공 분야 세계 1위, 나사 탭 공구 세계 2위, 드릴 분야 세계 3위를 차지하고 있다. 1981년도 창사 때부터 품질을 최우선시해 스웨덴, 독일, 일본이 잡고 있는 시장에서 선두주자로 올라선 히든 챔피언이다. YG-1의 중국 법인은 오너 2세인 송시한씨가 경영을 총괄하고 있다. 칭다오 뉴센츄리공구유한공사는 전량 한국으로 수출하며, 칭다오 YG-1은 중국 내수시장 위주로 사업을 하고 있다.

칭다오 법인은 직원의 기술력 향상을 위해 지속적인 교육을 실시하고 있으며 평가를 통해 인사와 급여에 반영하고 있다. 리롱쥔 칭다오 뉴센츄리공구유한공

사 부총경리는 "경영진이 직원들의 생활 안정화가 기술력 축적을 통한 품질의 안정화로 이어진다는 확고한 신념을 갖고 있다"고 설명했다.

YG-1의 기술력과 공장 관리 능력은 자부심을 주기에 충분했다. 핵심 기술과 R&D는 한국에 두고 칭다오를 생산 거점으로 삼아 세계시장을 공략하는 모범적인 포지셔닝을 취하고 있다.

리롱쥔 칭다오 뉴센츄리공구유한공사 부총경리와 함께

2. 징진지

(1) 베이징

시진핑 정부의 3대 프로젝트는 △일대일로一帶一路 △창장長江경제벨트 구축 △ 징진지京津冀(베이징·톈진·허베이 등 수도권 약칭) 협력 발전이라 할 수 있다.

징진지 일체화 사업은 주장 및 창장 삼각주 경제권에 이어 연간 역내총생산 (GRDP) 1조 달러가 넘는 제3의 경제권이다. 전문가들은 징진지 경제권이 향후 20년 동안 중국의 성장을 이끌 새로운 엔진이 될 것으로 내다보고 있다. 시진핑 은 2014년 2월 하순 베이징시를 시찰한 자리에서 "베이징은 수도로서 갖춰야 할 기능 중 비핵심 기능을 분산시키되 정치, 문화, 국제 교류, 과학기술 혁신에 있어 서 전국의 중심이 되는 핵심 기능을 확보해야 한다"고 밝혔다. 징진지 일체화 계 획에 따르면 베이징은 첨단 기술과 문화, 서비스 산업을 육성하고 톈진은 선진 제조업(정보통신, 자동차, 제약 등)과 물류, 금융, 보험 등을 발전시킨다는 것이 다. 허베이성은 이에 맞춰 베이징 주위에 10여개 위성도시를 만들어 수도권 일부 기능을 흡수하겠다는 구상을 내놓았다. 이를 통해 행정 부도심 기능을 강화하고 친환경 제조업을 키우겠다는 계획이다.

징진지 일체화 전략은 중국에 진출한 한국 기업에도 영향을 미쳤다. 현대자동차는 중국 충칭시에 제4공장을 건설하려던 계획을 변경해 허베이성 창저우滄州에 제4공장을 건립하게 됐다.

2014년 5월 베이징에서 만난 함정오 코트라 전 중국지역본부장은 "예전의 중국이 아니다"라며 다음과 같은 몇가지 주장을 내놓았다.

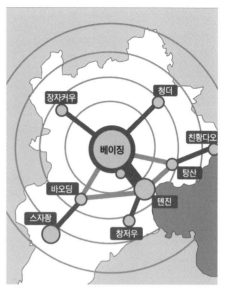

징진지京津冀는 베이징·톈진·허베이 약칭으로 중국 정부는 이들 지역의 협력 발전을 추진하고 있다.

첫째 시스템이 빠르게 정착되고 있다. 과거에는 법규보다 '관시'關係(관계)가 통했다. 사업을 하다 문제가 생기면 당서기나 시장을 만나면 바로 해결됐다. 요즘은 성이나 대도시의 링다오領導(지도자) 만나기가 하늘의 별따기와 같다. 문제가 생기면 실무자를 만나 해결하도록 시스템이 바뀌고 있다. 세금 제대로 내고 법규를 지키며 사업을 해야 하는 상황이다. 둘째 실력 있는 파트너를 잡아야 성공할 수 있다. 중국이 공장일 때는 합작보다 단독투자가 효율적이었다. 중국 시장을 공략하기 위해서는 고객이 중국인이라는 점에 주목해야 한다. 고객을 가장 잘 아는 사람과 함께 사업을 해야 성공할 수 있다.

셋째 연안보다 내륙도시가 유망하다. 중국이 공장일 때는 물류비용이 적게 드는 연해지역이 유망했다. 이제는 인구가 많고 시장이 큰 토종 도시를 공략해야 한다. 산둥성 칭다오, 웨이하이, 옌타이보다 성도인 지난濟南이 뜨고 있다. 동북 3성은 다롄보다는 선양瀋陽이 유망하다. 연해지역 도시보다 정저우, 시안, 청두, 충칭의 소비자가 덜 까다롭다. 중견기업이 베이징이나 상하이에 뒤늦게 진출하면 상투를 잡는 격이 될 수 있다. 중국의 성이나 시를 1개 국가라고 생각하고 인구 500만명 단위의 지방도시를 공략하면 성공할 가능성이 높아진다.

넷째 물량 위주에서 고부가 가치, 품질 위주로 가야 한다. 미국이 일본에 모든 제조업을 내주고 글로벌 금융위기로 부도 직전에 처했지만 스마트폰을 내놓을 수 있는 창조력을 갖고 있어 회생했다. 중국이 제조업에서 한국을 추격하는 것은 시간문제이다. 한국이 중국에 내줄 것과 지켜야 할 것을 분명히 해야 한다. 한국은 새로운 시장을 창조하는 제품을 생산할 수 있는 R&D 센터로 거듭나야 한다. 이를 위해서는 젊은이들이 안정적인 생활만 추구하는 세이프티존Safety zone보다 좋아하는 것을 하면서 편안함을 느끼는 컴퍼트존Comfort zone을 추구하는 문화를 정착시켜야 한다. 그래야 창조 경제가 가능하다.

함 전 본부장은 "중국을 너무 가볍게 보다 실수하는 경우를 많이 보게 된다"며 "막연한 중국 전문가보다 중국 노동 전문가, 중국 IT전문가 등으로 세분화돼야 한다"고 주장했다.

중국에서 현대 · 기아차의 성장세는 가파르다. 류기천 전 중국 현대차 경영연구소 부소장은 "판매량으로만 보면 좋은 성과를 거두었다"고 말했다. 2014년에도 이런 추세는 이어졌다.

현대 · 기아차는 중국에서 본격적인 생산을 시작한 2003년 이후 연평균 28% 이상 성장하며 2013년 총 163만대를 판매해 중국 내 3위 메이커로 안착했다. 후발주자로 입성한 현대차가 이처럼 비약적인 발전을 거듭하고 있는 것은 베이징시를 잡았기 때문이다. '베이징' 이라는 브랜드가 차지하는 상징적인 효과가 매우 컸다.

현지화 전략도 큰 역할을 했다. 현대차의 성공요인은 철저한 시장 조사와 소비자

함정오 코트라
전 중국지역본부장

박근태 CJ 차이나 대표

류기천 전 중국 현대차
경영연구소 부소장

기호 분석을 토대로 한 현지화 전략에서 비롯됐다. 공격적인 경영도 큰 성과를 거두었다. 현대·기아차는 중국 시장에 본격 진출한 2002년만 해도 28만대 생산능력을 가진 중위권 기업에 불과했다. 하지만 중국 시장 수요 증가를 예측하고 적기에 생산 규모를 확대함으로써 현재 베이징과 옌청에 총 6개의 공장, 179만대 생산체제(승용차 기준)를 갖추고 연간 180만대 이상을 판매하는 톱3 메이커로 도약할 수 있었다.

반면 일본기업은 중국 리스크를 경감·분산하기 위해 차이나 플러스 원(China＋1)과 같이 국제 분업을 추구했다. 여기에 지난 2012년 9월 일본 정부가 조어도釣魚島에 대한 국유화를 선언한 뒤 성난 중국인들은 일본 상품 불매운동을 벌였다. 2008년 25%에 달하던 도요타, 혼다, 닛산 등 빅3의 중국 시장 점유율은 2013년 중반에 15%까지 떨어진 것으로 나타났다. 반면 현대·기아차의 중국 판매량은 2011년 117만대에서 2012년 139만대로 급격히 늘었다.

현대자동차는 우여곡절 끝에 제4공장을 허베이성 창저우시에 착공했다. 당초 충칭에 제4공장을 짓기로 한 계획은 좌절됐지만 두 가지 점에서 긍정적이다. 첫째는 영역을 베이징에서 징진지로 확장하게 되었다. 현대차는 허베이성 창저우 공장을 통해 베이징시와 허베이성을 아우르는 중국 수도권 지역 대표 자동차로서 위상을 더욱 확고히 할 수 있게 됐다. 둘째는 제5공장 착공 시점도 비교적 앞

당기게 됐다. 중국 정부는 첫번째 공장이 완공되는 시점에 두번째 공장 착공을 허가한다. 창저우 공장은 2016년 11~12월쯤 완공된다. 기존 관행에 따르면 충칭 제5공장은 2016년 12월 이후에나 착공이 가능하다. 하지만 2015년 3분기 중 충칭 공장 착공이 가능한 것으로 알려졌다. 현대차의 창저우공장 착공과 충칭공장 건설은 2014년 7월 시진핑 방한시 양국 정상회담에서 논의된 후 본격적으로 진행됐다.

현대차 관계자는 "창저우 공장은 2016년 11~12월, 충칭 공장은 2017년 4~5월에 완공돼 본격 생산에 들어갈 수 있을 것"으로 내다봤다. 현재 중국내 연간 생산능력 195만대 규모인 현대차는 창저우공장 건설과 기아차 제3공장 증설을 통해 2016년 현대차 125만대, 기아차 75만대 등 총 200만대의 생산 능력을 확보하게 된다. 충칭공장과 창저우공장 증설까지 마무리되는 2018년이면 생산량은 274만대로 확대된다.

현재 중국시장 1위 메이커인 폭스바겐은 2017년 439만대, 2018년 500만대 생산체제 구축을 목표로 하고 있다. GM도 2017년까지 생산규모를 290만대까지 확장한다는 계획이다. 뒤늦게 일본메이커들도 신규 공장 건설에 박차를 가하고 있다. 중국의 2016년 승용차 시장규모는 2000만대를 넘어서고, 현대차 신공장들이 모두 완공되는 2018년에는 2300만대에 이를 것으로 예상된다.

중국 시장에서 현대·기아차의 질주는 당분간 이어질 것으로 보인다. 새로운 도약을 위해서는 △중저가 이미지를 벗고 고급차 시장에 진입해야 하며 △품질에서 일본차를, 고객 서비스에서 미국·유럽차를 따돌려야 하고 △전략적인 지역연고전략도 세워야 한다.

CJ 차이나는 2014년 현재 중국에 95개 법인과 19개 공장, 36개 사무소를 운영 중이다. 2014년 매출이 3조원대를 넘어섰으며 매년 20~30% 가량 고속 성장을 계속하고 있다. 주재인력 200여명을 포함한 1만4000여명이 일하고 있다. 2020년에는 한국 본사 매출을 추월한다는 목표를 세워놓고 있다.

CJ 중국 사업 영역은 푸드&푸드 서비스, 생명공학&의약, 엔터테인먼트&미디어, 홈쇼핑&로지스틱 등 4대 분야로 구분된다. 모두 중국 정부가 관심을 갖고 지원·육성하는 사업 분야야다. CJ는 외식부문에 진출해 뚜레쥬르 66개 매장을 운영하고 있다. 베이징, 톈진, 상하이, 웨이하이, 쑤저우 등 중국 5개 대표 도시에 직접 진출한 데 이어 쓰촨, 허난, 산시陝西, 푸젠, 저장, 신장, 산시山西 7개 성의 기업을 통해 공략을 위한 거점을 완성했다. 토종 패밀리레스토랑 빕스VIPS를 비롯해 비비고, 프랜차이즈 투썸플레이스 등도 확장 추세이다.

CJ는 중국의 소비 시대에 맞는 다양한 카드를 갖고 있다. 중국인들의 문화 수요가 고급화되면서 떠오르는 영화·음악·예능 등 엔터테인먼트 분야에서 가장 우위를 점하고 있다. 39개 CGV영화관(스크린 299개)을 운영하는 등 시장을 공략해 나가고 있다. CGV영화관이 2015년 말에 전국에 65개, 향후 2년 안에 150개를 개장해 한국을 추월하게 된다. CJ는 한국에서 중국영화제를, 중국에서 한국영화제를 각각 2년에 한 번씩 개최하고 있다. 또한 중화TV를 인수해 CCTV의 중국 역사물과 드라마 등을 24시간 방송하고 있다. 중국 영화를 매년 10~20개 수입해 한국에서 방영하고 있다. 한국 문화 상품을 중국에 가져다 팔 생각만 하는 것이 아니라 중국 문화를 한국에 적극 소개하는 교량 역할을 하고 있다. 중국에서 개봉해 좋은 성과를 낸 〈이별계약〉도 좋은 예다. 이 작품은 CJ E&M이 기획·개발하고 한국 감독이 연출을 맡았으며 중국 배우와 대만 배우가 주연했다. 3000만 위안(약 54억 원)을 투자해 2억 위안(약 360억 원)을 벌었다. CJ가 중국문화부 상하이미디어그룹SMG 등과 합작법인인 야저우롄촹亞洲聯創을 통해 내놓은 뮤지컬 〈맘마미아〉가 히트를 했다. 베이징에서 3년 동안 400회 공연을 돌파했으며 캣츠는 200회를 넘어섰다. 〈공주의 만찬公主的盛宴〉도 호평을 받았다. CJ 오쇼핑이 투자한 중국 동방CJ는 중국 홈쇼핑 업계 1위이다. 연간 80억 위안(약 1조5000억 원) 가량 매출을 올리고 있다.

또한 CJ차이나는 이재현 회장의 온리원OnlyOne 정신과 나눔 철학에 따라 중국 내에서 활발한 사회공헌 활동을 전개해 왔다. 한중 청소년 대상 문화교류 프로그램인 토토의 영화교실, 한류 아티스트와 함께하는 음악교실 프로그램인 CJ 꿈나눔 음악교실, 한중 양국 문화교류의 첨병이 될 영화인재를 발굴 육성하고 중국 영화산업 창작 생태계 구축을 위한 한중 청년 꿈나눔 단편영화제 등 문화, 예술, 교육 분야에서 특화된 사회공헌 활동을 벌이고 있다.

CJ 차이나를 이끌고 있는 박근태 대표는 한중수교가 이루어지기 8년 전인 1984년 대우 홍콩지사 근무를 시작으로 30년째 중국에서 활동해온 중국 비즈니스 1세대이다. 천진TV에서 진행한 단독 인터뷰에서 30분 동안 통역 없이 답변할 정도로 중국어에 능통하다. 지난 2012년 5월 중국 선전부에서 선정한 43명의 외국문화 명인에 뽑혔으며, 2013년 5월 외교부가 낸 〈세계박람〉이라는 잡지에 자세히 소개되기도 했다.

(2) 톈진

2015년 3월 중국 정부는 톈진시를 광둥성, 푸젠성과 함께 새로운 자유무역구에 포함시키면서 "톈진이, 광둥성, 푸젠성, 상하이시 등과 함께 개혁개방과 개혁·혁신·발전의 선두주자가 돼야 한다"고 밝혔다. 톈진 자유무역구는 빈하이濱海신구 중심상업지구 등 119.9㎢ 규모로 설립된다. 톈진은 수도권 일체화 사업

인 징진지 협력 발전을 주도
할 것으로 전망된다.

텐진에 진출한 많은 기업도
구조조정의 소용돌이 속에 놓
여 있다. 고비용 저효율 기업
은 심각한 비용 압박에 시달

이무근 텐진한국인(상)회장　서정환 IBK기업은행　이재수 우리은행
　　　　　　　　　　　　텐진분행장　　　텐진분행장

리고 있다. 이무근 텐진한국인(상)회 회장은 "다른 지역에 비해 인건비 상승폭이
높아지면서 많은 기업이 외곽이나 베트남으로 공장을 이전하고 있다"고 전했다.
삼성전자도 휴대폰 생산을 베트남과 광둥성 후이저우惠州 공장으로 이전하면서
협력업체들이 어려움을 겪고 있다.

서정환 IBK기업은행 텐진분행장은 "내수경기 침체, 부동산 경기 위축, 지방
정부의 자금난 등이 겹치면서 시장상황이 위축됐다"며 "텐진은 삼성전자 스마트
폰이 그동안 잘 나갔는데 지금은 주춤하고 있다"고 전했다. 게다가 각종 보험혜
택이 의무화되고 부품 수입 단가에 대한 적정성 여부를 조사하는 경우도 나오고
있어 기업 경영 환경이 날로 악화되고 있다.

한국기업의 투자 규모가 가장 컸지만 최근 2위로 하락했다. 진출 기업이 한 때
3000여개에 달했지만 크게 줄어 한국인상회 회원사는 650여개이다. 주재원도
점차 감소하고 있다. 한국 유통업체도 고전을 면치 못하고 있다. 할인점의 대표
격인 이마트는 점포를 5개 개설했다. 이마트는 다른 유통업체와 차별화된 백화
점식 할인마트를 추구했다. 이마트는 중국 현지의 유통망 확보에 어려움을 겪는
한국 제조업체의 구원투수와 같았다.

2010년 7월 방문했을 때는 고객들로 붐볐다. 텐진화롄백화점 쉬슈베이 부장
은 "개장한 지 13년 만에 흑자를 냈는데, 텐진이마트는 고객에게 좋은 평가를 받

아 조만간 흑자를 낼 것"이라고 전망했다. 4년 만에 다시 찾은 톈진 이마트점은 참담했다. 고객은 가뭄에 콩나듯 했고, 한국 상품은 찾아보기 힘들었다.

국내 할인점의 고전을 두고 전문가들은 중국이 한국 마트 밀집지역에 토종브랜드를 적극 유치하며 시장을 과열시킨 결과라고 분석했다. 이재수 우리은행 톈진분행장은 "한국 할인점을 생각하고 찾아가지만 가격이나 상품의 다양성에서 차별화하지 못했다는 평가를 받았다"고 지적했다. 결국 이마트는 톈진에서 2014년 12월 31일 5개점을 폐쇄하고 철수했다.

롯데백화점 역시 톈진 동마로점, 톈진 문화중심점에 점포를 열었지만 소비자들 반응은 차갑다. 한국 상품에 대한 평가는 "이월상품 같다"는 의견이 나오고 있다. 고객들은 "비싸게 한국 상품을 사느니 아예 명품을 구입하겠다"는 반응을 보였다.

이재수 우리은행 분행장은 아직까지 기업금융에 초점을 맞추고 있지만 소매금융으로 승부해야 한다고 강조했다. 이를 위해 톈진 현지인을 채용하고 그들이 승진해 분행장도 역임할 수 있는 시스템을 만들어야 한다고 말했다. 우리은행은 법무부와 문화체육관광부가 공동으로 추진하는 사업에 참여해 '한국방문 우대 카드'를 발행하고 있다. 5000만 원 이상을 우리은행에 예치한 중국 등의 VIP 외국인을 대상으로 하는 상품이라는 점이 특징이다. 이 카드를 발급받으면 5년간 유효한 복수비자 발급, 자동출입국 심사대 또는 우대 심사대 이용, 환율우대, 관광지 통역 서비스 등의 혜택이 제공된다. 이 상품은 2014년 4월 1일부터 판매했는데 톈진에서도 가입이 늘고 있다.

3. 랴오닝성 다롄

(1) 동북3성의 홍콩

랴오둥遼東반도의 남단에 있는 다롄大連시는 중국의 첫 항공모함 바랴그 Varyag 제조와 시험운항지로 세계의 이목을 끌었다. 또한 보시라이薄熙來 전 충칭시 서기가 1989년 다롄 당 부서기로 출발해 2000년 말까지 다롄 시장을 맡는 동안 야심차게 개발 사업을 벌인 곳이다. 다롄 GDP는 271억 위안(1992년)에서 1003억 위안(1999년)으로 급등했다. 보시라이와 코드가 맞아

개발 사업을 대거 수주하며 대기업으로 발돋움한 스더實德그룹 쉬밍徐明 회장은 그

다롄시 간판산업의 하나는 조선산업이다. 다롄시내에 위치한 100년 역사를 지닌 다롄조선소

와 함께 심판대에 올랐다. 중국 상업부동산 재벌인 완다萬達그룹도 다롄에서 급성
장했다.

다롄시는 우리나라와도 많은 인연이 있다. 안중근, 신채호 등 많은 애국선열
들이 순국한 뤼순旅順감옥이 있는 지역이다. 다롄은 북쪽으로는 선양과 하얼빈으
로 이어지는 동북 3성의 관문이자 서쪽으로는 베이징과 톈진, 남쪽으로는 웨이
하이와 칭다오, 동남쪽으로는 인천과 남포, 동북쪽으로는 단둥과 신의주 등 팔방
八方으로 통하는 요충지이다. 러일전쟁에서 승리한 일본이 다롄에 관동군 사령부
와 남만주철도 본부를 설치한 것도 이런 지역적 특징 때문이다.

1945년 일제에서 해방된 후 소련군에 의해 점령되었다가 1951년 중국에 반환
되었다. 다롄은 1978년 개혁개방 이후에도 선진 도시로서의 지위를 잃지 않았
다. 1984년 국가급 경제특구로 지정되었으며, 1992년 이래 매년 두 자릿수의 경
제성장률을 보여 왔다. 2008년에는 17%에 달하는 경이적인 성장률을 기록하기
도 했다. 2012년 GDP 기준으로 다롄은 전국 14위로 랴오닝성 1위를 기록해 16위

인 선양을 앞섰다. 다롄은 랴오닝성에서 경제규모가 가장 큰 도시이다. 1인당 GDP는 1만7000달러 수준이다.

다롄은 해상교통의 허브라는 이점을 활용해 물류뿐만 아니라 석유화학, 정보기술, 금융과 함께 조선산업도 발전시켰다. 단일 규모로는 중국 최대 조선소인 다롄조선소가 있으며 개발구, 창싱다오_{長興島} 임항공업구 등 지역에 조선업이 발달했다. 중국 최초의 항공모함이 다롄에서 건조된 것도 이와 관련이 있다.

백범흠 주선양총영사관 다롄영사출장소장에 따르면 우리 교민 수는 2만여 명에 달하고 포스코, 한라공조, 파리바게뜨 등이 진출해 있다. 9만여 명의 재중동포가 거주하고 있고, 북한인들도 무역대표부를 중심으로 500여 명이 활동하고 있다.

김두희 전 코트라 다롄무역관장은 중국에 네 번째 근무하는 중국통이다. 김 전 무역관장은 "생산 기지로서 중국의 역할은 끝났다"며 "중국을 시장으로 놓고 접근하지 않으면 생존하기가 쉽지 않을 것"이라고 전망했다. 김 전 무역관장에 따르면 다롄은 동북 3성에서 홍콩과 같은 위치에 있다. 1인당 GDP 1만7000달러 플러스알파 요인에 주목해야 한다는 지적이다. 동북 3성의 부자들이 이곳 다롄에 주택을 구입하고 자녀들을 교육시키는 등 소비 성향이 의외로 높다. 소비시장 공략과 관련 최근 관심을 모으는 사례가 (주)대관이다. (주)대관은 농식품 수출업체로 중국현지에 5개(베이징, 다롄, 칭다오, 상하이, 광저우) 법인을 설립하고 직영마트를 운영하고 있다. 이 회사는 연간 300억 원대 규모의 한국산 가공 식품을 중국 현지에 판매하고 있다. 다롄대관만 100억~150억 원 규모이다. 옌지, 선양, 창춘, 하얼빈을 중심으로 동북 3성에도 유통망을 확장하고 있다. 김 전 관장은 "동북지역이 한국에 대한 호감도가 높고 한국 상품에 대한 선호도도 높다는 것을 반영한 결과"라고 평가했다. 중국을 공장으로 활용하다 시장으로 공략하는 사례도 나오고 있다. 휴대용가스렌지 제작업체인 맥선금속은 전 세계 시장점유율 1

백범흠 다롄영사출장소장　김두희 전 코트라 다롄무역관장　유대성 한국투자기업협의회장　신태균 포스코 ICT 총경리

위 업체이다. 이 회사는 2004년 5월 다롄 공장을 완공한 뒤 지난해 200만대 생산규모로 키워 미국 유럽 등 전 세계 58개국에 판매하고 있다. 이 회사는 최근 중국 내수시장 공략에 주력하고 있다.

중국 정부는 외국기업에 특별대우를 하지도 않고 차별도 하지 않는다는 입장이다. 회사법을 개정해 기업설립을 쉽게 하고 자본금이 없어도 창업이 가능하도록 했다. 자본금을 설정해야 하지만 언제까지 들어와야 한다는 제한을 삭제했다. 예전처럼 대규모 설비투자를 위한 자금이 움직일 필요가 없어졌다. 중소규모 서비스 업종에서 창업이 용이해졌다. 중국 소비자의 주머니를 직접 공략하기 위한 조건이 마련되고 있다. 이제는 소비재를 중국에 수출해 현지 소비자를 직접 공략할 단계이다. 이 때 한중 FTA가 큰 도움을 줄 것으로 기대된다.

동남아로 생산기지 이전을 고민하는 중국의 한국 기업도 한중 FTA가 발효되면 이전할 필요가 없어진다고 주장한다. 성철욱 화산해운항공 대표는 "중국에 있는 제조업체가 동남아로 이전하는 이유는 낮은 인건비보다 관세혜택 때문"이라고 말했다. 한-아세안은 FTA가 발효 중이다. 성 대표는 "동남아의 근로자 임금이 중국에 비해 크게 낮지만 생산성이나 품질 등을 고려하면 한계가 있다"며 "한중 FTA로 관세가 9~12% 낮아지면 이전할 필요가 없게 된다"고 말했다.

다롄한국투자기업협의회 회장을 맡고 있는 유대성 연안텐트 제작 유한공사

김신환 한국생(상)회 사무국장   성철욱 화산해운항공 대표

대표는 대우맨으로 직장생활을 시작했다. 1997년 (주)대우 소속 상하이 주재원으로 중국과 인연을 맺은 뒤 17년이 지났다. 연안텐트 제작 유한공사도 1992년 대우가 세운 회사이다. 유 대표는 2000년부터 이 회사에 근무하다 2007년 연안알루미늄으로 매각을 주도했다. 이 회사는 전문가용 고급텐트를 생산해 주로 미국 등 선진국 시장에 수출하고 있다. 미군용 텐트 납품도 시작했다. 유 대표는 다롄의 임금이 너무 가파르게 상승하고 있다고 걱정했다. 직원이 받는 직접급여가 100원이라면 간접급여 49원이 의무화돼 있다. 직원은 100원을 받지만 회사는 149원을 부담해야 한다. 기업의 어려움이 가중되면서 다롄시정부에서 간접급여를 44%로 낮춰줬다. 간접급여는 5대 사회보험과 주택수당으로 구성된다. 회사가 직원의 근무태만을 문제 삼아 강제 해고할 경우에도 강제성 퇴직금을 지급해야 한다. 심지어 직원이 횡령으로 비리를 저질러 해고할 경우 소송에서 지는 경우가 많다. 2014년부터 비정규직도 10% 미만으로 제한했으며, 6개월 넘으면 정규직으로 전환하도록 했다.

이러한 비용 압박으로 인텔사가 전격 철수했다. 도시바 TV라인 등 일본 기업 철수가 이어지고 있다. 다롄은 도시바, 산요, 미쯔이, 미쓰비시 등 일본 기업이 많이 투자했다. 2012년 전체 다롄 투자국 중 홍콩에 이어 일본이 2위를 차지했다. 유 대표는 "현재와 같은 노동비용 상승 추세에서 다롄에 남을 기업과 철수하거나 새로운 길을 모색할 기업이 판가름 나게 될 것"이라고 전망했다.

신태균 포스코 ICT 총경리는 중국의 급격한 구조조정과 산업 업그레이드가 상당한 후유증을 낳을 것으로 우려했다. 신 총경리는 2014년 말 2015년 초에 위기가 올 수도 있다고 전망했다. 중국이 세계의 공장에서 시장으로 전환되는 과정에서 시장이 활성화되고 공장이 구조조정을 해나가는 선순환이 아니라 시장이 위축되고 공장은 중국을 떠나는 악순환이 발생할 수 있다는 지적이다. 신 총경리는 "중국에 진출한 외자기업들이 철수하는 상황이고 한국 기업도 중국에 더 이상 진출할 이유가 없다고 보고 있다"고 말했다. 게다가 중국 시장에서 우리 기업이 틈새를 찾기도 쉽지 않은 '진퇴양난'의 상태에 놓여 있다는 분석이다. 중국의 임금인상률이 두 자릿수로 증가하고 있지만 소비가 크게 위축되고 있다. 중국다롄 한국인(상)회가 입주해 있는 건물의 고급식당도 문을 닫았다. 노래방으로 전업한 고급 가라오케도 쉽게 눈에 띈다. 기업 환경도 크게 위축되고 있다. 예전의 '관시關係 비즈니스'는 갈수록 효력을 상실해 가고 있다. 신 총경리는 "환경보호법이 25년 만에 개정돼 환경오염을 유발하면 설비를 압류조치하고 벌금도 상한제가 없다"고 말했다.

중국다롄한국인(상)회 김신환 사무국장은 "2014년 상반기 다롄에 1억 달러 가까운 투자가 들어왔다"며 "중국 내수시장을 바라보고 투자를 하고 있다"고 말했다. 과거 공장을 설립하기 위한 대규모 투자와 달리 시장 개척을 위한 전진기지 확보 차원의 소규모 투자가 꾸준하게 이어지고 있다. 단순 인건비를 보고 투자한 기업이 떠난 자리에 정보통신이나 애니메이션 관련 기업이 들어오고 있다. NHN이 이런 사례로 꼽힌다. NHN저펜 다롄 자회사는 일본 시장을 타깃으로 하는 스마트 게임 개발 및 운영을 주 업무로 하고 있으며 일부 한국 NHN 업무도 있다.

또 다른 특징은 일본인이 떠난 자리를 한국인이 채워 나가고 있다는 점이다. 지난 2009년까지 다롄시정부는 다롄시 아카시아 축제 첫날을 '일본의 날'로 정했다. 하지만 2010년부터 순서가 한국-일본 순으로 바뀌었다. 중국다롄한국인

(상)회도 다롄시민과 문화를 공유하고 더불어 살아갈 수 있는 다양한 노력을 전개하고 있다. 심장병 어린이 돕기, 백내장 수술 지원 등을 계속해 왔으며 불우한 청소년을 한국에 초대해 교류하는 행사를 추진하고 있다.

STX다롄 조선소의 파산은 교민 사회에 큰 상처를 남겼을 뿐만 아니라 중국 사회에 불신을 안겨 주었다. 랴오닝성 중급 인민법원이 2015년 3월 10일 STX다롄 조선소공사 등 5개 관련 기업을 파산 절차에 들어가도록 했다. 현지 조선소에 파견된 근로자들의 임금체불은 물론이고 납품대금을 받지 못한 협력업체들의 사정이 최악으로 치달으면서 현지 분위기는 크게 악화됐다. 수천명이 철수하면서 한국국제학교 학생이 크게 감소하기도 했다. STX다롄 조선소에 투자한 29억 달러(3조 원)는 1억 원 연봉자가 한 푼도 쓰지 않고 3만년 동안 저축해야 하는 돈이다.

(2) 러일전쟁 격전지, 뤼순 203고지에서

러일전쟁의 격전지 203고지에 올랐다. 서울 남산보다 조금 낮은 203m 고지 정상에 오르자 위령탑과 러시아군 포진지, 일본군 280mm 유탄포 전시장, 관망대가 나왔다. 203고지는 뤼순항 전체가 내려다보이는 전략적 요충지이다.

러일전쟁은 1904년 2월 8일 밤 일본군이 뤼순을 기습 공격하면서 시작됐다. 일본은 그해 12월 뤼순을 함락시킨 데 이어 출동한 러시아의 주력 발틱함대를 1905년 5월 대마도해전에서 격파하고 러일전쟁의 승기를 잡았다. 그 후 대한제국은 열강의 승인과 묵인 하에 일본의 식민지로 차츰 전락해 갔다.

일본이 러시아와의 전투에서 승리한 비결을 몇 가지로 요약할 수 있다. 첫째는

203고지에서 내려다본 뤼순항

뤼순항 조감도

러시아의 난공불락 요새인 203고지
를 손아귀에 넣었기 때문이다. 전쟁
초기 뤼순항 점령이 여의치 않았다.
일본은 203고지의 측후방으로 군대
를 상륙시켜 고지를 점령한 뒤 뤼순
항도 손에 넣을 수 있었다. 뤼순항은
입구는 좁고 여러 개의 섬들이 에워싸고 있는 천혜의 군항이다. 바다로부터 오는
공격에 방어는 쉽지만 후방의 공격에는 취약하다. 203고지를 점령한 일본군은
포를 설치하고 정박 중이던 러시아 함대에 집중 포격을 가해 사실상 궤멸시켰다.
일본군은 뤼순항 입구에 자기네 군함을 침몰시켜 러시아 배들이 항구 밖으로 나
오지 못하게 만들어 놓는 치밀함을 보였다고 한다.

　손자병법에 따르면 일본군은 가장 하책下策인 공성전攻城戰을 펼쳐 노기 마레스
케乃木希典가 이끄는 13만명 가운데 6만명의 사상자를 냈다. 203고지를 점령하기

일본군이 사용한 280mm 유탄포

위한 5일 동안의 전투에서 1만명이
사망했다. 전략적 요충지인 203고
지를 점령하면서 비로소 전투의 승
기를 잡았다.

둘째는 280mm 유탄포의 위력이

러시아가 사용하던 150mm 전차용 대포

다. 유탄포榴彈砲는 탄알 속에 작약炸藥
이나 화학제를 다져 넣어 만든 포탄을 쏘는 일종의 곡사포이다. 203고지 한편에
는 당시 러시아가 사용하던 150mm 전차용 대포와 건너편 봉우리에 일본이 사
용하던 280mm 유탄포가 전시돼 있다. 총칼을 들고 진격하던 일본군은 러시아
가 구축한 콘크리트 성곽과 맥심기관총에 맥을 추지 못했다. 일본군은 280mm
유탄포로 러시아 진지를 파괴한 뒤에야 비로소 203고지를 점령할 수 있었다.

셋째는 동맹의 지원이다. 승리의 보다 근본적인 원인 중 하나이다. 일본은 러
일전쟁 이전에 1902년 영국과 영일동맹을 체결했다. 당시 영국은 세계 최대 식

민지를 보유한 최강국이었다. 러시아가 남하하려고 하자 일본과 동맹을 맺어 이를 저지하려 했다. 1904년 4월과 1905년 5월 사이에 영미가 네 차례에 걸쳐 일본에 제공한 총 4억1000만 달러의 차관 중 약 40%가 일본의 전비로 충당됐다. 러시아는 최정예 발틱함대를 파견했지만 일본과 동맹관계이던 영국이 수에즈 운하 통과를 허락하지 않아 아프리카 남단을 돌아 인도양과 동남아시아를 거쳐야 했다. 1만8000마일이라는 최장의 원정길이었다. 영국은 발틱함대를 지속적으로 괴롭혔으며 관련 정보를 일본에 넘겨주었다. 대항해로 모든 병사들은 지칠 대로 지쳐 있어 일본군과 조우했을 때 이미 승패는 판가름나 있었다.

일본의 도고 헤이하치로 제독은 이순신 장군의 학익진鶴翼陣을 연구해서 발틱함대를 격파했다고 전해진다. 그가 기념장에서 자신을 이순신 장군에 비교하는 기자에게 "나를 영국의 넬슨제독과 견줄 수는 있어도 감히 이순신 장군에 비교할 수 없다. 이순신 장군에 비교한다는 것은 이순신 장군에 대한 모독"이라고 했다는 일화는 유명하다.

러일전쟁 전후 조선의 고종황제는 열강 사이에서 중립을 보장받기를 원하면서도 위기가 고조될 때마다 러시아에 의존하는 생존 전략을 택했다. 러시아는 아관파천을 통해 결정적으로 일본의 보호국화를 저지한 고마운 존재였다. 고종황제는 러시아와 밀약을 맺어 청을 견제하고, 러시아의 힘으로 일본을 제어할 수 있다고 생각했다. 그러나 러시아에게 대한제국은 만주를 지키기 위한 하나의 협상카드일 뿐이었다.

러일전쟁에서 승리한 일제는 미국과 가쓰라-태프트 밀약, 영국과 제2차 영일동맹을 맺고 대한제국에 대한 보호권을 승인받았다. 미국의 루스벨트 대통령은 일본을 위해 포츠머스 강화조약을 중재하고 미국인 최초로 노벨 평화상까지 받았다. 고종황제는 뒤늦게 미국의 중재를 기대하며 몇 차례나 외교 특사를 보냈지만 철저히 외면당했다. 약소국 대한제국이 설 자리는 없었다. 국력이 뒷받침되지 않는 줄타기 외교가 어떤 결과를 가져다주는지 우리는 이미 경험했다.

영국에 이어 미국이 중국의 남진을 막기 위해 다시 일본과 동맹을 강조하는 미일간 신밀월관계의 시대이다. 미국은 세계 3위의 경제대국이며 중국에 굴복한 적이 없는 해양세력 일본을 주축으로 중국 견제에 나서고 있다. 국제무대는 힘의 질서가 지배한다. 가장 우선시해야 할 것은 국력을 키우는 것이다. 일본이 203고지를 점령하는데 결정적인 역할을 한 280mm 유탄포는 바로 경제력에서 나온 것이라는 점을 명심해야 한다.

203고지의 옛 러시아군 참호로 가는 어귀에 새겨진 문장을 가슴에 새기며 하산했다. 명기역사 물망국치銘記歷史 勿忘國恥. 역사를 마음에 새겨 나라의 치욕을 잊지 말라.

후허하오터

허베이성

베이징시

인촨

⑦

①

서울

⑥

⑤

타이위안

②

산둥성

산시성

④

⑧

정저우

시안

산시성

허난성

후베이성

1. 허난성 정저우

(1) 물류 · 전자상거래 중심지

중국 허난河南성 정저우鄭州는 지리와 역
사적으로 중국의 중심이다. 시안西安, 뤄
양洛陽등과 함께 황허黃河가 지나며 문명의
꽃을 피운 도시 중 하나이다. 후한 말 삼
국시대 조조가 적은 병력으로 원소의 10
만 대군을 격파하고 패권 장악의 기반을
닦은 관도대전官渡大戰의 무대이기도 하다.

영웅호걸들이 중원의 패권을 두고 다퉜던 이곳이 최근 꿈틀대고 있다. 인구 1
억명의 허난성 시장을 장악하기 위해 세계적인 기업들이 정저우로 몰려들어 각
축을 벌이고 있다. 지난 2010년부터 애플 제품을 주로 위탁 생산하는 대만 기업

시진핑 중국 국가주석은 2014년 5월 10일 정저우의 해외무역 전자상거래 서비스시범구를 방문했다. 인민일보 보도에 따르면 시 주석은 화물, 배송, 포장, 통관 등을 자세히 살펴보는 등 각별한 관심을 보였다.

팍스콘이 들어와 20만명의 근로자가 연일 스마트폰을 찍어내고 있다. 닛산도 1억6000만 달러를 투자해 연 18만대를 생산할 수 있는 신공장을 증축했다. 40여 개의 금융기관과 글로벌기업도 뛰어들고 있다.

허난성은 중국의 식량창고로 불리고 있다. 풍부한 농업자원을 바탕으로 식품 산업이 일찍부터 발달해 지난 2012년 전체 공업 비중의 14.3%를 차지했다. 중국 라면의 3분의 1, 인스턴트 물만두의 50%가 허난성에서 생산된다. 맥도날드, KFC의 주요 반가공품의 원재료 중 90%는 허난성에서 공급하고 있다. 중국 조미료의 45%가 허난성에서 생산된다. 특히 냉동식품은 중국 전체의 72%를 생산 공급하고 밀가루의 37%, 과자류의 31%를 생산하고 있다. 허난성 식품 기업 중 연 매출액 10억 위안(약 1700억 원)을 초과하는 기업만 36개에 달한다.

허난성은 식품산업이 발전해 있지만 설비 수준이 낮고 연구개발 능력과 창의

성이 부족하다는 평가를 받아 왔다. 2014년 9월 1일 베이징대 MBA 동창이 총경리로 있는 싼취안식품三全食品 공장을 방문했다. 마치 전자회사나 의약품을 생산하는 라인처럼 청결하고 높은 수준의 자동화가 이루어져 있었다. 한국에서 수입한 100여대의 만두가공 기계에서 전자제품 찍어내듯 냉동만두가 쏟아져 나왔다. 이 회사 왕카이쉬 총경리는 "국가급 실험실과 연구소를 설립해 운영하고 있으며, 허난성 정부의 지원을 통해 설비 확대를 추진하고 있다"고 말했다.

농업대성 허난성에 변화의 바람을 불어 넣은 인물이 리커창 총리이다. 당초 후진타오의 뒤를 이을 차세대 리더

동창이 총경리로 있는 싼취안식품三全食品 공장을 방문했다

1순위로 꼽혔던 리 총리는 1998년 43세에 허난성 성장에 발탁됐고, 그 다음해 1인자인 당서기직에 올랐다. 리 총리는 5년 동안 중앙정부의 지원을 이끌어 대규모 투자를 단행했다. 특히 정저우 동쪽지역 개발에 박차를 가했다. 2012년 말까지 이 지역에만 총 1500억 위안(약 25조 원)의 고정자산 투자가 이뤄졌다. 그 결과 허난성 도시화율이 1998년 20.8%에서 2012년 42.6%로 높아졌고, 1인당 GDP는 2000년 5444위안에서 2012년 2만3398위안으로 크게 증가했다. 여기에 중국 정부가 중부굴기 정책을 추진하면서 가속도가 붙었다. 중부굴기는 2009

정성화 코트라 정저우무역관장 | 김춘락 총경리(이용업) | 쉬핑 허난성 보세물류센터 총경리 | 왕카이쉬 씬취안식품 총경리

년 9월 중국 국무원이 중부 내륙을 내수시장 발전지역으로 지정하며 내놓은 정책이다. 허난성이 중부굴기 정책의 대상에 포함되면서 각종 지원이 이루어졌다.

대규모 투자와 도시화는 허난성의 소득과 구매력 상승으로 이어지고 있다. 2011년 초만 해도 허난성에는 명품 등의 사치품 브랜드가 많지 않았고, 2011년 말쯤 20개 정도의 브랜드가 들어선 것이 전부였다. 현재 허난성은 명품 매장의 사치품 소비액이 전국 5위 안에 드는 수준까지 올라갔다. 데니스백화점에 있는 구찌와 루이비통 매장은 단일점포 기준으로 매장 매출액이 중국 내 3위를 기록하고 있다.

커피 소비는 1인당 GDP가 1만5000달러를 넘어설 때 급속히 확산되는데 허난성은 지난 2012년부터 커피 문화가 널리 퍼지기 시작했다. 스타벅스가 중국에 들어온 지 20년 가까이 됐지만 허난성에는 2011년에 들어서야 입점했다. 당시 스타벅스는 정저우에 2개 매장을 만들 계획이었지만 입점 초기에 커피 한잔을 마시기 위해 문전성시를 이루는 등 폭발적인 반응을 확인한 뒤 1년 만에 7개 점포를 개설했다.

정성화 코트라 정저우무역관장은 "정저우 시내가 넘쳐나는 차량 때문에 아침, 저녁 교통체증으로 몸살을 앓고 있다"고 말했다.

시진핑 집권 이후 정저우는 물류에 기반을 둔 전자상거래 중심지로 부상하고 있다. 시진핑은 2014년 5월 10일 정저우의 해외무역 전자상거래 서비스시범구를 방문했다. 〈인민일보〉 보도에 따르면 시진핑은 화물배송, 포장, 통관 등을 자세히 살펴보는 등 각별한 관심을 보였다. 중국 정부는 낙후된 허난성을 과거 동남부연해지역과 전혀 다른 방식을 통해 개발하고 있다. 전자상거래와 같은 온라인을 통해 오프라인 발전을 선도하고 촉진하는 전략이다. 이러한 전략은 정저우가 교통과 물류 중심지라는 점을 고려한 것이다.

2013년 9월부터 베이징에서 광저우까지 대륙을 종단하는 고속철도가 정저우를 관통하고 있다. 2013년 7월에는 정저우에서 유럽대륙까지 연결되는 정저우-유럽 간 국제철도화물 운반열차가 운행을 시작했다. 정저우에서 독일 함부르크까지의 철도 수송은 비용 측면에서 항공기의 20% 수준에 불과하고, 운송 시간은 5주 정도 걸리는 해상운송의 절반까지 단축할 수 있다. 이처럼 정저우는 중국 동서남북 전역을 종횡하는 철도망과 밀도 높은 고속도로를 갖추고 있다. 정저우 공항에는 모두 23개의 화물항공노선이 개통됐고 정저우 항공은 1시간 반의 비행으로 중국 3분의 2의 주요 도시와 5분의 3 인구에 다다를 수 있다.

중국 정부는 정저우에 각종 물류기지를 건설하고 온라인 거래를 활성화시키고 있다. UPS, DHL 등 세계적인 물류기업과 중국 최대 전자상거래업체 알리바바가 가세했다. 허난성에서 4분의 3 이상의 대기업이 전자무역을 이용하고 있다. 최근 3~5년간 전자무역을 이용하는 기업이 매년 50%씩 늘어나고 있다. 중국 정부는 허난성 정저우 보세물류센터에서 중국내 최초로 e무역을 시범 운영(B2C)하고 있다. 지난 2012년 9월 23개 보세물류센터 중 5개 도시(정저우, 항저우, 닝보, 상하이, 충칭)가 e무역 시범지로 선정됐다. 2013년 7월 정저우 e무역이 국가발전계획위원회와 관세청 비준 하에 시범 운영에 돌입했다.

정저우 보세물류센터는 해외상품 샘플 전시구역, e무역 종합서비스구역, e무역 기업구역, 물류배송구역 등을 갖춘 중국내 유일한 종합 e무역센터이다. 중국 소비자가 해외 전자상거래 사이트를 이용해 주문한 상품을 보세물류센터에서 직접 출하해 3~4일이면 받을 수 있다. 원스톱 통관으로 통관 절차도 간단해졌다.

2014년 9월 2일 방문한 체험센터(해외상품 전시구역)에는 보세물류센터를 통해 수입되는 물건을 전시해 놓고 있는데 화장품과 식품, 그리고 전기밥솥 등 제품 대부분이 한국산이었다. 온라인 시장에서도 가장 인기 있는 제품은 화장품이고 최근 옷과 밥솥 주문도 크게 늘고 있다. 허난성 보세물류센터 쉬핑徐平 집행이사 겸 총경리는 "한국 기업이 가장 적극적으로 참여하고 있고 중국 소비자들도 하루 500~600명이 체험관을 참관하는 등 반응 역시 뜨겁다"고 말했다.

한국의 중국 수출 비중이 26%로 가장 높지만 소비재 수출은 3%에 불과해 온라인 시장이 새로운 돌파구로 떠오르고 있다. 그동안 복잡한 통관절차나 각종 검사에 중국 수출은 엄두도 내지 못한 중소기업에 활로가 될 것으로 보인다. 우선 과거 해외에서 상품을 주문해 중국 내로 들여올 때 관세가 부과됐으나 보세물류센터에 보관된 상품에는 관세와 증치세(부가세)가 붙지 않고 대신 간단한 행우行郵세가 붙는다. 장기간을 요하는 검사나 각종 등록 절차도 생략된다. 온라인을 통해 중국 소비자들의 반응도 살펴볼 수 있어 시행착오도 크게 줄일 수 있다.

정저우에서 만난 한국인 기업가들은 지역적 특징을 이해하고 현지화를 지향해야 한다고 입을 모은다. 정성화 코트라 무역관장은 "중국을 문화적으로 접근할 때 비밀을 풀 수 있는 패스워드가 허난성에 모여 있다"고 말했다. 허난성은 지방색이 강하고 배타적인 성향을 띤다. 허난성 사람들은 타 지역 사람에게 비교적 배타적이며 때로는 사람을 속인다는 평가를 듣기도 해 친해지는 데 상대적으로 긴 시간이 필요하다. 하지만 일단 한번 친분을 쌓으면 의리가 매우 강한 특징이 있다.

정저우에서 10여 년 동안 이용업을 계속하고 있는 김춘락 총경리는 "서양 문화에 대한 거부감이 존재하는 상황에서 중간 단계로 한국 문화, 한류에 대한 호응이 크다"고 소개했다. 김 대표는 또한 "베이징이나 상하이는 포화상태이기 때문에 정저우와 같은 중부 내륙지방에 향후 3~5년 동안 기회가 있다"고 말했다.

(2) 데니스 '한 우물' 전략

대만의 작은 유통업체가 인구 1억명이 넘는 허난성 유통업계를 평정해 관심을 모으고 있다. 중국에 진출한 한국 유통업계가 고전을 면치 못하는 상황에서 많은 시사점을 던져준다.

1997년 허난성 정저우에 백화점 1호점을 개점한 데니스DENNIS는 허난성에만 백화점 16개, 대형마트 44개, 편의점 118개를 운영하는 최대 유통채널로 부상했다. 2012년 매출은 134억 위안(약 2조2000억 원) 규모에 달했다. 데니스는 허난성의 주요 상권이면 어디에나 입점해 있다. 허난성내 백화점 점포 점유율은 2012년 기준 42%나 되고 대형마트 44.2%, 편의점 35%를 차지하고 있어 인지도가 가장 높다.

데니스 런민루人民路점에는 샤넬, 구찌 등 수십개의 세계적인 명품 브랜드가 총집결해 있다. 루이비통 런민루 매장은 단일 점포 기준으로 중국내 3위에 올랐다. 데니스 런민루점은 지난 2009년 매출액 24억 위안(약 4000억 원)으로 단일점포 기준 매출 순위 전국 10위 안에 오르기도 했다.

대만 업체지만 폐쇄적이지 않고 국제행사 등 적극적인 사회활동에 참여하고 있다. 한국 상품 유치에도 적극적이다. 한국산 화장품, 조미료, 라면, 과자, 차,

주류, 생활용품 등이 판매되고 있다. 데니스는 특정 지역에 특정 점포와 상품 등을 선택해 역량을 집중하는 전략을 구사하고 있다. 새로운 시장 개척 초기에는 많은 시간과 비용이 소요되기 때문에 사업 역량의 선택과 집중이 성공의 관건이라 할 수 있다.

데니스 매출액 (단위:위안)

허난성이 중부내륙 신흥시장으로 급부상할 것이라는 전망을 갖고 장기적인 전략 아래 한 우물을 판 것이다. 차이잉더蔡英德 사장은 중국 전국으로 진출할 계획이 없느냐는 질문을 받으면 아직까지 생각해 보지 않았다고 대답한다. 허난성은 인구가 1억명이 넘어 웬만한 국가보다 크다. 1%의 고객만 확보해도 100만명을 얻을 수 있는 거대한 시장이 될 수 있다.

데니스는 정저우를 기점으로 허난성 내에 중점을 두고 백화점에서

정저우 데니스백화점

시작해 대형마트, 편의점을 운영하고 있다. 대형마트에 집중하며 자체 가공공장과 24시간 유통이 가능한 물류센터를 보유하고 있다. 다른 한 가지는 소비자의

충성도를 이끌어낼 고급 마케팅 전략을 구사했다. 내륙지역은 과시욕이 높고 계층문화가 형성돼 상류층 타깃 마케팅이 성공할 가능성이 높기 때문이다.

데니스는 2015년까지 31개의 백화점과 94개의 대형마트, 300여개의 편의점 개점과 400억 위안의 영업매출을 목표로 하고 있다. 데니스의 모기업인 동위東裕 그룹이 중국 진출을 추진할 당시인 1995년도에 대만에서 312위에 불과했다는 사실은 우리 기업들에 시사하는 바가 크다.

한국 유통업체들은 경쟁업체 및 기업들이 이미 점령한 연해지역에 가서 경쟁력도 갖추지 못한 채 좌절을 맛보았다. 데니스와 같은 시기 중국에 진출한 이마트는 1997년 중국에 진출했지만 사실상 철수했다. 국내 굴지의 유통대기업들이 중국에서 고전하는 가장 큰 이유로 규모의 경제를 실현하지 못했기 때문이라고 설명하고 있다.

2. 산시성 시안

(1) 신 실크로드의 출발점 시안

중국 당나라 때 설치됐던 신라인의 집단거주지역인 신라방新羅坊이 옛 장안長安 중심지에 코리안 타운韓國城으로 다시 세워지고 있다.

기자는 지난 2012년 12월 중국 외교부 초청으로 산시陳西(섬서)성 시안西安을 방문 취재했다. 삼성이 그해 9월 시안시 가오신高新기술산업개발구 140만㎡ 부지에 반도체공장 건설공사를 시작하면서 시안이 들썩이고 있었다. 베이징, 상하이 등에서 수많은 한국인들이 호텔, 식당, 부동산 투자 등을 목적으로 시안을 방문했다. 1000여명 수준이던 교민이 5~6년 동안 5000~6000명으로 증가할 것으로 예상됐다. 하지만 2년도 안 돼 교민수가

삼성의 시안 전자단지 건설은 '신의 한수'로 평가 받고 있다. 신재호 삼성(중국)반도체 상무 등과 함께

5000여명으로 늘었다. 몇 개 안되던 한인 식당은 뤼디스지청錄地世紀城 등에 한식당 밀집지역을 형성하고 있다.

"2년 전 시안에 왔을 때는 눈앞이 캄캄했습니다. 하지만 지금은 감개무량합니다." 신재호 삼성(중국)반도체 상무는 시안 삼성전자단지 건설의 산 증인이다. 기공식에서 건물 짓는 데 15개월, 설비를 넣어서 가동하기까지 20개월이 걸렸다.

이러한 성과는 삼성과 시안시 정부의 공동작품이다. 우선 반도체 공장 건설 경험이 풍부한 삼성물산의 역량이 기반이 됐다. 여기에 투자 애로 해소를 위해 발로 뛴 시안시 정부도 큰 역할을 했다. 시안시는 '삼성프로젝트' 전담반을 구성해 애로사항을 즉시 해결해줬다. 초기에는 가오신高新기술산업개발구 주임이 매주 두 번씩 회의에 참석해 독려했다. 삼성의 시안 전자단지 건설은 지금까지는 '신의 한수'로 평가받고 있다. 과거 중국은 단순히 최대의 IT 생산기지로 인식됐지

이강국 주시안총영사　전재원 전 주시안총영사　황재원 코트라 시안무역관장　신재호 삼성(중국)반도체 상무

만 이제는 세계 최대 IT 제품 소비지역으로 부상했다. 시장 조사기관 '가트너'에 따르면 전 세계 반도체의 48%가 중국에서 소비되고 있다. 시안에는 마이크론, 인텔, 도시바, 화웨이 등 거대기업이 진출해 있다. 시안은 대규모 제조업을 운영하기에 적합한 산업 기반을 보유하고 있고, 우수한 인재 또한 풍부하다. 40여개의 국가급 연구기관, 600여개의 독립 연구기관이 있고, 대학 교육수준도 전국 3위로 재학생만 98만명에 달해 우수인력 확보에 유리하다.

시안공장은 사상 최대의 해외투자(약 70억 달러)를 통해 최첨단 라인을 가동하고 있다는 점에서 승부수이다. 시안공장은 현재 세계에서 삼성전자만이 생산하고 있는 3차원 V낸드(3D V-NAND) 플래시메모리 라인이다. 신재호 상무는 "V낸드는 기존의 저장량이 한계에 직면한 낸드플래시 기술의 한계를 뛰어넘은 것으로, 과거 정보를 저장하는 집들을 1층집(평면)으로 빼곡하게 모아놨던 것과 달리 24층, 32층의 주상복합 아파트처럼 지어 보다 많은 정보를 저장할 수 있도록 만든 기술"이라고 설명했다.

삼성전자는 2013년 8월 이를 상용화했으며 1년이 지나 유일하게 상용화에 성공한 업체이다. 서버나 하드디스크드라이브(HDD)를 대체하며 급성장하고 있는 소비자 솔리드스테이트드라이브(SSD) 등 다양한 제품에 탑재되고 있다. 성능뿐만 아니라 신뢰성과 안정성 측면에서도 좋은 반응을 얻고 있다.

시안공장은 2014년 현재 1300명을 고용하고 있으며 60여개 삼성전자 협력사까지 포함하면 고용효과는 6000명으로 추산되고 있다. 전재원 전 주시안총영사는 "시안시 정부가 '삼성프로젝트' 전담반을 구성해 함께 회의를 하는 과정에서 삼성의 기업문화, 관리기법 등 많은 것을 배워 행정의 효율성을 높이게 됐다"고 평가했다. 산시성은 안휘성으로 가려던 삼성SDI 전기차 배터리 공장을 시안에 유치했다. 삼성화재도 당초보다 2~3년 앞당겨 시안에 지점을 개설할 예정이다. 삼성전자 반도체공장에 이어 R&D 센터, 삼성SDI, 삼성화재 등이 속속 진출하면서 시안에 삼성타운이 형성되고 있다. 시안시뿐만 아니라 주변 도시에도 협력업체가 들어서고 있다. 김용덕 주시안총영사관 선임연구원은 "반도체 폐기물 처리공장, 2차전지 및 반도체 장비 제작업체 등이 시안에서 1시간 거리에 입주하는 등 삼성효과가 확산되고 있다"고 말했다.

한때 현대자동차 제4공장 유치전에도 뛰어들었던 산시성 정부는 기아자동차 제4공장 유치 의사도 밝히는 등 집념을 드러내고 있다. 자동차산업이 경제성장과 고용유발효과가 큰 산업인 만큼 반드시 유치해야 한다는 의지를 굽히지 않고 있다. 한식당 밀집지역이 현지 방송에 소개되면서 중국 소비자들이 대거 몰려드는 등 한류 바람도 일고 있다.

이강국 주시안총영사는 주중국대사관 3년, 주상하이 총영사관에 두 차례에 걸쳐 5년 등 8년 동안 중국에 근무했다. 이 총영사는 상하이에 근무하며 중국 신경제 정책의 핵심을 담은 《상하이 자유무역시험구》를 출간했다. 3년간 상하이총영사관에 근무하면서 중국의 역동적인 발전을 체험한 이 총영사는 상하이를 방문하는 정부관료·기업인·학자 및 학생 등에게 상하이 자유무역구를 통해 제도혁신이 이루어지고 경쟁력이 강해지고 있는 중국에 대해 설명하면서 이를 담은 책을 준비했다. 이 총영사는 "중국 정부는 시안을 유라시아를 관통하는 신 실크로드의 중심지로 만들고 있다"며 "한국이 어떻게 편승할 것인지 연구 검토가 필요하다"고 말했다. 일대일로一帶一路 프로젝트 중 일대一帶는 하나의 지대를 뜻하는데 중국과 중앙아시아, 유럽을 연결하는 실크로드 경제벨트이다. 시안-우루무치-중앙아시아-터키 이스탄불-독일 뒤스부르크까지 이어진다.

황재원 코트라 시안무역관장은 "한류 붐에 올라타야 한다"고 강조했다. 황 관장은 다롄, 칭다오, 샤먼, 베이징에 이어 시안이 다섯 번째 근무지이다. 중국 권역별 시장의 특징을 비교할 수 있는 안목을 가진 중국통으로 평가받고 있다. 황 관장은 "동해 연해지역에 비해 기반은 취약하지만 산시성陝西 공무원들이 한국 기업과 함께 하겠다는 열의가 대단하다"고 전했다. 특히 "우리 기업이 삼성과 관련된 사업에만 매달릴 것이 아니라 삼성이 만든 한류 붐에 편승해야 한다"고 강조했다.

베이징, 상하이, 광저우 등은 전 세계 다국적 기업의 전장이다. 자본력, 기술력, 브랜드 경쟁력 등이 상대적으로 취약한 한국 기업이 경쟁하기에는 벅찬 시장이다. 서북부 지역은 청두, 충칭 등을 제외하면 사실상 공백이나 마찬가지이다. 이들 지역은 아직까지 시장을 선도하는 리딩 브랜드가 많지 않다. 산시陝西성, 간수성, 닝샤후이족자치구 등 서북 3성이 유사한 특징을 갖고 있다. 여기에 칭하이성과 신장위구르족자치구를 포함한 서북 5개성은 한국 기업에 새로운 기회의 땅으로 떠오르고 있다. 여기서 중요한 곳이 시안이다. 중국 정부는 시안을 유라시아를 관통하는 신 실크로드의 중심지로 만들고 있다. 중국 정부는 중국~중앙아시아~유럽을 관통하는 도로·철도를 건설해 무역과 화폐가 유통되는 유라시아 경제벨트를 만든다는 구상을 추진하고 있다.

시안을 비롯한 서북 3개성에 거점을 마련할 경우 유라시아 공략을 위한 발판을 마련할 수 있게 된다. 유라시아는 세계 육지 면적의 36%를 차지하고, 세계 인구의 71%가 살고 있는 거대 경제권이다. 황 관장은 "휴렛패커드나 델사 등이 쓰 촨성의 충칭이나 청두 등에 생산기지를 두고 제품을 EU에 판매하고 있다"며 "서 부지역이 이제는 중앙아시아와 유럽시장을 공략하는 거점이 되고 있다"고 말했 다. 이제 EU 시장으로 진출하려는 기업은 중국의 동부연해지방에 공장을 세울 게 아니라 서부지역에 자리를 잡는 것이 유리하다는 주장도 나오고 있다.

3. 닝샤후이족자치구 인촨

시안이 신 실크로드의 출발점이자 중심지라면 닝샤후이족자치구 인촨銀川은 전진기지에 해당된다.

중국은 주변국과의 관계에서 몇 개 전진기지를 두고 있다. 닝샤후이족자치구 인촨, 광시좡족자치구 난닝南寧, 옌볜조

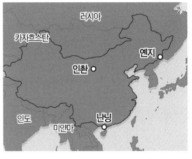

선족자치주 옌지延吉 등이 여기에 해당된다. 모두 소수민족 자치지역이라는 공통점이 있다. 주변국을 관리하면서 한족이 직접 나서지 않고 소수민족을 내세우는 이이제이以夷制夷식 외교 전략이다. 중국은 이를 이이화이以夷和夷라고 말한다.

난닝에는 태국계 민족 좡족壯族이 한족 다음으로 많다. 중국은 난닝에서 아세안 10개국과 함께 11년 이상 중국·아세안 엑스포CAEXPO를 개최하고 있다. 난닝을 교두보로 삼아 경제영토를 아세안으로 확장하려는 해상실크로드 경제권을 추진하고 있다. 중국은 동북에 두만강 유역 경제벨트인 '창지투(長吉圖·창춘長春~

한국과 중국, 러시아 간 3국의 공동 프로젝트로 성립된 인촨시 제1인민제일병원 국제카바CARVAR센터

지린吉林~투먼圖們) 개방 선도구' 개발 사업을 추진하고 있는데, 핵심지역은 옌볜 조선족자치주 옌지(연길)이다. 조선족이 한족 다음으로 많으며 옌지를 거점으로 남쪽의 북한, 동쪽의 러시아, 북쪽의 헤이룽장성과 소통한다. 서북은 닝샤후이 족자치구 인촨을 통해 중앙아시아와 육상 실크로드 30억명 경제권 형성을 추진 하고 있다. 인촨은 이슬람교를 믿는 회족回族이 한족 다음으로 많다. 신 실크로드 구상에서 중국 이외의 거점 지역은 카자흐스탄, 우즈베키스탄, 터키 등인데 이들 국가 모두 이슬람교를 신봉한다.

인촨시 인민정부신문판공실 마리젠 과장은 "인촨은 기후가 좋고 이슬람과 일 체화된 도시라는 장점을 갖고 있다"고 말했다. 거리 표지판에는 중문과 아랍어 가 같이 표기되어 있고 기하학적 디자인의 건물에서 중동의 도시 분위기를 느낄 수 있다. 시내 대부분의 식당은 이슬람교도가 이용할 수 있다. 2010년부터 매년 9월 중국-이슬람 경제무역포럼을 개최하고 있는데, 2013년부터는 중국-이슬 람 박람회로 격상됐다. 이 행사에는 중동·북아프리카·서아시아 등의 이슬람 국가가 대거 참여한다. 2012년에는 리커 창 당시 부총리가 직접 참여해 행사의 격을 높였을 뿐만 아니라 자치구를 중국 최초의 내륙개방형 경제실험구로 발전시키는 계획을 발표했다. 내륙개방형 경제실험구의 일환으로 종합보세구역이 건설되고 있다. 내륙개방형 경제실험구의 핵심은 이슬람권 관련 기업 유치이다. 이슬람 인구 17억명과 중국 인구 13억명을 합치면 30억명에 달하는 거대 경제권이 형성된다.

러시아 사업가 리삭 게나지씨와 함께

인촨의 기후와 지리적 장점은 의료산업에 좋은 조건이 되고 있다. 2014년 9월 5일 한국과 중국, 러시아 간 3국의 공동 프로젝트로 성립된 인촨시 제1인민제일병원 국제카바CARVAR센터를 찾았다. 러시아 사업가 리삭 게나지씨는 "중국의 지방은 물론이고 중동이나 유럽 · 러시아 환자들이 많이 찾아온다"며 "성공 사례를 보고 세르비아 등 유명 병원이 중국에 개업을 희망하고 있다"고 말했다. 게나지씨는 한국 파트너인 송명근 전 건국대 교수에게 지난 1997년 4월 서울아산병원에서 심장이식을 받고 새 생명을 찾았으며 이후 송 전 교수의 카바수술 등에 관심을 가졌다. 송 전 교수는 2013년 12월 대한심장병학회로부터 제명을 당했다.

2012년 12월 보건복지부는 그가 개발한 카바수술에 대한 보험 적용을 인정하지 않았다. 국내에서의 이런 홀대와 달리 중국에선 귀한 대접을 받고 있다. 송 전 교수는 한 달에 2주 동안 중국에 머물면서 수술에 전념하고 있다. 게나지씨는 "한국에서 환자가 찾아오고 있는데, 수술비도 저렴하고 중국 여행도 할 수 있는 장점이 있기 때문"이라고 말했다. 이 병원에서 송 전 교수에게 수술을 받은 한국 환자를 만날 수 있었다. 첫 한국 환자라고 한다. 환자 부모는 "중국까지 와서 수술을 받아야 하는 상황을 정말 이해할 수가 없다"며 "회복이 양호해 1주일 정도 앞당겨 퇴원할 계획"이라고 말했다.

한국에서 제명당한 송 전 교수는 중국 의료진에게 선진 의술을 의욕적으로 전파하고 있었다. 최치원은 아무리 능력이 뛰어나도 일정 벼슬에는 오를 수 없는 신라 골품제 한계 속에서 당나라로 유학을 떠나 성공했다. 송 전 교수가 과연 최치원의 길을 걸을 수 있을까?

4. 산시성 타이위안

(1) 당제국의 발원지

인촨에서 산시성山西省 성도 타이위안太原으로 갈 때 항공기를 이용했다. 중국 북서부를 운항하는 신푸항공幸福航空사 소속 60석짜리 프로펠러가 달린 작은 항공기였다. 타이위안 공항에는 산시성 소재 모 대학 탕광위에唐光月 교수와 부모님이 마

탕광위에 교수 부친은 타이위안시 공무원으로 내내 동행하며 산시성의 역사·문화, 경제적 배경에 대해 상세히 설명해 주었다.

중을 나와 반갑게 맞이해 주었다. 그는 한국에서 7년 동안 유학을 한 뒤 2013년 귀국해 교수가 되었다. 탕 교수의 부친은 타이위안시 공무원으로 내내 동행하며 산시성의 역사·문화, 경제적 배경에 대해 상세히 설명해 주었다. 중국 최고의

진사공원에 들어가면 용흥진양龍興晉陽이라는 거대한 동상군을 만나게 된다.

명주인 산시성 펀주汾酒, 수백 가지에 달하는 산시성 면刀削麵, 건강에 좋다고 소문
난 산시성 식초 등은 각각의 독특한 유래와 맛이 담겨있다.

가장 먼저 방문한 곳이 진사晉祠공원이다. 산시성은 춘추전국시대 중국을 주름
잡던 진晉 나라의 발원지다. 당시 타이위안은 진양晉陽이라 불리며 진 왕조에 속해
있었다. 오늘날 산시성을 약칭할 때 '진'이라는 글자를 쓰는 것도 이 때문이다.
진사는 춘추시대의 진晉나라를 개국한 당숙우唐叔虞와 그의 어머니이자 주무왕周武
王의 아내인 읍강邑姜을 기리고 제사를 지내기 위하여 지은 사당이다. 성모전聖母殿
은 고건축물인데도 정교하고 세련되며 생동감이 넘쳤다. 전당 안에는 기둥이 하
나도 없이 회랑과 처마의 기둥만으로 받치고 있는데, 이는 중국 건축사에서 보기
드문 양식이다. 주나라 때 심은 측백나무는 3000년의 세월을 보듬고 여전히 우
뚝 서 있다.

진사공원에 들어가면 용흥진양龍興晉陽이라는 거대한 동상군을 만나게 된다. 용

산시 상인의 발이 닿지 않은 곳이 없었다. 그래서 "참새가 날 수 있는 곳에는 산시 상인이 있다"는 말이 나왔다.

흥진양은 '용이 진양에서 흥하다'는 의미이다. 타이위안에 주둔하던 이연, 이세민 부자가 이곳에서 쿠데타를 일으켜 수나라 정권을 멸하고 당제국을 세웠다는 의미이다. 수나라 때 타이위안은 수도 장안(현재 시안)과 함께 양대 도시로 불렸다. 당나라 때 타이위안은 수도 장안과 동쪽의 낙양洛陽과 함께 당나라 삼도三都로 불렸을 정도로 번성했다. 진사를 방문하면 "10년 동안의 중국을 보려면 선전을 보라. 100년의 중국을 보려거든 상하이를, 1000년의 중국을 보려면 베이징을, 3000년의 중국을 보려거든 시안을, 5000년의 중국을 보려면 산시를 보라"는 말을 실감하게 된다. 산시에는 중국 최초의 고대문명 발원지 중 하나인 딩춘런丁村人 유적을 비롯해 구석기 시대 유적지만 20여 곳에 달한다. 또한 요 · 순 · 우임금의 사적지가 모두 산시에 자리 잡고 있다.

(2) 명청시대 주름잡은 진상

타이위안을 비롯한 산시성 지역 경제가 본격적으로 발전하기 시작한 것은 명청시기이다. 산시 상인을 진상晉商이라 불렀는데, 안휘성의 휘상徽商과 함께 중국 전통상인의 양대 산맥을 이룬다.

진상은 송원宋元대에 변경무역으로 자리를 잡았다. 명나라가 가장 예민하게 촉각을 곤두세운 대상은 중원에서 북방으로 퇴각한 몽골이었다. 명나라는 각지에 수십만 대군을 주둔시켰다. 병력을 주둔시키기 위해서는 식량과 소금의 원활한 조달이 필수적이었다. 명나라는 변경지역 산시 상인들을 통해 식량과 소금을 조달했다. 명에 실시된 개중법開中法을 계기로 진상은 전성기를 구가했다. 개중법은 조정에서 변방의 군인들에게 군수물자를 제공한 상인에게 그 대가로 소금 독점 판권인 염인鹽引을 제공했던 제도다. 소금의 독점 거래권을 확보한 진상은 전 중국의 소금 유통망을 장악했다. 막대한 부를 얻은 진상은 중국 상방의 으뜸이 되었다. 그들은 처음에는 군량 수송을 맡아 큰 이익을 얻었다. 비단에서 차, 전당포, 고리대금업에 이르기까지 산시 상인이 손대지 않은 분야가 없었다. 서쪽으로는 카슈미르와 아라비아, 동쪽으로는 조선과 일본, 북쪽으로는 시베리아와 모스크바, 남쪽으로는 자카르타까지 산시 상인의 발이 닿지 않은 곳이 없었다. 그래서 "참새가 날 수 있는 곳에는 산시 상인이 있다"는 말이 나왔다. 물건을 옮기는 과정에서 발생하는 가격의 폭락 등 리스크를 줄이기 위한 장치를 만들었고, 은을 다량 운송하는 데에 따르는 위험을 방지하기 위해 수표를 창안해 산시표호山西票號라 부르는 은행사업을 시작했다. 표호는 오늘날 상업은행과 유사하다. 상인들이 필요로 하는 돈을 전국적인 범위로 부치고 받는 일을 대행해 큰돈을 벌었다. 상품의 안전한 운송을 위해 경호회사인 표국鏢局을 만들었다.

진상은 일종의 주식 제도인 고분제股份制를 창안했고 소유와 경영을 분리했다. 소유주는 자본을 출자하고 경영을 책임진 상점 주인과 점원은 운영을 맡았다. 소유주는 투자하고 경영을 책임진 상점 주인과 점원은 역할에 따라 공로주를 받았다. 사원주주회사와도 유사했다. 결산기간이 되면 각자의 기여분만큼 이익을 나눴다. 소유주는 출자금에 대한 이윤을, 운영을 맡은 상점 주인과 직원들은 공로주에 따라 이윤을 분배했다. 직원은 차등 연봉제를 실시했고 실적이 가장 나쁜 종업원은 퇴출하는 제도를 시행했다. 신입 직

상씨 집안은 저택의 가장 중요한 위치에 노자 도덕경에 있는 知者不言 言者不知(지자불언 언자부지)라는 가훈을 돌에 새겨 두었다. '진정 아는 사람은 떠들어 대지 않고, 떠들어 대는 사람은 알지 못하는 것'이라는 의미로 실천을 강조했다.

원은 3년의 수습 기간을 좋은 실적으로 근무해야만 정식 직원이 될 수 있었다.

진상은 풍부한 건축유산을 남겼는데 장예모 감독이 만든 공리 주연의 영화 〈홍등〉을 비롯해 수많은 드라마와 영화 촬영 장소로 활용되고 있다. 영화 속에 나오는 산시의 교가대원喬家大院은 청나라 때 거부가 살던 집의 모습을 그대로 볼 수 있다. 2014년 11월 7일 산시성의 대표적인 저택 상가장원常家庄園을 방문했다. 베이징대 동창생 중에 산시성의 상常씨 가문 출신이 방문해볼 것을 권유했기 때문에 일부러 찾았다. 많은 돈을 번 상씨 가문은 3대에 거쳐 100여 년 동안 커다란

저택大院을 만들어 일가가 함께 살았다. 상가장원은 청나라 시대의 건축양식을 잘 나타내고 있는데 방만 5000개가 넘는다. 베이징에 자금성이 있다면 산시성에는 상인들이 세운 민간 자금성이 즐비했다. 동행한 탕 교수는 "산시 상인들이 중국의 상권을 장악하게 된 배경은 지리적으로 산이 많고 평야가 적고 땅이 척박해 생활이 빈곤했기 때문"이라고 말했다. 타이항산맥 동쪽의 비옥한 산둥과는 정반대로 산시는 메마른 산악지대의 연속이며 농지는 비좁고 척박했다. 농사만으로는 산시 주민들 대부분이 이듬해 초봄을 넘길 수가 없었다. 그래서 머나먼 타향 길로 장사를 위해 길을 떠났다.

상씨 집안은 저택의 가장 중요한 위치에 노자 도덕경에 있는 知者不言 言者不知(지자불언 언자부지)라는 가훈을 돌에 새겨 두었다. '진정 아는 사람은 떠들어 대지 않고, 떠들어 대는 사람은 알지 못하는 것'이라는 의미로 실천을 강조했다. 탕 교수의 소개에 따르면 이 문구는 중국 대학 MBA 과정에 많이 인용된다. 지금도 중국에서 경리와 회계 부문에 종사하는 사람들은 산시 출신이 많다. 은행·신탁·증권·전당포 등 금융과 관련된 업무 역시 산시 출신이 다수를 차지해 왔다. 명나라 시대든 청나라 시대든, 국민당이든 공산당이든 중국의 금융권·재정권은 산시 상인의 손안에 있었다.

저장의 재벌 쑹야오루宋耀如의 세 딸 가운데 첫째 쑹아이링宋藹齡은 산시 최대의 금융재산가 쿵샹시孔祥熙와 결혼하였으며, 둘째 쑹칭링宋慶齡은 중국 혁명의 아버지인 쑨원과 결혼하였으며, 막내 쑹메이링宋美齡은 국민당 총통 장제스와 결혼했다. 쿵샹시와 결혼한 아이링은 은행업을 시작해 중국 전역의 경제력을 장악했다. 그녀의 남편 쿵샹시도 훗날 장제스의 2인자 격인 행정원장 겸 재정부장을 맡아 돈줄을 쥐고 국민정부를 좌지우지하는 중국 경제계의 대부가 되었다. 마오쩌둥도 공산정부의 재정부장 자리를 보이보薄一波라는 산시 출신에게 맡겼다. 보이보의 큰아들 보시라이薄熙來도 중국 상무부장을 역임했다. 국민당이거나 공산당이거나 불문하고 20세기 중국의 금고는 모두 산시 출신이 장악하고 있었다.

(3) 서산회와 산시방의 몰락

시진핑 집권 후 낙마한 링지화슈計劃도 산시출신이다. 링지화는 후진타오의 비서실장(당 중앙판공청 주임)을 지낸 실세 중의 실세였다. 산시성에 근무하던 링지화를 중앙으로 추천한 인물이 보이보라고 알려져 있다. 링자화의 부친 링후

링지화와 그의 부인 구리핑

예슈狐野와 보시라이의 부친 보이보 모두 산시성 출신으로 옌안延安 생활을 같이 했다.

링지화는 2007년 정권 핵심부서인 중앙판공청 주임 자리까지 꿰차며 권력의 정점에 섰지만 2012년 초 아들이 낸 페라리 교통사고 여파로 좌천성 인사를 당한 뒤 체포됐다. 링지화는 아들의 교통사고를 은폐하는 과정에서 저우융캉周永康과 모종의 거래를 한 것으로 알려졌다. 그는 저우융캉, 보시라이, 쉬차이허우徐才厚 전 중앙군사위 부주석 등과 함께 '신 4인방'으로 꼽혔다. 미국에 본부를 둔 중화권 매체인 보쉰博訊은 신 4인방이 보시라이와 링지화를 정치국 상무위원에 진입시켜 시진핑 체제를 전복해 당·정 권력을 장악하려는 계획을 세웠다고 보도했다. 링지화의 낙마에 앞서 중국 정가를 주름잡던 링지화 남매도 모두 부패 혐의

로 체포됐다. 링지화에게는 모두 4명의 형제와 여동생이 있다. 그의 부친은 5남 매 이름을 링루셴슈路線(노선), 링정처슈政策(정책), 링지화슈計劃(계획), 링팡전슈方針(방침), 링완청슈完成(완성)이라고 지었다. 중국청소년창업지원기금 총재직을 역임한 링지화 부인 구리핑谷麗萍도 체포됐다. 체포 당시 구리핑은 산시성 출신 기업인들과 맺은 관상동맹官商同盟인 '서산회' 연루 증거를 어떻게 파기할 것인지 논의중이었다. 서산회는 링지화가 주도한 이권집단이다. 링지화는 산시성의 고관과 부호를 널리 끌어 모았다. 여기에는 사형집행유예를 선고받은 류즈쥔劉志軍 전 철도부장, 류즈쥔 전 철도부장에게 뇌물을 제공한 것으로 알려진 산시성 여성 기업인 딩슈마오丁書苗, 뇌물 수수 혐의 등으로 무기징역을 선고 받은 국가발개위 전부주임 류테난劉鐵男 등 정재계의 쟁쟁한 인사들이 포함되었다. 산시성정협 전 부주석 링정처, 중국과학협회 전 당조서기 선웨이천申維辰, 타이위안시당서기 천촨핑陳川平 등도 산시방이다. 서산회에 가입하는 것은 관료사회에서 승진을 위한 입장권을 얻는 것과 마찬가지이다. 구리핑의 아들 링구는 사망하기 전 서산회 2세 클럽에서 활동했다.

베이징대 법학과를 나온 구리핑은 2008년까지 전국 조직인 중국청소년궁협회 당서기를 맡았다. 2003년에는 공익 펀드인 '중국청년창업국제계획YBC'을 설립해 총간사(회장)로 활동해왔다. YBC는 알리바바, 텐센트, 레노버 등 11개 대기업이 이사로 참여했다. 구리핑은 자신이 책임자로 있던 창업지원 조직의 눈 먼 돈을 빼돌리고 고속철 사업에 관여해 거액의 뇌물을 챙겼다. 구리핑은 띠 동갑보다 어린 CCTV 스타 앵커 루이청강芮成剛과 여러 해 동안 불륜 관계였다는 사실이 드러났다. 중화권 매체 보쉰은 링지화가 산시성의 한 장소에 숨겨놓은 트럭 6대분의 금, 서화, 골동품 등 뇌물이 적발됐다고 보도했다.*

링지화를 우두머리로 한 산시방에서 신시 상인의 특징을 발견할 수 있다.

첫째, 정경유착이다. 산시 상인은 명나라 때 몽골 방위에 필요한 군수물자를 납품하면서 '씨드머니'를 챙겼다. 청나라가 성립될 때부터 군비를 지원해 밀접한 관계를 맺고 금융업을 독점했다. 둘째, 진상은 동향의식이 강해 굳게 단결했다. 동향동업同鄕同業 정신으로 회관을 많은 지방에 건립하고 근거지로 삼았다. 링지화도 산시 출신 기업인과 관료들 모임인 서산회를 통해 각종 이권을 챙겼다. 셋째, 몰락 과정이다. 산시 상인은 청나라와 정경유착을 통한 독점으로 부를 쌓았지만 청조가 멸망하면서 동반붕괴했다. 산시방은 후진타오 집권시기 정경유착을 통해 막강한 권력을 누렸지만 4세대 지도부와 함께 몰락했다.

상가장원常家庄園 창문에는 깨진 얼음과 같은 모양이 있다. 얼음이 어는 데는 시간이 많이 걸리지만 깨지는 것은 한순간이라는 점을 자손들에게 주지시키려 했다. 링지화와 산시방은 산시 상인의 이런 정신을 배우지 못하고 몰락하고 말았다.

(4) 산시 상인과 한국

산시 상인은 우리에게 두 가지 시사점을 던져 준다. 첫째, 어려움을 극복하는 강인한 정신을 바탕으로 경제를 일으키고 자수성가했다는 점이다. 산시성은 지리적으로 산이 많고 평야가 적은 데다 그나마 있는 땅도 척박해 생활은 빈곤하기

---

* 중화권 매체 둬웨이多維는 홍콩의 시사지 '정밍爭鳴'을 인용해 링지화 일가의 부정 축재 규모가 저우융캉周永康 전 정치국 상무위원, 저우빈周濱 부자의 부패 액수에 버금간다고 보도했다. 부정 축재한 재산이 837억 위안(약 14조6000억 원)에 이른다고 보도했다. 그중 해외로 빼돌린 재산이 45억 달러(약 4조9000억 원)에 달한다. 저우 부자의 부정 축재액은 1000억 위안(약 17조5000억 원)으로 알려졌다.

그지없었다. 게다가 겨울은 날씨가 매섭기로 유명해서 이런 열악한 자연환경 때문에 고향을 떠나 타향으로 생업을 찾아 나서기 시작했고 그와 함께 진상들의 본격적인 활동이 시작되었다. 우리가 처한 환경도 산시 상인과 다르지 않다. 산시성처럼 산악지대가 많고 자원도 내세울만한 것이 없다. 오직 강인한 정신력을 바탕으로 산업화를 이루어 냈다.

둘째, 군사적 요충지라는 점이다. 산시성 타이위안은 중국의 중심으로 군사적 요충지였다. 명나라 때는 북방으로 퇴각한 몽골의 남하를 막는 전략적 요충지였다. 한반도 역시 군사전략적 요충지로 중요성이 부각되고 있다. 한반도의 지정학적 위치는 중국의 인후부咽喉部를 겨냥하는 비수와 같다. 한국은 중국의 심장부와 가장 가까운 곳에 있는 미국의 동맹국이다. 평택, 오산 미군기지는 세계 최대 기지중 하나이자 중국과 가장 가까운 곳에 있다. 이들 기지에서 출격한 미 전투기는 공중 급유를 받지 않고도 중국의 심장부를 공격할 수 있다. 한반도는 중국의 사활적 이해가 걸려 있는 곳이기 때문에 중국은 한반도를 중국의 영향력이 관철되는 지역으로 만들고자 한다. 경제와 역사를 공통의 이해관계로 삼아 중국 봉쇄망인 한미일 삼각구도를 흔들고 있다.

미국 역시 한반도의 전략적 가치를 높이 평가하고 동북아의 린치핀Linchpin*이라 부르며 중시하고 있다. 2011년 미국이 발표한 아시아회귀 전략은 중국과 균형이 무너진 상황에서 아시아태평양지역을 외교정책의 중추로 삼아 재균형

---

* 수레 등의 바퀴가 빠지지 않도록 축에 꽂는 핀으로, 핵심이나 구심점이라는 뜻을 담고 있다. 외교적으로는 '공동의 정책 목표를 달성하는 데 꼭 필요한 동반자' 라는 의미로 쓰인다. 일본을 코너스톤 Cornerstone이라 지칭하는데, 주춧돌이라는 원래 뜻처럼 매우 중요한 역할을 담당하는 포지션임을 상징한다.

을 유지하겠다는 것이다. 지금 한반도는 미중의 각축장이며, 미중은 한국을 친구로 만들기 위한 경쟁이 한창이다. 이러한 구조를 한국의 발전을 가로막는 장애물로 여기는 시각도 존재한다. 국제체제의 급격한 변화는 국제관계의 불안정을 초래하고 최악의 경우 전쟁을 불러올 수도 있기 때문이다. 하지만 우리가 진정으로 두려워해야 할 것은 국제사회에서 '무관심'과 '소외'이다.

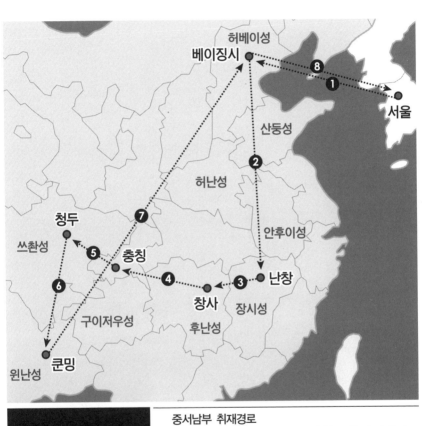

허베이성

베이징시 ⑧ ⑤

⑤

서울

산둥성

②

허난성

안후이성

청두

쓰촨성 ⑤ 충칭 ④ ③ 난창

⑥ 창사 장시성

구이저우성 후난성

쿤밍

윈난성

7.중서남부

중서남부 취재경로

1) 서울 ➜ 베이징(비행기)
2) 베이징 ➜ 난창(비행기)
3) 난창 ➜ 창사(고속철도)
4) 창사 ➜ 충칭(비행기)

5) 충칭 ➜ 청두(고속철도)
6) 청두 ➜ 쿤밍(비행기)
7) 쿤밍 ➜ 베이징(비행기)
8) 베이징 ➜ 서울(비행기)

1. 후난성 창사

(1) 중부 골든타임은 3~5년

중국 후난湖南성은 한국인에게 장가계張家界로 친숙한 곳이다. 중국 국가여유국에 따르면 2013년 장가계를 방문한 한국인은 19만1260명으로 매일 500명 이상이 방문했다. 후난성은 또한 마오쩌둥의 출생지로도 유명하다. 마오쩌둥 고향집이 있는 샤오산韶山시는 인구 10만명의 작은 도시이지만 매년 600만명의 관광객이 방

문한다. 지난 2012년 마오쩌둥 탄생 120주년을 계기로 후난성 샹탄湘潭현은 3조원(약 155억1100만 위안) 가까운 투자사업 프로젝트를 추진하고 있다. 후난성은 중국 혁명에 대한 자부심과 반일 감정이 강해 조어도 영유권 분쟁이 발생하면 반

김진욱 주우한총영사관 부총영사

이영기 코트라 창사무역관 관장

정학진 전 신한은행 창사분행장

루안슈운 부부가오 상업부분총경리

일시위가 격화되는 곳이다. 이 때문에 2012년 이후 많은 일본식당이 철시했다.

후난성 성도인 창사長沙의 성장과 소비는 놀랍다. 창사시 통계청에 따르면 2013년 후난성 1인당 GDP는 6000달러 수준이었지만 창사는 1만6000달러를 넘어섰다. 그만큼 1인당 소비 지출이 높다. 이영기 코트라 창사무역관 관장은 "창사는 개방적이고 외래문화 수용도가 높아 수입품 유통에 유리한 환경"이라고 말했다. 후난성은 수입 현대·기아차가 유난히 잘 팔리는 지역이다. 가격이나 성능이 적당하면 기꺼이 구매한다. 창사는 10위안을 벌면 9위안을 소비할 정도로 중국 내륙에서도 소비 수준이 높은 곳으로 손꼽힌다. 정학진 전 신한은행 창사분행장은 "저축을 한다는 개념이 없어 보인다"며 "소득보다 소비를 더하는 경우도 많다"고 전했다.

중국에서 소비의 원천은 도시개발과 관련이 깊다. 중국 정부는 낙후된 내륙을 개발하기 위해 매년 수백억 위안을 쏟아 붓고 있다. 창사의 경제 규모는 후난성의 29%, 창주탄 도시군의 69% 가량을 차지한다. 2015년 3월 국무원은 '창장중류 도시군 발전계획'을 승인했다. 창장 중류 도시군은 후베이성 우한을 '5대 도시군'에 포함시키고 이를 축으로 창주탄 도시군, 포양호를 둘러싼 도시군(환포양호环鄱阳湖 도시군)을 묶는 특대형 도시군을 만들겠다는 계획이다. 이 계획이 성공할 경우 한반도 면적보다 넓은 31만7000㎢의 거대 도시군이 탄생한다.

이영기 코트라 창사무역관장은 홍콩에서 4년 6개월 근무하고, 지난 2011년 창사에 부임했다. 2014년 11월 18일 창사무역관에서 만난 이 관장은 CSR(기업의 사회적 책임) 행사 3개, 한국 상품전 등 5개 행사를 동시에 준비하느라 분주했다. 이 관장이 이처럼 일에 몰두하는 이유는 희망이 보이기 때문이다. 창사는 한국에 기회의 땅이다. 이 관장이 처음 부임했을 때 커피전문점 프랜차이즈인 스타벅스가 2개 있었다. 2012년 창사를 방문한 프랜차이즈 무역사절단은 "창사는 절대 안 된다"는 반응을 보였다. 하지만 불과 몇 달만인 2013년 7월 이후 카페베네가 진출해 6~7개까지 점포를 늘렸다. 한국식 커피 전문점 만Maan카페도 진출했다. CJ CGV가 진출했고 쇼핑몰 엔터식스도 들어선다. 지난 1년 동안 너무나 많은 변화가 있었고 향후 2~3년 후 창사가 어떻게 바뀔지 장담할 수 없다.

2013년 한중 정상회담 이후 현지 소비시장 공략이 화두로 떠오르면서 화장품, 의류, 식품, 주방용품, 생활용품 등의 아이템이 주류를 이루고 있다. 이랜드는 창사에서도 최고 기업으로 자리 잡았으며, 락앤락도 2014년 상반기까지 지역 홈쇼핑업체중에서 최고 판매 기록을 경신했다. 중국 시장에서 락앤락의 성공 비결은 두 가지로 요약할 수 있다. 첫째는 락앤락 밀폐용기 자체가 중국에서 통할 만한 아이템이다. 락앤락이 들어가기 전까지 중국에서는 물이 새지 않는 밀폐용기가 없었다. 둘째는 중국 내수 시장에 주목하고 다양한 유통채널을 가동했다. 젊은 직원을 중국 지방으로 파견해 최고의 인재로 키웠다. 중국어에 능통하고 열정이 넘치는 인재들이 무서운 속도로 시장을 개척해 나갔다. 락앤락은 지난 2011년 이후 단순 제조업체를 넘어 유통업체로 영역을 확대했다. 락앤락 직영점에서는 자사 주방용품뿐만 아니라 쿠쿠 밥솥, 오로라 봉제인형, 정관장 홍삼제품 등 다양한 브랜드의 제품을 함께 판매했다.

이영기 관장은 "후난 위성TV 자회사 홈쇼핑 업체인 해피고에서 가장 잘 팔리는 상품은 주스기 전문기업 휴롬, 아모레 화장품, 밀폐용기 락앤락 등 3대 브랜드"라고 말했다. 이 관장은 한국과 한류에 대한 막연한 호기심이나 호감이 머지않아 사그라지고 한국 상품에 대해 식상해할 가능성이 있다고 걱정했다. 개별 기업이 경쟁력을 갖춰 나가지 않으면 중국 소비자에게 외면당할 수밖에 없다. 제2, 제3의 락앤락이 계속 나와야 한다는 것이다. 한국 기업이 더 빠르게 기술력을 높이고 신제품을 개발해 절묘한 마케팅으로 중국 시장을 공략하지 않으면 생존하기 힘든 상황이다.

정학진 전 신한은행 창사분행장은 "중국 최대 중장비 제조업체인 산이三一중공업, 중롄종커中聯重科 등 양대 기업이 지역 경제의 버팀목이 되고 있다"고 말했다. 중국의 경쟁력 있는 고속철 제조기업인 중국 난처南車도 주저우시에 있다. 장비제조산업은 후난성 전체 공업생산 부가가치의 25% 이상을 차지해 경제 발전을 견인해 나가고 있다. 2015년까지 그 규모가 1조 위안을 돌파할 것으로 전망된다. 정 전 분행장은 창사의 소비 열풍에 대해 신중한 입장을 보였다. 고가품 소비는 상위 특정계층이 하는 것으로, 80%에 달하는 사람들은 생활이 어렵다고 말했다. 절대소득이 낮기 때문에 저축은 엄두조차 내지 못하는 경우가 많다. 중산층이 제대로 형성되지 않았다고 볼 수 있다. 정부의 투자와 부동산 개발에 따른 개발붐이 소비에 큰 영향을 미쳤지만 최근 조정기에 접어들면서 부도를 내고 도주하는 개발업자들이 부지기수다. 기업 회계나 은행의 여신관리도 엉터리가 많다. 리스크 관리가 너무 허술하다. 정 전 분행장은 한국의 제조 기업이 창사 등 내륙에 진출할 여지는 거의 없다고 잘라 말했다. 각종 비용이 급등하고 있기 때문이다. 소규모 서비스 업종이나 성형 등 시장 반응이 좋지만 '아침이슬 같은 시장'이 될 수도 있다.

후난의 유통 체인기업인 부부가오步步高는 토종기업이지만 과감한 인재 영입을 통해 기업 관리 시스템을 선진화하고 성장세를 이어가고 있다. 지난 2010년 외국인 경영진을 대거 영업했다. 부부가오 슈퍼마켓 총경리와 구매담당은 호주인을 영입했고, 인도네시아, 말레이시아, 홍콩, 대만 등에서도 170여명 정도를 영입했다. 경영진 영입 후 회사 경영 실적도 크게 개선됐다. 경영진이 회사에 합류해 적응기간을 거친 후 2011년 상반기에 눈에 보이는 실적이 나타나기 시작했다. 2011년 상반기 실적이 전년 동기 대비 47.18%나 증가해 업계의 주목을 받았다. 경영진 영입을 기반으로 신규 점포를 공격적으로 늘리는 등 경영 확장이 눈에 띄게 속도를 내고 있다. 2013년 직원 6500여명, 매출 211억 위안(약 3조7000억 원) 수준이다.

2014년 11월 19일 방문한 상탄에 있는 부부가오백화점은 서울의 주요 백화점에 비교해도 손색이 없었다. 국내 의류업체, 화장품 업체도 입점해 큰 호응을 얻고 있었다. 상주인구 70만명 가량(전체 인구 280만)의 중소도시인 데 비해 부부가오백화점 규모나 상품은 높은 수준이었다. 루안슈운 부부가오그룹 상업부분 총경리는 한국에 대해 큰 관심을 나타냈다. 소비자들이 한국 화장품, 식품, 의류, 커피전문점 등을 선호한다고 말했다. 이 회사는 매년 간부들을 한국에 파견해 시장의 흐름을 살피고 있다.

중국 내륙시장의 중심지인 창사에 한국기업은 고작 20여개 정도 진출해 있으며, 한국교민은 유학생을 포함해도 300여명에 불과한 중국 속의 미개척시장이다. 중부지역의 다른 곳도 크게 다르지 않다. 주우한총영사관은 당장의 실적보다 저변을 확대하기 위한 꾸준한 투자를 계속하고 있다. 주우한총영사관은 화중사범대학과 공동으로 화중사범대학에서 화중지역 한국어교육 연찬회를 개최했다. 이 행사에는 총영사관 관할지역인 후베이·후난·허난·장시성 등 4개성 내에 한국어학과를 설치한 15개 대학의 관련 교수 50여명이 참가해 한국어 교육 방안

상탄에 있는 부부가오백화점은 서울의 주요 백화점에 비교해도 손색이 없었다.

에 관해 논의했다.

　세명대는 후난사범대에 세종학당을 개설하고 한국 음식문화축제를 개최해 큰 호응을 얻기도 했다. 김진욱 주우한총영사관 부총영사는 "중국 학생들의 한국어 습득 속도가 너무 빨라 놀랄 때가 많다"라며 "한중관계를 연결해 주는 기초가 될 것"이라고 말했다.

(2) 묻지마식 구매 통하는 중서부

　중국 중서부지역에서 한국 상품에 대한 선호도는 매우 높았다.

　중국 후난성 상탄(湘潭)에서 만난 토종 유통 체인기업 부부가오(步步高)의 핵심 관계자는 기자에게 한국의 화장품, 가전제품, 식품, 의류, 커피전문점 등의 인기가 높다고 말했다. 그는 매년 회사 간부들을 한국에 보내 소비 트렌드를 살핀다며 우수한 한국 기업을 많이 소개해 달라는 주문까지 했다.

장시성, 후난성, 충칭시, 쓰촨성에서 만난 많은 전문가들은 한류 영향으로 일부 지역에서는 한국 상품이라면 묻지도 따지지도 않고 사는 '묻지마식 구매'까지 나타나고 있다고 전했다. 중국 소비자의 마음을 얻는 제품과 마케팅에 주력한다면 이러한 분위기는 향후 3~5년 지속될 것이라고 전망했다.

중국 소비시장을 읽을 때 완전히 다른 생태계에 주목할 필요가 있다. 창사에 사는 한 직장인은 중국의 블랙 프라이데이라고 불리는 광쿤제光棍節에 월급의 3배 가까운 돈을 썼다. 2014년 11월 11일 00시 01분에 자기 딸이 사용할 기저귀 전량을 사버렸다. 가장 저렴하게 구입했고, 가장 빨리 구매한 고객에게 주는 쿠폰까지 선물 받았다. 이런 고객에게는 배송도 훨씬 빠르다. 알리바바의 배송시스템은 미국 항공우주국(NASA)수준이다. 이 직장인은 월급의 3배 가까운 돈을 써 놓고도 지금 매우 행복하다.

중국의 소비시장을 이해하기 위해서는 온라인쇼핑이라는 블랙홀의 생태계를 반드시 살펴야 한다. 박근혜 대통령이 2014년 8월 18일 알리바바 마윈 회장을 만나 한국의 중소기업이 알리바바를 통해 중국온라인쇼핑몰 시장에 진출할 수 있도록 협조를 당부한 것은 시기적절했다. 박 대통령은 무역협회에서 운영 중인 'Kmall24' 등록 상품에 대해서는 알리바바의 'Tmall'에 자동으로 연계해 등록할 수 있도록 해달라고 마윈 회장에게 구체적인 협조를 당부했다. 그 후 알리바바도 매우 적극적으로 나서고 있으며, 무역협회나 코트라 무역관 등에서 이를 구체화하기 위한 다양한 시도를 하고 있다. 하지만 온라인쇼핑 생태계는 이런 '관시'가 잘 통하지 않는다.

코트라 창사 무역관은 광쿤제를 계기로 한국 화장품 대전을 기획했다. 행사를 함께 준비한 타오바오 자회사는 이 행사를 메인 화면에 노출시킬 수 있다고 장담했다. 하지만 확인해 보니 4차례 클릭을 해야 비로소 접속할 수 있었다. 타오바오 자회사라 힘을 좀 쓸 거라 생각했지만 광고비를 많이 내는 다른 회사를 이길 재간이 없었다. 마윈 회장이 박 대통령에게 한 얘기가 있어 한국을 특별히 배려한다 해도 지속 가능하지 않다. 온라인쇼핑이 중국 소비시장의 대세가 되고 있지만 오프라인보다 더 뚫기가 어려워 보인다. 그렇다고 정부만 쳐다볼 수도 없다. 중국에 진출한 일부 업체에서 SNS를 이용해 매출을 3배 이상 올리는 경우도 나오고 있다. 거대한 항공모함에 올라타기 위한 노력과 함께 SNS라는 구축함을 이용해 치고 빠지는 마케팅을 병행해 성과를 거두는 사례는 작지만 소중해 보인다.

2. 장시성 난창

중국 혁명의 성지인 장시성江西省은 낙후된 도시이다.

장시성은 명청시대까지만 해도 '장시 상인'들이 위세를 떨쳤다. 간장赣江(감강)이 장시성을 관통하고 있어서 장시 상인을 간상赣常이라고도 한다. 북송과 남송시기를 지나면서 장시지역은 중국 경제의 선두를 차지하기 시작했고 차, 도자기 징더전景德鎭, 종이 등을 생산했다. 인구가 늘었지만 대토지 소유자인 지주들이 토지를 겸병해 농민들이 땅을 잃고 떠나야 했다. 이러한 현상은 원나라 말기와 명나라 초기에 시작되어 청나라 시기까지 계속됐다. 이 기간 동안 약 2000만명이 고향을 등지고 외지로 나갔는데 이들은 후난, 후베이, 윈난, 구이저우, 쓰촨 지역으로 퍼져 나갔다. 그 후예들은 나중에 1억명에 육박했다. 이들이 대부분 상공업에 종사해 장시

상인이라는 이름을 얻게 되었다. 장시 상 인은 고향의 도자기, 차, 종이 등을 행상 (보부상)을 통해 다른 지역에 팔았다. 장시 상인은 명나라와 청나라시기에 이르러 산 시 상인과 안휘 상인에 버금갈 정도로 세 를 형성했다. 하지만 아편전쟁과 태평천

이근화 올리브한국요리 대표   박광보 전주비전대학교 교수

국 난의 소용돌이와 외국 자본의 진출 속에서 몰락하고 말았다.

장시성의 성도인 난창南昌은 우한과 창사와 더불어 중원의 중심부 트라이앵글 을 이루는 핵심도시다. 난창은 인구 500만의 소규모 도시로 GDP 규모는 인접지 역의 우한이나 창사의 50% 수준에 불과하다. 난창에 거주하는 한국인도 30여명 밖에 되지 않는다. 15년 전 난창에 진출해 '1호 한국인 투자가'로 불리는 이근화 대표(한국식당 운영)는 "난창이 연해지역에서 벗어나 있고, 공산당 혁명의 성지 라는 점이 작용했다"고 설명했다. 혁명의 성지이다 보니 외자에 의존하기보다 중앙정부의 지원에 의존하는 경향이 강하다는 것이다. 이 대표는 1997년 50만 달러가량을 투자해 대형 레미콘 공장을 운영하는 등 다양한 사업을 하면서 난창 의 변화를 지켜봤다.

난창은 인민해방군과 신 중국을 태동시켰다는 자부심이 강하게 느껴지는 도 시다. 차창 밖으로 8 · 1八一을 붙인 팔일 기념관, 팔일 기념탑, 팔일 광장, 팔일 공 원, 팔일 대교 등을 목격할 수 있다. 1927년 8월 1일 중국 공산당이 난창에서 주 도한 봉기 이후 마오쩌둥은 봉기에 참가한 군대를 흡수해 징강산井岡山에 혁명 근 거지를 강화하고 노농혁명군 제1군을 창설했다. 중국은 8월 1일을 건군기념일로 정하고 군기軍旗와 표징標徵에 8 · 1을 명시하고 있다. 장시성 서남부에 있는 징강 산은 중국 공산당 혁명 근거지, 중국 인민해방군의 전신인 홍군의 탄생지, 대장

정의 출발지로 지금도 전국애국주의교육기지로 활용되고 있다. 난창은 덩샤오핑이 문화혁명기에 주자파走資派로 몰려 유배생활을 하던 곳이기도 하다. 이처럼 난창은 혁명과 전통의 도시로 중국에서 '갑甲'의 위치에 있다.

장시성과 난창의 산업 분포도 독특하다. 난창은 농업비중이 높고 태양광·항공산업 등 특수 산업이 발전해 있다. 난창은 GDP에서 농업 비중이 10%에 달한다. 중국 최초 항공기 제조 기업과 아시아 최대 규모의 태양광 기업이 있다. 연해지역처럼 노동집약적이거나 환경오염을 유발하는 산업은 아예 유치하지 않았다. 장시성도 구리 등 유색금속산업, 항공산업, 태양광산업, 바이오산업, 신소재산업, 도자기산업 등이 발달해 있다.

이근화 대표는 "장시성과 난창시 전체 평균 소득 수준을 보지 말고 한국 상품을 구매할 수 있는 고소득층을 주목해야 한다"고 말했다. 2013년 장시성 1인당 GDP는 5143달러, 난창시는 4225달러로 중국 평균 수준(7000달러)에 훨씬 못 미쳤다. 난창시내에 거주하는 인구는 200만명 가량 된다. 이들을 상대로 한 마케팅이 먹혀들고 있다. 이 대표는 "2~3년 전부터 포르쉐, 벤츠, BMW 등 고급 승용차가 급격히 늘기 시작했다"고 말했다. 중국 정부의 '중부굴기' 정책 실시 후 연평균 10% 이상 성장을 구가하고 있다. 2004년 이후 GDP, 1인당 GDP, 주민 가처분 소득 등의 증가에 속도가 붙기 시작하고 있다. 고정자산 투자의 경우 2008년부터 2010년까지 3년 연속 30%가 넘는 성장률을 보였다. 주변 발전 지역으로부터 산업이전 효과도 기대된다. 난창시는 저장성, 푸젠성, 광둥성과 인접해 있어 향후 산업이전 등 경제 교류에 유리한 지리적 이점을 가지고 있다.

지난 2002년부터 12년째 난창에서 한국어를 강의하고 있는 박광보 교수(전주비전대학교)는 "장시성과 한국이 역사적으로 밀접한 관련이 있는 곳"이라고 한다. 조선시대 성리학자들이 교주처럼 떠받들었던 주자의 고향이 장시성 무원현이다. 한국 불교의 주류를 이루는 조계종의 뿌리인 우민사가 난창에 있다. 박 교수는 "난창사람들은 아직도 한국을 너무 좋아하고, 한국인이라면 다시 쳐다볼 정도로 희소가치가 있다"며 "특별한 지역, 특별한 소비층을 노리는 역발상이 필요하다"고 강조했다.

장시성 난창은 2015년 3월 국무원이 발표한 '창장중류 도시군 발전계획'에 포함돼 있다. 우한-창주탄 도시군과 함께 포양호를 둘러싼 도시군(환포양호环鄱阳湖 도시군)의 중심이다. 포양호는 장시성 북부에 있는 최대 담수호다. 우한, 창사에 비해 낙후된 난창이 최대 수혜자가 될 가능성이 있다.

3. 충칭 · 쓰촨성 청두

(1) 신 실크로드와 창장경제벨트의 중심

중국 중서부지역 중 한국 기업 진출이 가장 두드러진 곳이 충칭시이다.

한국타이어가 공장을 짓고 트럭버스용 타이어(TBR)를 생산 중이며, SK하이닉스가 2014년 9월부터 메모리 반도체 공장 가동을 시작했고, 포스코는 파이넥스 일관제철소 건설을 추진 중이다. 현대자동차 제5공장까지 가세할 경우 충칭은 한국 기업의 중서부 진출 거점이 될 것이다. 포스코, LG상사, 한화, 두산, CJ 등 15개가 넘는 우리나라 주요 기업들이 이미 진출해 있다. 최근 소비시장을 겨냥한 국내 프랜차이즈 레스토랑도 속속 자리를 잡고 있다.

충칭시의 2014년 상반기 최대 수입국은 한국으로 수입량이 전년 대비 613%나 증가했다. 이처럼 우리나라와 충칭의 무역 규모도 날로 커지고 있다. 충칭시에 따르면 2013년 GDP 성장률은 12.3%로 중국 내 전체 도시 중 가장 높았고, 고정자산투자액도 2013년 1조1205억 위안으로 전년 대비 19.5%나 증가했다.

충칭시는 국가급 개발구인 양장신구兩江新區 지역에 다양한 혜택을 제공하며 기업 유치에 열을 올리고 있다. 양장신구는 현재 한국타이어가 공장을 운영하고 있으며, 현대자동차도 부지를 확보해 놓은 상태다. 양장신구에 위치한 한국타이어 충칭공장에서 만난 김진혁 부총경리는 "2015년 2월 중순부터 승용차용 타이어를 하루 1만6000개씩 생산하게 된다"고 말했다. 지난 2012년 8월부터 트럭버스용 타이어를 생산해온 한국타이어는 최근 경기 침체로 어려움을 겪고 있다. 트럭버스용 타이어는 경기에 민감하게 반응하지만 승용차용 타이어는 지속적으로 성장할 것으로 전망된다. 충칭시 관계자에 따르면 연간 차량 증가율은 두 자릿수이다. 2014년 충칭의 자동차 생산량이 상하이를 추월할 것이라는 전망도 나왔다.

한국타이어는 충칭시 최대 자동차 생산기업인 창안그룹의 창안타운 주변에 입주해 있다. 총투자액 10억 달러의 대규모 프로젝트이며 현재까지 6억 달러 가량 투자가 이루어졌다. 김 부총경리는 "지방 정부가 투자유치 당시 약속했던 부분을 이행하려 노력하고 있다"고 말했다. 한국타이어처럼 시장이 존재하는 곳에 제조업이 가는 것은 문제가 없어 보인다. 다만 환경에 대한 기준이 강화되고 단속이 엄격해지는 것은 부담으로 작용하고 있다.

충칭의 주력산업은 자동차, IT, 기계, 정밀화공, 금융, 석유화학 등이다. 자동차는 충칭 경제를 뒷받침하는 대표 산업이다. 상하이에 이은 두번째 중국 자동차 생산기지로 창안자동차를 선두로 상하이·둥펑자동차 등 대형자동차 8개사가 있다. 2013년 충칭시 자동차 생산량은 221만대로 전년 대비 14.76% 늘었다. 2015년에는 240만대를 돌파할 것으로 전망된다.

중국 충칭시 교민사회는 현대자동차에 목을 매고 있었다. 완성차 공장의 특성상 그와 관련된 협력업체들도 대거 유입되기 때문에 지역경기 활성화에 중요한

안성국 청두총영사　　박 철 코트라 충칭무역관장　　장병송 코트라 청두무역관장　　이진영 아시아나항공 충칭 지점장

영향을 미친다. 충칭 현지 관계자는 "연내 착공에 기대를 걸고 들어온 부품업체들도 많은데, 예상보다 지연돼 걱정이 태산 같다"고 말했다. 현대차가 진출하면 부품업체 수백여개가 들어오고 관련 인력이 1000여명이 넘을 것으로 전망되면서 현지 주민과 기업은 물론 교민 사회도 기대에 부풀어 있었다.

현대차는 후진타오 집권 후반기부터 중국 서부지역 공략을 위해 충칭시에 연산 30만대 규모의 제4공장 건설을 추진해왔다. 시진핑이 집권하면서 상황이 변했다. 중앙 정부는 베이징시와 인근 톈진, 허베이성을 하나의 권역으로 묶는 수도권 일체화 계획인 징진지 프로젝트에 따라 충칭시가 아닌 허베이성 창저우에 새 공장을 짓기를 원했다. 중국 정부의 의지를 확인한 현대차는 충칭시와 창저우에 공장을 각각 분산하기로 절충안을 제시했다. 중국 정부의 이해관계를 수용하면서 동시에 충칭시 공장을 밀어붙이기 위해 내놓은 묘책이었다. 창저우 공장은 2015년 4월에 착공해 2016년 11~12월, 제5공장인 충칭 공장은 3분기 중 착공해 2017년 4~5월에 완공돼 본격 생산에 들어갈 수 있을 것으로 보인다.

박 철 코트라 충칭무역관장은 자동차산업에 대해 안목을 갖추고 있다. 세계 자동차 산업의 메카였던 디트로이트에서 근무한 경력이 있는 박 관장은 국내 자동차 부품 업체들의 중국진출에 많은 공을 들이고 있다. 박 관장은 "중국의 완성차 업체들이 왜 한국 부품을 구입해야 하는지 명분을 줘야 한다"고 말했다. 또한 단

김진혁 한국타이어 부총경리

휴롬 쓰촨성 정태화 대표

기간의 성과보다는 긴 안목을 갖고 꾸준히 거래 관계를 유지하다 보면 기회를 잡게 된다고 말했다. 박 관장은 미국 등 선진국의 경험에 비추어 볼 때 3~4선 도시까지 자동차가 보급되려면 성장세는 상당기간 계속될 것이라고 전망했다.

우리나라 제품이 중국 내수시장을 공략하기 위해서는 차별화된 경쟁력이 필요하다고 강조했다. 그는 휴롬의 원액기나 쿠쿠전자의 전기밥솥 등을 예로 들면서 "중국에는 없거나, 차원이 다른 제품이 먹힌다"고 말했다. 박 관장은 현지 유통채널을 가진 업체와의 동반 진출 필요성에 대해서도 언급했다. 그는 "아무리 좋은 제품을 만들고 이미지가 좋아도 중국에서는 유통채널을 확보하지 못하면 판매로 이어지지 않는다"고 말했다. 이 때문에 기술력을 가진 제품은 중국의 유통 채널을 갖고 있는 토종 업체와 함께 시장을 공략할 필요가 있다고 강조했다.

충칭의 성장 가능성과 우리나라 기업의 진출 여건도 중국의 다른 어느 지역보다 긍정적이라고 평가했다. 지난 2011년 취재 당시에 비해 충칭시 최고 번화가인 제팡베이解放碑 광장의 루이비통, 구찌, 오메가 등 명품점은 더욱 화려하게 변했다.

IT 산업도 무서운 기세로 발전하고 있다. 충칭에는 휴렛팩커드, 에이서, 시스코, 팍스콘 등이 입주해있다. 현재 충칭시에서 생산된 노트북 4200만대 중 90% 이상이 유럽으로 수출되며, 전체 IT제품의 40%가 유럽으로 수출될 정도로 다국적 기업은 유럽시장을 겨냥하고 있다. 충칭은 지난 2011~2015년 5년간 IT산업에 총 3000억 위안을 투자해 매출액 1조 위안을 달성한 뒤 중국 전체 IT산업에서 차지하는 비중을 현재 1.5%에서 10%까지 높인다는 계획이다.

충칭은 보시라이 사건으로 유명세를 탄 곳이다. 보시라이는 충칭시 당서기로 집권한 2007년부터 경제발전뿐만 아니라 도농 지역 격차 해소를 강조하며 호구 제도 및 사회복지 개혁, 공동 임대주택 건설 등 이른바 충칭모델을 실험했다. 보시라이는 사회복지 · 주거 · 의료 등 분야에서 주민 삶의 질을 개선시키면서도 충칭을 성장률이 10%가 넘는 도시로 탈바꿈시켰다. 많은 인사들은 "충칭시를 근본적으로 리모델링해 발전의 토대를 만들었다"고 평가했다. 다른 인사는 "충칭시 공무원들도 그가 능력 있는 사람이라는 데는 이견이 없다"고 전했다.

이진영 아시아나항공 충칭 지점장은 "4년 동안 사고 한번 당해 본 적이 없을 정도로 치안이 좋아졌고 환경오염도 크게 개선됐다"고 말했다. 예전에는 공해로 인한 스모그 때문에 아침마다 비행기 이착륙을 걱정했다. 이 지점장은 "충칭은 여름 날씨가 무덥고 습해서 맵고 짠 음식을 즐겨 먹는다"며 "한국 음식에 대한 소비가 한꺼번에 올라갈 것 같지 않고 그래서 시간이 필요하다"고 전망했다. 그래서 한국 여행이 중요하다. 한국을 방문한 사람들은 한국 음식, 문화를 다시 찾게 되기 때문이다.

장병송 코트라 청두무역관장은 "청두가 소비도시로서 세련미는 좀 떨어지지만 상하이와 아주 유사한 곳"이라고 말했다. 상하이에서 10여 년 동안 근무한 장관장은 청두가 제2의 상하이가 돼 가고 있다고 강조했다. 세계적인 소비재 기업 유니레버가 2014년 초 발표한 중국 도시 평가보고서를 보면 중국의 1선 도시로 베이징, 상하이, 광저우, 그리고 청두를 꼽았다. 기존의 1선 도시 중 선전을 빼고 청두를 넣은 것은 인구 1400만명, GDP 9100억 위안인 청두의 막강한 소비력에 주목했기 때문이다. 많은 사람들이 "5000위안을 벌면 1만 위안을 쓰는 곳이 청두"라고 말한다. 청두 시내 곳곳에는 명품 매장이 즐비하게 늘어서 있고, 전 세계

패스트 패션Fast fashion 브랜드 매장 개수로 따지면 베이징, 상하이에 이어 3위를 차지했으며 선전을 앞질렀다. 청두의 지역 GDP 성장률은 2008년 12.1%에서 2009년 14.7%, 2010년 15%로 급등했다. 청두시는 2014년 지역 GDP가 1조 위안을 돌파할 것으로 예상하고 있다. 청두 주민들의 소득 증가율도 2010년 10.1%에서 2011년 13%, 2012년 14.9%로 해마다 높아지면서 소비 폭발로 이어졌다. 장 관장은 "한국 상품 판촉전에 참가한 중국 소비자들이 한국 중소기업 식품류, 화장품을 상상 외로 좋아한다"고 말했다.

휴롬 쓰촨성 판매를 담당하고 있는 정태화 대표에게서도 비슷한 이야기를 들을 수 있었다. 청두국제금융센터에 자리 잡은 휴롬팜(휴롬체험관)에서 만난 정 대표는 "한잔에 7000~8000원대 주스가 가장 많이 나간다"고 말했다. 별그대 열풍이 한창 불 때는 1만 원대 주스가 불티나게 팔렸다. 휴롬 원액기는 2000~5880위안(약 40만~100만 원대)에 팔린다. 중국에서 휴롬 원액기의 성공 비결은 제품의 경쟁력, 고가전략, 홈쇼핑을 통한 홍보전략 등에 있다. 정 대표는 "홈쇼핑을 통해 휴롬 원액기의 원리를 상세히 설명하고 신기술이 널리 알려지게 되고 고급 백화점을 꾸준히 공략하면서 판매가 크게 늘었다"고 말했다. 중국 기업은 물론이고 세계시장에서 믹서기를 선도하던 필립스까지 휴롬 원액기 유사품을 생산, 판매하고 있다.

청두에서 소비가 폭발한 것은 중국의 서부대개발 사업과 관련이 있다. 특히 2008년 쓰촨 대지진 이후 지진 복구 자금이 대거 쓰촨성에 투입되며 성도인 청두는 커다란 혜택을 입었다. 당시 투자된 자금은 청두 인프라 시설 확충에 투입됐다. 청두 소비의 출발점에 인위적인 요소가 개입돼 있음을 시사한 것이다. 만약 자금이 지속적으로 투입되지 않는다면 '약발'이 다 할 수도 있다. 청두를 중심으로 반경 500㎞ 안에 2억명이 거주하며, 1000㎞ 안에 3억8000만명이나 되는 인구가 존재하지만, 시장 규모는 대만 정도이다.

베이징, 대만, 홍콩 등에 10여년 동안 근무한 안성국 청두총영사는 우리 기업이 변화된 환경에 제대로 대응할 수 있는 다양한 계기를 마련해주고 있다. 시진핑이 주도하는 전방위적인 '반부패 정책' 때문에 공무원들이 위축되면서 '관시'가 무력화되고 있다. 안 총영사는 최근 우리 기업과 지방정부의 라운드 테이블을 만들어 소통의 장을 마련하기도 했다.

중국 정부는 충칭과 청두를 '5대 국가전략 도시권'에 포함시켰다. 두 도시를 거점으로 삼아 신 실크로드 경제벨트와 창장경제벨트를 연계하려는 의도이다.

(2) 청두의 한국형 성형외과

한국형 성형외과를 표방하고 있는 예스타Yestar 국제의료병원 청두지점. 병원 1층에 들어서자 김광석의 '사랑했지만'이라는 노래가 들려왔다. 안내데스크에서는 상냥한 목소리로 "안녕하세요, 니하오"라는 인사를 건넨다. 피부과 안내데스크에는 '아이돌' 수준의 외모를 가진 한국 남성이 고객을 안내하고 있다.

2014년 9월 14일 개원한 이 병원은 최신 성형 기술과 고급 인테리어로 중국 VIP를 위한 마케팅을 시도하고 있다. 1~7층까지 건물 전체를 병원으로 사용한다. 고급 인테리어로 한국 병원 분위기를 그대로 연출했다. 6층 입원실은 호텔 수준이다. "이 정도면 한국으로 갈 필요를 못 느끼겠다"는 생각이 절로 들었다.

상하이에서 예치과로 시작한 예스타는 SK글로벌을 거쳐 중국 자본으로 넘어갔다. 회장은 30대 중반이며 상하이에 본점을 두고 베이징과 청두 등 10개 지점을 운영하고 있다. 예스타의 저력은 자본력에서 나온다. 청두지점은 개원을 위해

300억 원 정도를 투자했다. 매달 5억 원 가량을 쏟아 부어 버스, TV에 광고를 2년 동안 계속할 계획이다. 광고비를 포함하면 400억 원이 넘는 자본이 투입된다. 중국에서는 단순한 의료기술만으로 성공할 수 없다. 광고를 통해 병원은 물론 의료진의 지명도도 높여주지

예스타 국제의료병원(청두)은 1~7층까지 건물 전체를 병원으로 사용하고 있다. 고급 인테리어로 한국 병원 분위기를 그대로 연출했다.

않으면 통하지 않는다. 마케팅 인력도 30여 명 가량 투입할 계획이다. 광고와 함께 중국 성형외과에서 상담사의 역할은 매우 중요하다.

대신 고가정책을 운용한다. 이건호 한국 측 원장은 "한국인 원장이 수술을 할 경우 중국인 원장의 3배가량 더 받는다"고 말했다. 그래도 고객을 유치하는 데 문제가 없다. 한국을 방문해 성형외과를 이용할 경우 50% 이상을 중개인이 챙기기 때문에 그보다는 비용을 낮게 정할 수 있다고 설명했다. 이 원장은 "베이징, 상하이 등 한국과 가까운 곳 이외의 지역은 충분히 승산이 있다"고 강조했다.

둘째는 한국형 서비스를 접목시켰다. 서비스를 전담하는 한국인 담당자를 두고 간호사와 안내원을 상대로 매일 반복해서 서비스 교육을 하고 있다. 이 병원이 각별히 관심을 쏟는 부분이다.

셋째는 우수한 한국 의료진이다. 아산병원 출신 이건호 원장과 피부과 전문의 민경식 원장 등이 직접 진료에 나서고 있다. 민경식 원장은 "경제와 마찬가지로 의료도 국경이나 시간과 공간의 의미가 없어지고 있다"며 "한국의 선진적인 병원 시스템을 중국에 접목해주는 것이 목적"이라고 말했다.

민 원장은 중국 진출을 고려하는 의료업계에 세 가지 조언을 했다. 첫째는 개

인적인 차원에서 진출할 경우 실패할 가능성이 높다. 중국의 거대한 자본력을 감당할 수가 없기 때문이다. 둘째는 시장이 크고 가능성은 열려 있다. 시장이 다르듯 다양한 인종적 특성이 있어 피부색, 반응 정도가 다른 특징이 있다는 점도 수술할 때 고려해야 한다. 셋째는 선점이 필요한 시장이다. 미리 진출해 기회를 만드는 사람과 그렇지 않은 경우의 차이는 시간이 지나면서 더 커질 수밖에 없다. 민 원장은 "한국인 원장이 주도하는 시스템이 경쟁력이 높다는 것을 증명해 후발 주자들에게 좋은 선례가 되고 싶다"고 말했다.

2015년 상반기 중국 언론은 한국 원정성형 문제점을 집중 조명했다. 부작용 실태를 폭로하고 무자격자의 시술과 바가지요금이 횡행하고 있다고 고발했다. 중국 내부에 성형 산업을 육성하기 위한 의도가 엿보인다. 성형 한류라 할 만큼 한국 성형외과의 실력은 국제적으로 인정받고 있다. 하지만 브로커가 주도하는 시장 구조를 해결하지 않고 성형 강국의 이미지를 지켜내기는 어려워 보인다.

4. 윈난성 쿤밍

11월 22일 항공편으로 청두에서 윈난云南성 성도인 쿤밍昆明으로 이동했다.

쿤밍은 해발고도 2000m에 위치해 일 년 내내 봄 같은 기후四季如春가 나타난다. 계절에 상관없이 늘 꽃을 볼 수 있어 도시 전체가 화원 같다. 그래서 '영원한 봄의 도시', '꽃의 도시'로 불린다. 쿤밍

의 온화함을 머금은 꽃향기를 찾아 관광객 발길이 이어지고 있다.

중국은 일대일로 경제벨트의 핵심지역 중 윈난성을 아시아·동아시아로 향하는 '중심'이라고 규정하고 있다. 광시좡족자치구 난닝은 일대일로를 연결하는 중요 '관문'이라고 규정하고 있다.

'중심'과 '관문'은 어떻게 다른가? 지난 20여 년 동안 중국의 동남아 접근 전략은 변화를 거듭해왔다. 1990년대 후반 이후에는 국경을 중심으로 동남아 접근

쿤밍은 해발고도 2000m에 위치해 일 년 내내 봄 같은 기후가 나타난다.

정책을 썼다. 베트남, 라오스, 미얀마에 국경을 개방하고 국경을 넘는 교통망 건설을 지원해주는 한편, 국경무역 및 주민 왕래를 장려해 성과를 거두었다. 이 때 난닝은 관문 역할을 했다. 난닝은 중국에서 베트남으로 가는 육로와 해상로의 요충지다. 2004년부터 차이나-아세안엑스포가 매년 개최되고 있다. 차이나-아세안엑스포는 보아오포럼, 톈진 다보스포럼과 함께 중국 3대 박람회로 꼽힌다.

2008년에는 통킹만을 본격 개발하면서 해양 아세안 국가인 베트남, 인도네시아, 필리핀, 말레이시아, 브루나이, 싱가포르 등에 접근 전략을 추진하기 시작했다. 외연을 확대해 아세안에 대한 해양 접근 전략을 시도한 것이다. 하지만 베트남과 남중국해 문제로 갈등을 겪으면서 아세안 전략은 난관에 봉착했다. 중국은 남중국해를 자국의 핵심이해 지역이라고 주장하면서 베트남과 분쟁수역에 석유시추선을 설치하는 등 강경하게 대응하고 있다.

이후 중국은 난닝보다 윈난성 쿤밍에 더 큰 비중을 두고 있다. 윈난성을 교두보로 삼아 동아시아 전략을 추진하고 있다. 윈난성은 베트남, 라오스와 태국, 미얀마와 국경을 마주하고 있다. 윈난성을 통해 이 국가들과 경제협력을 확대할 수 있다. 또한 쓰촨성 청두, 충칭, 구이저우성 등 중국의 내륙지방에서 동남아로 진출하려면 윈난성을 경유해야 한다. 일종의 중심축(허브)이다. 중국의 최대 무역 파트너는 규모 면에서 미얀마, 라오스(태국), 베트남 순이며 라오스(태국)와 교역이 빠르게 늘고 있다. 윈난성은 당초 라오스에 대한 관심은 높지 않았다. 인구도 많지 않고 경제수준도 높지 않기 때문이다. 하지만 라오스를 경유한 윈난-태국 간 경제교류가 크게 늘어나고 있다.

윈난성은 중국 내륙 지역의 해외 진출 수송 요충지로서 발전 잠재력이 크다. 이선진 서강대학교 동아연구소 교수의 분석에 따르면 쓰촨성에서 물자를 동남아, 서남아, 중동으로 보낼 경우 중국 연안으로 수송해 말라카 해협을 통과하는 것보다 쿤밍-인도양 루트를 사용할 경우 수송 거리를 3000~4000km나 단축할 수 있다.

윈난성은 광산자원, 수력발전, 바이오, 관광 등 자연 자원이 풍부하지만 산업화 역량이 부족하다. 천연고무와 커피 생산량이 전국 1위이지만 자체 가공기업이 없다. 윈난성은 지리적 특성을 이용한 고원농업 명품화에 주력하고 있는데 커피, 고무, 찻잎, 사탕수수, 한약재 등이다. 휴가형 관광산업도 특화하고 있다. 관광산업과 의료 산업을 융합시키려는 시도가 이루어지고 있다. 중약, 바이오 의약 상품 개발 등과 함께 휴양병원 산업도 적극 육성하고 있다.

11월 22일 오후 쿤밍의 윈난쿤화의원云南昆华医院투자관리유한공사를 방문했다. 윈난성은 2010년 4월 윈난성, 윈난성제1인민병원, 쿤밍철강유한공사 등을 통해 23억 위안(약 4000억 원)을 출자해 투자회사를 만든 후 병원을 건설하고 있다. 새로 건립되는 윈난쿤화의원은 3300병상 규모로 종합병원과 노인요양병원 기

새로 건립되는 윈난쿤화의원

능을 담당한다. 이번 프로젝트를 총
괄하는 펑빈치彭斌启 총경리는 필자의
베이징대 MBA동창이다. 병원 컨설
팅을 하는 동창과 양로사업을 하는
두 동창도 함께 방문했다. 이날 윈난
쿤화의원투자관리유한공사 사무실

펑빈치 총경리 등 동창들과 함께

에는 합작을 위해 방문한 대만 의료업계 관계자들로 붐볐다. 펑 총경리는 "윈난
성의 기후 조건과 아시아 · 동아시아로 향하는 중심이라는 지리적 이점을 활용
해 양로분야에 집중할 계획"이라고 밝혔다.

베이징시
허베이성
산둥성
허난성
안후이성
장시성
광시 좡족자치구
광둥성
홍콩
서울

8. 홍콩

홍콩 취재경로

1) 서울 ➜ 베이징(비행기)   2) 베이징 ➜ 홍콩(비행기)

1. 홍콩

(1) 일국양제 시험대 홍콩

2015년 1월 20일 홍콩의 날씨는 맑고 공기는 상쾌했다. 홍콩섬 최고도에 위치한 빅토리아 피크에서 쾌청한 하늘과 홍콩의 스카이라인을 한눈에 볼 수 있었다. 홍콩섬과 구룡반도 사이를 유람선이 유유히 떠다니고 있었다.

79일간 이어진 도심 점거 시위나 상징물인 노란 우산은 일부 지역에서만

볼 수 있었다. 홍콩인들 마음에는 초고층 빌딩만큼이나 높은 불안감과 위기감의 그림자가 드리워져 있다.

조용천 전 주홍콩총영사   최태식 코트라 홍콩무역관장   선은균 홍콩한인상공회장   김용태 효성국제유한공사 총경리

"시위는 홍콩의 단면을 정확히 보여 주었습니다. 홍콩인들 삶의 수준이 중국보다 훨씬 높아요. 하지만 중국의 통치를 강조하는 '일국—國(한 국가)'이 자치권 보장을 의미하는 '양제兩制(두 체제)'를 압도하는 것으로 받아들여지면서 불안과 위기감이 표출됐습니다." 코트라 홍콩무역관 이주상 과장의 설명이다.

시위대는 2017년 홍콩 행정장관 선거 입후보자의 자격을 제한한 중국 전국인민대표대회(전인대)의 선거안 철회를 요구했지만 기저에는 반중정서가 깔려 있다. 시위 당시 일부 학생들은 중국인을 '메뚜기떼'에 비유하며 혐오 감정을 드러냈다. 중국과의 장사로 돈을 번 거부들도 있지만 홍콩시민들은 몰려오는 중국인들로 주택난과 치솟는 물가에 시달려야만 했다. 게다가 중국인들의 원정출산, 조기유학 등으로 홍콩 서민들이 밀려났고 중국인들의 낮은 공중질서 의식은 혐오 감정을 더욱 부채질했다.

홍콩의 위상 하락은 서민, 지식인, 부유층 모두에게 위기의식을 주고 있다. 홍콩은 중체서용中體西用의 유일한 창구였으며, 개혁개방 이후에는 전점후창前店後廠(홍콩은 판매, 중국은 제조)의 역할분담이 뚜렷해졌다. 중국이 급부상하면서 홍콩은 과거에 비해 왜소해지고 있다. 지난 2013년 홍콩의 GDP는 2742억 달러로 중국의 9조1814억 달러의 3%에도 못 미친다.

홍콩이 중국 관광객 없이는 못사는 구조가 됐다는 점도 취약점이다. 크레디트 스위스는 "홍콩에게 가장 좋은 시절은 지났을지도 모른다"고 주장한다. 더 이상 중국 본토에서 관광객들이 떼 지어 들어오지 않기 때문이다. 크레디트 스위스는 2015년 홍콩 GDP 성장률 전망을 2.4%에서 1.6%로 낮췄으며 2016년 전망은 3.3%에서 2.2%로 하향 조정했다. 제조업은 홍콩 GDP의 1.6%만을 차지한다. 이와 대조적으로 홍콩의 최대 경쟁자 싱가포르는 GDP의 20% 정도를 제조업이 차지하고 있다. 본토 관광객들이 홍콩을 방문하지 않는다면 홍콩은 '텅 빈 경제'가 된다. 크레디트 스위스는 홍콩의 10년 평균 성장률 3.5%에서 약 0.7%포인트는 본토 관광객들이 기여한 것이라고 추산했다.*

중국은 12차5개년 경제계획(2011~2015년)에 홍콩을 중국 경제의 한 권역인 주장珠江삼각주 경제권으로 편입해 인접한 선전 광저우와 통합 발전을 도모하고 있다. 홍콩과 주하이 지역을 연결하는 중심거리에 29.6㎞에 달하는 '강주아오대교'가 2016년 완공되면 홍콩·마카오와 광둥성간 경제 통합은 더욱 가속화될 것으로 보인다. 중국 정부는 또한 2015년 3월 상하이자유무역구의 범위를 대폭 확대하고 톈진시, 푸젠성, 광둥성에 자유무역구를 새롭게 출범시키기로 했다. 시간이 지나면서 홍콩의 경쟁자로 부상할 가능성이 높다.

중국 수뇌부도 홍콩에 대해 곱지 않은 시선을 보이고 있다. 2014년 12월 시진핑은 집권 이후 처음 마카오와 주둔 부대를 찾아 일국양제를 강조하며 홍콩에 경

---

* 월스트리트저널 자매지인 금융주간지인 〈밸런스〉가 2015년 3월 보도한 내용

홍콩섬 최고도에 위치한 빅토리아 피크에서 쾌청한 하늘과 홍콩의 스카이라인을 한눈에 볼 수 있었다.

고장을 보냈다. 공산당 기관지 〈인민일보〉 해외판은 "홍콩이 중국공산당에 대한 편견이라는 마귀를 쫓아내지 못한다면 더 발전하기 어려울 것"이라며 불편한 심기를 전했다. 영국의 지배는 되고 중국은 안된다는 것을 이해할 수 없다는 것이다.

홍콩 최고 부호 리카싱李嘉誠 청쿵長江그룹 회장이 지주 회사 이전을 선언한 것은 예사롭지 않게 받아들여지고 있다. 2015년 1월 9일 리 회장은 지주회사를 홍콩에서 영국령 케이맨 제도로 이전하겠다고 발표했다. 돈의 흐름에 민감한 리카싱의 행보는 중국 경제와 홍콩의 풍향계가 될 수 있다.

이러한 위기론에도 불구하고 홍콩은 여전히 경쟁력이 있는 매력적인 도시이다. 2013년 1인당 GDP는 3만7955달러로 한국의 2만5975달러보다 많다. 홍콩의 실업률은 지난 2013년 3.4%대로 사실상 완전고용을 실현하고 있다. 무역은 세계무역기구 회원국 중 8번째 무역대국(한국 9위)이다. 2013년 홍콩에 유입된 직접투자는 770달러로 세계 4위를 기록하고 있다. 홍콩의 해외 직접투자 규모 또한 세계 5위이다.

김용태 효성국제(홍콩)유한공사 총경리는 "홍콩이 기존 중국의 유일한 창구로서의 위상이 변화하고, 중국 도시가 홍콩의 장점을 따라한다 해도 서비스산업에 대한 격차는 여전하다"고 말했다. 김 총경리는 2007년부터 8년째 홍콩에 근무 중인 지역전문가이다. 그는 "몇 년 전 세계적인 유통 · 섬유 업체가 상하이로 이전했지만 다시 돌아온 사례가 있다"고 전했다.

홍콩은 이미 서비스산업 주도의 경제로 변신했다. 홍콩의 서비스산업은 1980년대 이후 지속적으로 확대돼 전체 GDP에서 차지하는 비중이 1980년 67.5%에서 2012년 93%로 크게 상승했다. 반면 제조업의 GDP 비중은 같은 기간 23.7%에서 1.5%로 하락해 현재 홍콩 경제에서 역할은 미미하다. 1980년부터 2012년까지 고용이 170만명 가량 증가했는데, 이 기간 동안 서비스산업에서 235만명이 증가했고 제조업에서 73만명이 감소해 양질의 일자리를 창출하고 부가가치가 높은 효율적 서비스산업이라는 것을 시사해주고 있다. 박대규 주홍콩총영사관 상무관은 "홍콩은 지금까지 세 번의 경제구조 전환을 경험했다"고 설명했다. 1950년대와 1970년대에는 중개무역에서 수출 주도 공업화로 전환했고, 1970년대말~1990년대에는 서비스 중심 경제로 전환했으며, 2000년대 이후 고부가가치형 서비스경제로의 전환을 추진 중이다.

조용천 전 주홍콩총영사는 "한국은 홍콩을 통해 중국이나 해외시장으로 진출할 수 있는 기회를 더 많이 활용할 필요가 있다"고 강조했다. 홍콩에는 100대 은행 중 73개가 진출해 있고, 외국계 기업이 7585개나 된다. 이중 일본은 1389개, 미국 1338개, 중국 901개이지만 한국은 고작 141개에 불과하다. 대만(448개)보다 작은 규모이다. 2015년 1월 20일 홍콩섬 컨벤션센터에서 개최된 아시아파이

낸셜포럼 행사에는 영어, 중국어, 광둥어, 일본어까지 통역지원이 됐지만 한국어는 없었다.

조 전 총영사는 "유통업체가 중국 쇼핑객들에게 제품을 소개할 수 있는 전시장으로 홍콩을 활용해야 한다"고 말했다. 홍콩을 방문하는 중국인 관광객은 연간 4100만명이 넘는다. 이들은 최소 1회 이상 쇼핑몰을 방문하고 1인당 평균 1100달러를 지출한다. 중국인이 제품을 구매한 다음 본국으로 돌아가서 주변에 그 제품을 보여주면 중국 내에서 해당 브랜드의 인지도가 형성, 확산되는 효과를 기대할 수 있다. 한국에서 홍콩과 같은 역할을 하는 곳은 '명동'이다. 2014년 600만명에 달하는 중국 관광객이 한국을 찾았는데, 이들에게 자사 상품을 홍보하는 훌륭한 전시관이 될 수 있다.

중국에서 자리를 잡은 이랜드가 최근 홍콩에 복합관을 오픈한 것도 이 때문이다. 이랜드그룹은 홍콩 디-파크Discovery park 쇼핑몰에 총면적 5500㎡ 규모의 복합관을 열고 2015년 1월 16일 개장식을 가졌다. 이날 진행된 팬사인회장에는 한류 스타를 보기 위해 2000여명의 팬들이 몰려 홍콩에서의 한류 열기를 재확인시켰다.

홍콩에서 한류는 대만과 일본과 다른 특징이 있다. 개방적인 사회답게 한류를 편견 없이 수용한다. 2012년 이후 3년 연속 개최된 'Mnet 아시안 뮤직 어워드'가 적지 않은 기여를 했다. 홍콩은 매년 30회 가량 열리는 한류스타의 공연을 대부분 소화할 만큼 한류에 대한 소비력이 있다. 최근 한국어를 배우는 인구가 급증하고 10여개 대학이 자발적으로 한국어를 강의하고 있다. 최태식 코트라 홍콩무역관장은 "홍콩에서 일본 문화와 상품이 차지하는 비중이 높지만 한국 화장품이 일본을 추월하고 있다"고 전했다. 2014년 11월말 한국 화장품은 일본을 제치고 2위에 올라섰다.

선은균 홍콩한인상공회장(코차이나 총경리)은 "베이징 상하이 중심의 사고방식 때문에 거대한 남중국 시장을 간과하는 경우가 많다"고 지적했다. 코차이나는 홍콩에 본사를 둔 물류회사로 18개국에 41개 법인을 갖고 있다. 중국 18개 지역에 지점을 두고 있어 전국적인 시야를 확보하고 있다. 선 총경리는 "홍콩은 '법의 지배' 원칙을 일찍이 확립해 계약을 준수하는 관행이 일반화돼 있다"며 "홍콩과 오랫동안 거래를 해온 광둥성 등 남중국은 계약을 지키고 합작과 협업을 중시하는 상업문화를 갖고 있다"고 말했다. 홍콩의 거미줄 인맥은 광둥성, 저장성, 상하이 등 연해지역으로 이어진다. 홍콩 인맥을 통하면 광둥성, 저장성, 상하이와 의외로 쉽게 '관시'를 맺을 수 있다.

(2) 홍콩—시진핑 집안 2대에 걸친 인연

홍콩은 시진핑과 2대에 걸친 인연이 있다.

1978년 광둥성 당서기로 부임한 시진핑의 부친인 시중쉰習仲勳은 중앙의 홍콩 · 마카오 정책결정에 참여했다.

1978년과 1979년 상반기에는 엄청난 경제력 차이 때문에 광둥에서 홍콩으로 밀항하는 붐이 일었다. 1979년 1월부터 5월까지 성 전체에서 밀출경한 사람은 12만명에 달했고, 도망한 사람도 3만명이나 됐다. 선전시를 시찰한 시중쉰은 "해방된 지 30년이 다 됐는데 홍콩은 저토록 번영하고 우리 쪽은 낡아빠졌다"라고 털어 놓았다. 그는 밀출경에 성공하지 못하고 붙잡혀와 갇혀 있는 농민을 보고 눈물을 흘렸다고 한다.

시진핑의 동생인 시위안핑習遠平이 2014년 12월 베이징 전국인민정치협상회의의

은퇴 후 광둥성 선전에서 생활한 시중쉰을 찾은 시진핑 가족이 공원을 산책하고 있다.

강당에서 열린 '시중쉰 화보전기習仲勛畫傳' 출판좌담회에 참석해 밝힌 내용 중 일부이다. "왜 군중이 목숨을 건 탈주를 하려는 것일까? 하루하루 살기 힘들어 나가는 것이다. 도망이 아니다. 우리의 생활 수준을 높이지 않는다면 지금 막더라도 내일 다시 넘어갈 것이다."

중국에서 출판된 《시중쉰 평전》

시중쉰은 "외지로 빠져나가는 군중을 적으로 삼을 수 없다"며 그들을 모두 풀어

주었다.

시중쉰은 선전, 주하이, 산터우에 홍콩처럼 '무역합작구'를 건설하겠다는 구상을 덩샤오핑에게 직접 보고했다. 덩샤오핑은 '특구'라는 명칭을 주며 시중쉰에게 "중앙은 돈이 없으니 스스로 혈로를 뚫으시오"라고 말했다. 2010년 기자가 선전을 방문했을 때 한 공원에 전시된 사진 설명에는 "1979년 4월 덩샤오핑은 시중쉰이 제출한 홍콩 마카오 부근 선전, 주하이, 산터우 수출 가공단지 건설에 관한 의견에 찬성을 표시했다"고 적혀 있었다.

시중쉰은 훠잉둥霍英東 유룽有榮그룹 회장 등 홍콩의 기업가들을 만나 돈으로 애국할 것을 호소해 특구에 자본을 유치했다. 그는 은퇴 후 1990년부터 2002년 사망할 때까지 12년간 선전에서 생활하며 홍콩과 경제특구에 대한 강한 애착을 보였다.

시중쉰이 1978년부터 2년 8개월 동안 광둥성을 통치하는 동안 칭화대에 재학 중이던 시진핑은 자주 광저우에 내려가 부모와 상봉하고 주장삼각주, 하이난도 등을 둘러보았다. 그는 아버지의 영향을 받아 홍콩에 상당한 관심을 가졌다. 1985년 10월 시진핑은 푸젠성 샤먼시 부시장을 지낼 때 홍콩을 방문한 적이 있었고, 1990년대 초기에 푸저우시 서기를 지낼 때 방문단을 이끌고 홍콩에 가서 투자유치를 한 적이 있었다. 2000년에 그는 푸젠성장 신분으로 홍콩을 방문했고, 2005년 1월에는 저장성 당서기 신분으로 방문단을 이끌고 홍콩을 방문해 '저장주간' 행사를 했으며, 항저우 공항과 홍콩 공항의 합자에 성공했다.

시진핑은 푸젠성에서 17년 근무하는 동안 홍콩의 푸젠방福建帮 기업가인 황이홍黃宜弘, 양쑨시楊孫西, 스쯔칭施子淸, 루원루이盧文端, 황즈샹黃志祥 등과 교류했고, 저장성에 근무할 때는 저장성 출신 기업가인 홍콩흥업HongKong Resort 차지민査齊民 회장과 교류했다. 차지민은 2007년 세상을 떠났지만 그의 가족은 홍콩 정계와 언론계, 기업계에 여전히 커다란 영향력을 발휘하고 있다. 시진핑은 2007년 17차 당대회에서 정치국 상무위원이 된 쩡칭훙이 맡고 있던 중앙 홍콩·마카오 업무조정소조 조장을 이어받았다. 그가 업무를 관장하는 동안 2017년 홍콩특별행정구행정관의 보통선거가 최종 결정됐다.

시중쉰이 홍콩을 본 따 중국에 경제특구를 만들었듯, 시진핑은 집권 후 상하이에 자유무역구를 만들었다. 2015년 3월 상하이 자유무역구를 대폭 확대하고 톈진시, 푸젠성, 광둥성에도 자유무역구를 새로 지정했다. 상하이 자유무역구에 새로 편입되는 지역은 금융 서비스업과 선진제조업, 하이테크 연구개발 산업 등이 집중돼 있다. 시진핑은 2014년 5월 23일에 자유무역구를 둘러보고 '혁신' 중심지로서 역할 제고를 당부하며 자유무역구를 제2의 개혁개방 시험무대로 삼겠다는 의지를 분명히 했다.

중국 대륙의 창구 역할을 하고 있는 홍콩으로서는 자유무역구가 늘어나는 것이 반갑지만은 않은 소식이다. '온니 원Only one'에서 '원 오브 뎀One of them'으로 전락할 수 있기 때문이다. 홍콩을 너무나 잘 아는 시진핑이 홍콩에 독이 될지, 더 많은 번영을 가져다줄지는 좀 더 지켜봐야 한다.

(3) 홍콩엔 있지만 한국엔 없는 것들

화려한 야경, 맛있는 음식, 쇼핑천국.

한국인이 갖고 있는 홍콩에 대한 인상이다. 하지만 홍콩에는 우리가 배울 그 이상의 무엇이 있다. 이번 취재에서 가장 눈여겨본 것은 홍콩의 서비스산업이다.

1842년 아편전쟁의 결과로 영국에 할양될 당시 홍콩은 사실상 아무도 살지 않던 버려진 섬이었다. 현재는 서비스 부문이 GDP의 93%를 차지하는 서비스주도형 경제로 탈바꿈해 아시아 무역 및 금융의 중심 지역이자 세계의 요충지로서 위상을 확보했다. 홍콩에는 세계 100대 은행 아태본부 73개가 있으며 무디스, 피치, S&P 등 3대 신용평가사 아태본부가 있는 금융의 중심지이다. 최근 몇 년 동안 중국 위안화 국제화에 따라 인민폐 역외 국제금융센터 역할도 강화되고 있다. 세계 최고의 경제자유지역으로 홍콩에 진출한 외국계 기업은 7585개가 넘는다. 세계 100대 로펌 중 60개가 활동할 정도로 기업 활동 지원을 위한 법률서비스가 잘 발달돼 있다. 홍콩에는 있지만 한국에는 없는 것들이다.

한국이 단기간에 수용할 수 없는 것들이 또 있다. 홍콩은 미국 〈월스트리트저널〉과 헤리티지재단의 경제자유도Index of economic freedom 평가에서 20년 동안 1위를 차지했다. 독립된 사법부의 재산권 보장 및 법의 지배 원칙을 확립해 효과적인 사업 환경을 조성하고 있다. 내국인과 외국인을 동등하게 대우하고 강력한 투자자 보호 정책을 고수하고 있으며, 고용과 해고가 자유로운 유연한 노동시장을 갖추고 있다. 부가가치세나 관세, 금융소득과 증여소득세가 없고 법인세와 급여소득세만 부과하는 간결하고 단순한 조세체제이다. 국경간 자본유출입에 대한 제약이 전혀 없는 완전한 자본 자유화를 실현하고 있다. 모든 중요 거래가 영어로 진행돼 서비스 분야에서 핵심 경쟁력을 갖추고 있다. 세계 최고의 경제자유가 서비스산업 주도형 경제를 만든 배경이다.

한국이 홍콩의 서비스주도형 경제를 따라잡는 것은 불가능해 보인다. 서비스산업은 사회 시스템의 변화가 동반돼야 발전할 수 있지만 한국 사회가 홍콩이 갖고 있는 장점을 도입하기에는 저항적 요소가 너무나 많고 강력하다. 홍콩처럼 자산관리서비스 산업을 육성하기 위해 상속세를 폐지(2006년 2월) 할 수 있을까? 한국이 서비스주도형 경제로 가야 한다는 근거도 부족하다. 홍콩은 제조업을 인근 광둥성 등으로 모두 이전한 상황에서 인구 720만명의 도시경제체제가 생존을 위해 불가피한 선택을 한 것이다.

그렇다면 한국이 현재와 같은 제조업 중심의 경제체제를 유지하는 것이 가능할까? 너무 가까운 곳에 세계의 공장 중국이 있다. 미국의 '제조업 부활' 전략이나 독일의 '인더스트리 4.0' 등 전 세계는 제조업의 디지털화·인터넷화를 통한 스마트 제조를 추진하고 있다. 중국도 '중국제조 2025'를 통해 인터넷과 전통산업의 융합으로 제조기업들이 구조전환을 추구하고 있다. 한국이 중국보다 앞서 있을 시간도 얼마 남지 않았다. 제조업을 더욱 강하게, 서비스산업을 효율적으로 만들어 이를 융합해서 최고의 포뮬러Formula를 만드는 수밖에 없다. 한국의 서비스산업은 취약하지만 IT산업 등 강력한 제조업에 의해 뒷받침되는 서비스산업은 홍콩이나 싱가포르 등 도시형경제체제를 추격할 수 있다. 선진국이 포기한 제조업도 새로운 기술과 제조 방식을 접목시키면 중국 등 추격자를 따돌릴 수 있다.

지금 한국이 해야 할 일은 제조업으로 성공했고, 향후에도 그럭저럭 먹고 살수 있다는 '성공의 함정Success trap'에서 탈출하는 것이다.

허베이성

● 서울

산둥성

쟝쑤성

❷

저장성

푸젠성

광둥성

타이베이 ●

❶

타이완

홍콩 ○

9. 대만

대만 취재 경로
1) 홍콩 ➡ 타이베이(비행기)
2) 타이베이(비행기) ➡ 서울(비행기)

1. 대만

(1) '차이완'으로 한국 추격 중인 대만

중국은 해일처럼 밀려오기도 하지만 우주폭풍처럼 소리도 형체도 없이 찾아오기도 한다.

지난 2010년 중국과 대만이 경제협력기본협정ECFA을 체결했을 때 3차 국공합작에 비유하며 중국China과 대만Taiwan의 통합체인 차이완Chiwan에 대한 경고음이 나왔다. 4년이 지난 뒤 대만 경제지표만 보면 외형적 성과는 크지 않다. 대만경제부에 따르면 경제성장률은 2010년 10.76%, 2011년 4.19%, 2012년 1.48%, 2013년 2.11%로 하락세를 보이고 있다. 한국과 치열하게 경쟁하고 있는 석유화학, 철강, 기계, 전기전자, 수송기계 부품 등 주력산업별 한–대만 중국수출 성과를 비교해도 우려할 만한 상황은 아니다.

하지만 대만 기업의 생태계는 이전과는 확연히 다른 양상이다. "대만 하면 중

조백상 주타이베이 한국대표부 대표　　양장석 코트라 주타이베이무역관장　　오형근 동운아니텍 대만지사 총경리　　성교상 오스템 대만지사 총경리

소기업을 연상하는 분들이 많은데요. 그건 옛말이고 대만기업 매출의 70%, 수출의 80% 이상을 대기업이 담당하고 있습니다." 양장석 코트라 주타이베이무역관장의 설명이다. 애플의 아이폰과 아이패드 등을 만들고 있는 세계 최대 위탁생산업체 팍스콘Foxconn, 중국명 푸시캉富士康의 매출액은 지난 2011년 1000억 달러를 넘어섰다. 2013년 매출이 1300억 달러(약 130조 원)로 현대자동차 87조 원보다 훨씬 많다. 팍스콘은 대만 홍하이鴻海정밀의 해외법인 명칭이고 대만에서는 보통 '홍하이' 라고 부른다. 홍하이정밀 궈타이밍 회장은 연일항한聯日抗韓(일본 샤프와 손잡고 한국 삼성을 견제하자)을 입에 달고 다니는 인사이다.

세계적인 컨설턴트 오마에 겐이치는 2015년 1월 〈매일경제〉와 인터뷰에서 중국의 IT기업이 강한 것은 대만 덕분이라고 말했다. 그는 "중국의 경쟁력이 높아지면서 한국의 스마트폰 등 IT 산업이 어려움을 겪고 있는 것처럼 보이지만 실제로는 중국이 아니라 대만의 영향력을 무시했기 때문" 이라고 지적했다. 그는 "한국에 위협이 되는 것은 중국이 아니라 중국과 대만이 결합한 차이완" 이라고 말했다. 중국 전체 휴대폰시장에서 삼성전자를 추월한 샤오미의 급성장은 거대 내수시장에 풍부한 노동력을 갖춘 중국과 세계적인 IT · 전자 기술력을 보유한 대만의 합작이 낳은 결과다. 스마트폰의 두뇌에 해당하는 모바일 애플리케이션 프로세서AP를 만드는 대만의 미디어텍은 샤오미 등 스마트폰 제조사에 스마트폰 제조법과 제조설비 운용법까지 전수하고 있다. 스마트폰 제조사는 미디어텍이 알려준 방법대로 부품을 구해 조립만 하면 스마트폰을 얼마든지 양산할 수 있다. 미디어텍의 세계 AP 시장 점유율은 지난 2013년 10.5%로 삼성전자(8.0%)를 제치고 세계 3위(1위는 퀠컴)로 올라섰다.

반도체 설계 전문 업체인 미디어텍은 대만의 파운드리(위탁생산)업체인 TSMC · UMC 등과 협업, 최신 반도체 공정 기술을 적용해 제품의 질을 지속적으로 높이는 중이다. 중국 휴대폰 제조회사는 한국이나 일본으로부터 수입에 의존하지 않고 설계는 대만의 미디어텍, 반도체 위탁생산은 대만의 TSMC · UMC 등에 맡기는 수직계열화를 완성해 나가고 있다.

대만의 TSMC는 2013년 파운드리 시장에서 점유율은 46.3%로, 2위인 삼성전자(9.2%)의 5배에 달한다. UMC는 3위로 추격 중이다. 이밖에도 대만 스마트폰 강자 HTC, 세계 3대 자전거 브랜드인 자이언트GIANT, 앞선 IT기술과 자동차 부품생산 능력을 결합시킨 대만 최초의 완성차 렉스젠LUXGEN까지 대만 기업은 주문자상표부착 방식OEM에서 고유 브랜드수출체제OBM로 진화해 나가고 있다.

조백상 주타이베이한국대표부 대표는 "대만이 한국만큼 FTA를 광범위하게 체결하지 않았는데도 무역흑자 규모가 한국의 절반 정도나 될 만큼 저력이 있다"고 평가했다. 대만은 GDP의 40%가량을 중국에 의존할 정도로 중국과 긴밀한 융합 과정에 있으며, 100만명이 넘는 대만인이 무역을 위해 대륙에 거주한다. 유동적인 인구까지 합하면 300만명의 대만인이 중국에서 활동하고 있다. 2010년 중국과 대만이 경제협력기본협정ECFA을 체결한 이후 대만의 중국 투자 비

대만에서 허니피그레스토랑(HONEY PIG RESTAURANT) 이 뜨고 있다. 미국 국적의 한국인이 대만 중심가에 운영하는 24시간 삼겹살집이다. 식사시간에 이용하려면 줄을 서서 기다려야 한다. 대만을 테스트베드 삼아 중화권으로 진출하려는 의도가 엿보인다.

중은 감소하는 추세이다. 해외투자에서 중국의 비중이 84%(2010년)→78%(2011년)→57%(2012년)→62%(2013년)으로 하락세를 보이고 있다. 임금상승 등 중국의 투자환경 위축으로 동남아로 투자처를 옮긴 것이 원인이다. 하지만 반도체, LCD 등 주력 제조업, 서비스업은 큰 폭으로 증가한 점에 주목해야 한다.

대만 지사를 중국 시장의 시험장(테스트베드)으로 삼아 홍콩·싱가포르 등 동남아 화교권 국가 진출의 주요 거점으로 만들고자 하는 기업들이 늘고 있다. 업종이나 기업에 따라 중국에 직접 진출하거나 홍콩, 대만 등을 통해 우회 진출하는 등 방법은 모두 다르다. 하지만 대만과 중국이 중국어를 쓰면서도 IT 기술 발전 수준은 한국 못지않기 때문에 대만 지사를 설립하고 '차이완'에 밝은 전문가를 영입하고 있다.

휴대폰 카메라의 자동초점AF 구동칩IC을 개발 생산하는 동운아나텍(대표 김

동철)이 대만지사에 오형근 총경리를 스카우트한 것도 같은 이유다. 동운아나텍은 이 분야에서 세계 1위 업체로, 전 세계 30%, 중국 70%, 국내 70~80%의 점유율을 기록하고 있다. 중국 시장에선 점유율이 한 때 80%에 달할 때도 있었다. 2012년부터 중국 휴대폰 업체들이 스마트폰을 양산하면서 수출 물량이 대폭 늘어났다. 오 총경리는 삼성반도체에 근무하다 25년 전 한국을 떠나 싱가포르, 태국, 미국 등지에서 사업을 한 후 10여 년 전 대만에 뛰어든 특이한 경력의 소유자이다. 그는 "대만 지사가 중국을 총괄하지는 않지만 중국, 대만 등 중화권 정보를 공유하는 통합 시스템GCO(Great China Operation)을 만들었다"고 설명했다. 오 총경리는 근무시간의 절반가량을 중국에서 보낸다. 오 총경리는 "중소기업이 성공하기 위해서는 시작 단계부터 눈높이를 세계 1등 기업에 놓고 기술을 개발하고 마케팅을 해야 한다"고 강조했다. 동운아나텍은 해외 시장 개척을 위해선 글로벌 업체로의 납품 이력이 필수라고 판단했다. 그래서 설정한 목표가 해외 주요 업체들이 인정하는 일본 소니였다. 소니로부터 파트너 인증을 획득한 뒤 일본은 물론 국내 매출이 급증했다. 2008년 101억 원이던 회사 매출이 2013년 465억 원으로 증가했다. 삼성, LG 등 국내 대기업의 우산에서 안주하다 환경 변화로 휘청이는 중견기업과 확연히 구분되는 접근 방식이다.

대만 진출 성공을 중국과 동남아 시장 진출의 동력으로 삼는 회사도 있다. 2005년 대만에 진출한 오스템 대만법인은 현재 대만 임플란트시장 점유율 45%로 1위를 기록하고 있다. 현재 대만에는 전 세계 80개 기업이 진출해 있고, 한국 기업도 10여개나 된다. 최근 대만 제품도 출시되는 등 경쟁이 치열한 시장이다. 성교상 오스템 대만법인 총경리는 "제품 성능보다도 한국산이라는 불신의 벽을 깨는 것이 최대 걸림돌이었다"고 말했다. 대만 의료 기자재 시장은 미주나 유럽 제품들이 장악하고 있었다. 성 총경리는 당시만 해도 대만에 임플란트 시술을 할 수 있는 치과의사가 많지 않은 점에 착안해 치과의사를 대상으로 하는 세미나를 개최했다. 당시 대만 치과대학 내에 별도의 임플란트 시술 코스가 없이 개론 정도만 가르치고, 실제 트레이닝 과정도 없었다는 점을 간파한 것이다. 2007년 첫 세미나에 1400명이 참가했다. 1년 동안 발로만 뛰어서는 만날 수 없는 규모였다. 2012년에는 40개국에서 1800명이 참석하는 등 세미나를 통한 마케팅은 큰 성과를 거두었다. 성 총경리는 "가재는 게 편이라는 말이 있듯이 대만과 중국이 통하는 게 너무 많고, 대만이 중국을 치고 들어가는 데 많은 장점을 갖고 있다"고 말했다. 오스템 대만법인의 성공 사례는 중국 진출의 밑거름이 되고 있다.

양안의 봄이 무르익고 있지만 여전히 대만 내부에는 야당인 민진당을 비롯해 중국과의 협력에 반대하는 여론이 있다. 2010년 경제협력기본협정ECFA 체결 이후 2011년 11월 대만과 중국은 상품무역 대상 조기개방 프로그램Early harvest program을 운영해 상호 806개 품목(대만 267개, 중국 539개)에 대한 관세를 3년간 점진적 인하했다. 3년 계획의 마지막 해인 2013년 조기개방 대상은 모두 무관세화됐다. 2013년 6월 서비스무역협정을 체결했지만 비준 반대세력의 입법원(국회) 점거, 농성을 계기로 장기간 지연되고 있다. 2000년대 양안갈등을 계기로 한국 기업이 중국 시장에서 약진하면서 2005년 한국의 1인당 GDP가 대만을 추월했다. 하지만 2008년 마잉주 총통 집권 이후 대만은 '차이완'을 통해 한국을 위협하고 있다. 2014년 11월 선거 참패로 ECFA의 후속절차는 암초를 만났고, 한중은 FTA 협상 타결을 전격 선언하면서 공은 다시 한국으로 넘어 왔다.

차이완의 오늘은 한중 FTA 이후 한중관계의 미래상일 수 있다. 첫째, '홍하이 정밀-팍스콘'과 유사한 모델이 등장할 수 있다. 한국의 중견기업이 급성장하는 중국 시장에서 성공해 중국 법인이 한국 법인을 추월하는 사례가 나올 수 있다. 동운아나텍도 중소기업으로 출발했지만 중국 시장 점유율을 높여 중견기업으로 성장한 사례이다. 휴롬도 개성공업사라는 작은 기업으로 시작했지만 중국 시장에서 큰 호응을 얻어 글로벌회사로 성장하는 데 성공했다. 제2, 제3의 아모레퍼시픽과 같은 기업이 나올 수 있다. 반면 국내 시장에 안주하는 중·대기업은 작은 시장과, 과열경쟁으로 법정관리를 신청하는 사례가 속출할 것이다.

둘째, 공동화 문제이다. '차이완'이 진행되는 과정에서 대만의 많은 기업이 중국으로 이전했다. 경제성장률도 2010년 10.76%, 2011년 4.19%, 2012년 1.48%, 2013년 2.11%로 하락세를 보였다. 그 결과 양안 경제협력에 반대하는 역풍이 불고 있다. 중국에서 기회를 잡은 자와 그렇지 않은 자의 갈등 양상으로 나타나고 있다. 한중 수교 후 수많은 중소기업이 산둥성 칭다오 등으로 이전해 중국내 한국공단을 만들었다. 중국에 진출한 한국 기업은 대부분 폐업하거나 매각했고 지금 남아있는 기업은 별로 없다. 반면 칭다오는 국제적 산업도시로 발돋움했다. 국내에서 경쟁력을 잃은 산업을 중국으로 이전시키고 국내는 한 차원 높은 산업으로 업그레이드하지 못한 결과이다. 일시적인 돈벌이를 위해 국내 제조업을 공동화시킨 결과 중국 기업에 덜미를 잡히고 말았다. 한중 FTA가 발효될 경우 이런 현상이 재현될 수 있다. 차이나 블랙홀 현상으로 한국 경제가 공동화되고 중국 경제의 하청 경제로 전락할 수 있다는 점을 고려하고 대책을 세워야 한다.

절삭공구 분야 강소기업인 YG-1의 사례는 대안이 될 수 있다. 한국에 R&D센터와 핵심 공장을 두고, 칭다오에서 제품을 생산해 중국과 전 세계에 판매하고 있다. 산시 상인晉商은 돈을 벌어 고향에 커다란 저택大院을 만들어 일가가 함께 살았다. 반면 안휘 상인徽商은 가족은 물론 조상의 유골까지 갖고 장쑤성 양저우 등에 정착했다. 산시 상인의 모델을 연구해 볼 만하다.

셋째, 대만 사람들은 중국 시장에 대한 의존도 심화가 대만의 실질적 독립을 해칠 수 있다는 우려를 가지고 있다. 경제를 볼모로 자율권을 침해하고 있다는 반감이 상당하다. 구소련의 절대적 영향 아래서 핀란드가 '알아서 긴' 방식을 핀란드화Finlandization라 부른다. 이른바 타이완화Taiwanization에 대한 걱정이다.

한국이 안보는 미국에, 경제는 중국에 의존하는 이른바 안미경중安美經中을 우려하는 시각이 많다. 2014년 현재 GDP 중 수출입이 81.11%를 차지하고 수출품의 26%가 중국으로 수출된다. 한국은 중국의 제1 수입국이다. 한국이 중국의 경제권에 들어가면 중국은 한국을 더 배려하고 존중할까? 중국은 경제를 지렛대 삼아 한국에 간섭하려는 유혹에 빠질 것이다. 하지만 안보는 안보이고, 경제는 경제이다. 양자를 연계하려는 안팎의 시도를 초기부터 강력히 차단해 나가야 한다. 우리 내부에서조차 아시아인프라투자은행AIIB은 중국 요구를 들어주고, 고고도미사일방어체계인 사드THAAD는 미국의 요구를 받아들이자는 식의 주장이 나오고 있다. 안미경중은 이분법적이고 도식적인 구도이다. 중국이 경제(AIIB)를 위해 안보(THAAD)를 양보할 것이라는 주장은 근거가 없다. AIIB, THAAD 모두 받아들이는 방안, 모두 거부하는 방안, AIIB는 받고 THAAD는 거절하는 방안, AIIB는 거부하고 THAAD는 받아들이는 방안 등에 대한 판단의 기준은 오직 국가이익이다. 경제든 안보든 사안별로 국익을 중심에 놓고 냉정하게 판단하고 독립적으로 결정해 나가야 한다.

(2) 시진핑, 푸젠성 17년간 대만업무

시진핑은 대만전문가이다. 17년 동안 대만을 바라보며 외자유치와 양안兩岸관계에 관여했다.

푸젠福建성은 대만과 밀접한 관련이 있는 곳이다. 푸젠성 사람들이 대만으로 이주해 대만에 민난(푸젠성)어를 사용하는 사람이 많다. 푸젠성 샤먼廈門과 대만의 진먼金門섬은 불과 2km밖에 떨어져 있지 않다. 진먼섬은 북한 서해 접경지대에 있는 서해 5도와 비슷한 성격을 갖고 있다. 중국이 최초로

만든 경제특구에 푸젠성 샤먼을 포함시킨 것은 대만자본을 유치하기 위해서였다. 시진핑은 1985년 샤먼시 부시장으로 업무를 시작해 닝더지구 당서기(1988), 푸저우시 당서기(1990), 푸젠성 당부서기(1999), 푸젠성장(2000)을 역임하는 등 17년 동안 일했다. 샤먼시 부시장으로 있을 때 양안은 왕래가 전면적으로 금지돼 있었고, 1987년 비로소 계엄해제와 친지방문이 이루어져 간접 무역과 투자만이 가능했다.

시진핑이 대만에서 외자유치 활동을 본격적으로 벌인 시기는 1992년 덩샤오핑의 남순강화 이후이다. 1992년 11월 홍콩에서 중국의 해협양안관계협회(해협회)와 대만의 해협교류기금회(해기회)는 '하나의 중국'을 인정하되, 중화인민공화국과 중화민국 각자의 해석에 따른 명칭을 사용一中各表하기로 합의했다. '92컨센서스(92공식·九二共識)'는 '하나의 중국'에 대해 양측이 합의한 기본 원칙이다. 푸저우 당서기를 맡은 시진핑은 재빨리 움직여 대만자본 유치에 나서 큰 성과를 거두고 현장을 방문한 장쩌민 당시 주석으로부터 칭찬을 받았다.

그가 푸저우에서 정무를 주관할 때 국가급의 대만기업투자구, 대만공업촌 등

푸저우에서 딸 시밍쩌를 자전거에 태우고 행복해하는 모습

을 설립해 대만자본인 둥난자동차, 관제전자, 중화브라운관 등의 대기업을 유치
했다. 이 때 화교의 힘을 충분히 활용했다. 해외에서 성공한 푸저우 출신 화교들
을 찾아가 고향을 도와달라고 호소해 중국 최초의 화교자본 경제기술개발구를
설립했다. 나아가 중국 최초로 화교의 이름을 딴 공업구도 만들었는데, 큰 반발
이 있었지만 끝까지 밀어붙이는 추진력을 발휘했다.

1999년 푸젠성장 대리로 임명된 후 리덩후이李登輝 대만 총통이 타이완을 중국
과 별개의 국가로 규정한 양국론兩國論을 설파하고 중국이 무력사용 불사를 시사
하면서 양안관계가 크게 경색됐다. 2000년 천수이볜陳水扁 집권 후 대만해협 양쪽
에는 각각 별개의 국가가 있다는 일변일국一邊一國론을 주장해 양안관계는 악화일

로로 치달았다. 당시 중국이 푸젠성에 예비역 고사포부대 훈련센터를 설치했을 때 시진핑은 제1정치위원을 맡아 군으로부터 높은 평가를 받았다. 그는 "국방 건설을 지지하는 것이 곧 경제발전을 지지하는 것"이라고 강조했다. 지난 2008년 당선돼 양안관계 개선에 물꼬를 튼 국민당 마잉주馬英九 총통이 2012년 1월 연임에 성공했고, 11월에는 시진핑이 당 총서기에 취임하면서 중국과 대만은 우호적인 협력관계를 이어가고 있다. 차이완으로 불리는 양안 경제도 더욱 견고해지고 있으며 2014년 2월 65년 만에 첫 장관급 회담이 개최됐고, 11월 렌잔連戰 중국 국민당 명예주석이 방중해 시진핑과 면담을 가졌다. 2015년 5월 주리룬朱立倫 국민당 주석이 시진핑과 베이징에서 영수회담을 갖는 등 고위급 교류가 계속되고 있다.

2014년 11·29 지방선거에서 국민당이 참패하면서 마잉주 총통의 친중 노선에 제동이 걸리고 차기 총통 선거에서 정권 교체 가능성이 어느 때보다 높아졌다. 시진핑은 청춘시절을 푸젠성에서 보내며 대만자본 유치에 큰 성과를 거두었고, 양안 갈등이 최고조에 달했을 때 최전방에 있었다. 대만과의 관계에서 냉·온탕을 모두 경험한 대만통인 그가 재임기간 동안 양안의 정치적 긴장완화와 경제 협력을 어느 수준까지 진전시킬지 주목된다.

헤이룽장성

하얼빈

지린성

창춘

네이멍구 자치구

선양

옌지 (훈춘)

(투먼)

베이징시

라오닝성 단둥

허베이성

서울

산둥성

10. 동북3성

동북3성지역 취재경로
1) 서울 ➔ 베이징(비행기)
2) 베이징 ➔ 선양(비행기)
3) 선양 ➔ 단둥(승용차)
4) 단둥 ➔ 선양(승용차)
5) 선양 ➔ 창춘(고속도로)
6) 창춘 ➔ 옌지(버스)
7) 옌지 ➔ 투먼 ➔ 훈춘(승용차)
8) 옌지 ➔ 하얼빈(버스)
9) 하얼빈 ➔ 서울(비행기)

1. 랴오닝성 선양

(1) 동북 3성의 중심 도시

중국 랴오닝遼寧성 선양瀋陽은 동
북지역의 전략적 요충지이다. 청나
라는 랴오양遼陽에서 선양으로 수도
를 옮긴 뒤 베이징으로 진격해 천하
를 통일했다. 지금도 선양은 동북지
역 교통의 중심지이며, 동북 3성 발
전을 선도하고 있다.

신봉섭 주선양총영사는 "지난 10
년간 한국과 동북 3성의 교역액은 2.4배, 한국 기업의 투자액은 30배가 증가했
다"면서 "현재 동북 3성에 진출한 한국 기업은 4600여개에 이르고 유학생도
8500여명에 달해 괄목할 만한 교류·협력의 성과를 달성했다"고 말했다. 신 총
영사는 이어 "중국의 제4대 경제 성장축인 동북 3성의 발전 잠재력을 고려하면

롯데그룹이 선양에 20억달러를 투자해 서울 잠실 롯데월드의 2배에 달하는 복합단지를 건설하고 있다.

협력 강화를 통한 양국 간 호혜공영 목표 달성이 어렵지 않을 것"이라고 예상했다.

동북 3성은 지난 2003년부터 중국 정부에서 추진한 동북 노후 공업기지 진흥전략을 통해 주장삼각주(1980년대 광둥), 창장삼각주(1990년대 상하이 · 장쑤 · 저장), 환보하이만지역(2000년대 베이징 · 톈진)에 이어 중국 제4대 경제성장 축으로 부상했다. 중국 정부가 동북진흥전략을 실시한 후 10년간 해마다 전국 평균을 웃도는 두 자릿수 경제성장률을 유지하는 등 가시적인 성과를 거두었지만 여전히 해결해야 할 과제가 많다. 산업구조조정이 완만하고, 국유경제 비중이 다른 지역에 비해 높으며, 대외개방 수준은 낮다. 잠재력은 높지만 성숙한 거대 소비시장이라고 분류할 수는 없다. 중소기업보다 자금력을 가진 기업이 중장기적인 비전을 갖고 뛰어 들어야 한다. 게다가 북한, 러시아 등 국제 정치적 변수까지 작용하고 있다. 남북러, 남북중 3각 협력을 추진해 동북아 평화협력과 통일기반을 조성하는 차원에서 지속적인 투자와 협력이 이루어져야 한다.

백인기 코트라 전 선양 무역관장은 "동북 3성 중 랴오닝성이 차지하는 경제 비중이 높으며 선양은 경제상업의 중심지"라고 설명했다. 선양은 동북 3성에서 상주인구(820만명) 최다도시이며 동북 최대 규모 시장을 보유하고 있다. 각종 소비재의 동북지역 유통센터 기능을 수행하는데 네이멍구 동부지역 상인도 선양을 찾는다. 24개 주요 도매시장 중 우아이五愛시장은 전국 2위의 의류, 잡화 제품 도매시장으로 유명하다. 많은 사람이 밤새 기차를 타고 아침에 우아이 시장에 도착해 제품을 구입한 뒤 다시 기차로 이동한다.

선양은 동북 물류센터 역할도 하고 있다. 동북의 육로 교통 중심지로 국가급 간선철도 5개, 고속도로 4개가 선양을 통과한다. 게다가 베이징, 톈진 등 징진지 경제권과 지리적으로 인접해 있다. 고속철도가 개통돼 선양-창춘간 2시간이 소요되며, 2012년 12월 다롄-선양간 고속철도 개통으로 2시간이면 이동할 수 있다.

선양은 중국의 전통 대형 중공업 기지이다. 기계, 장비제조, 부품 등 중공업이 발달해 전통적 국유기업 비중이 높고, 다롄과 함께 동북진흥정책 중추도시 역할을 수행하고 있다. 백 전 선양무역관장은 "최근 내수를 겨냥한 한국기업 진출이 활발하다"고 전했다. 제조업은 BMW 등에 부품을 납품하는 공장들이 부분적으로 진출하고 있을 뿐이다. 동북의 유통 중심지인 선양에는 보세가공을 주력으로 진출한 기업이 많은 다롄과는 달리 내수시장을 겨냥한 한국 기업들이 많다. LG전자, 태평양화장품, SK가스(가스충전소), SK버스터미널 등이 대표적이다. 이밖에 할인마트(메가마트), 아파트 건설(SR건설), SK렌트카, 롯데 복합쇼핑몰 등다양한 분야의 한국 기업들이 진출해 있다.

선양은 다롄보다 인구가 많고 주변 배후도시가 발달되어 있는데다가 인건비, 지가, 물가수준이 상대적으로 낮다는 장점이 있다. 또한 한국인 거리인 시타西塔가 위치해 있고, 매년 5월 한국 주간 행사가 시정부 지원으로 개최되고 있어 한국

신봉섭 주선양총영사

백인기 코트라 전 선양 무역관장

윤규섭 중국 하나은행
전 동북본부 본부장

강석훈 롯데백화점 동북지역
부총경리

에 대한 인지도가 매우 높다. 백 전 선양무역관장은 선양에서 조선족 동포의 역할에 대해 역설했다. 그가 선양에 부임해서 보니 조선족이 없는 곳이 없었다고 한다. 성정부나 시정부의 거의 모든 부처에서 다 찾아볼 수 있었다. 학계나 기업에도 조선족 동포 한명씩은 다 있었다. 다른 지역 조선족 동포들의 경제력이 뛰어나다면 이곳 선양은 경제력에 정치력과 행정력을 갖추고 있다. 이들은 우리 기업이 선양에 진출하는 데 큰 도움을 주고 있다. 좋은 아이템을 갖고 진출할 경우 다른 곳과 비교할 수 없을 정도로 절차가 빠르게 진행된다.

부작용도 나타나고 있다. 조선족 동포에게 의존하다 분쟁에 휘말리는 경우가 나오는 것이다. 사업체를 이들에게 맡겨두고 두세 달에 한 번씩 출장 와서 관리하는 경우도 적지 않다. 백 전 선양무역관장은 "조선족동포들에게 맡겨둬서는 안되고 중국에 전력투구해 뭔가를 이뤄보려는 각오로 나서야 비로소 성공할 수 있다"고 말했다.

하나은행의 중국 진출은 1996년에 상하이에 대표처를 설립하면서 시작됐으며, 2007년 중국 현지 법인은행을 설립하면서 본격화됐다. 하나금융그룹 해외 진출 전략의 가장 큰 특징이자 성공요인은 철저한 현지화이다. 한국 은행이 중국에 들어와 현지금융으로 성공한 사례는 거의 없다. 중국에 진출한 한국 기업을 상대로 한 영업이 중심이었다. 중국 하나은행은 현지 고객에게 전략적으로 접근

했다.

이미 중국 하나은행은 현지 인력을 채용해 현지화 기반을 마련했다. 하나은행 한국 임직원을 중국으로 발령 낼 때 퇴직을 하고 중국 하나은행에 입행하는 절차를 밟는다. 3년마다 주재원들이 바뀌는 순환 보직으로 중국에서 뿌리를 내리기 어렵기 때문이다. 중국에 근무하게 되면 일반적으로 7~8년, 많게는 10년 이상 근무하게 된다. 중국인 관리자와 임원을 선임하는 것도 특징이다. 전체 직원 500명 가운데 30명만이 한국인이다. 중국에서 문화와 관습이 유사하고 지리적으로도 가까운 동북 3성과 산둥성 지역을 주요 거점 지역으로 삼아 성공을 거두고 있다는 점도 특징이다. 윤규섭 전 하나은행 동북본부 본부장은 "이 지역들은 향후 북한이 개방되고 중국과의 경제 교류가 확대되면 더욱 큰 경쟁력을 가질 것으로 기대한다"고 말했다.

다양한 방식의 해외 투자도 눈길을 끈다. 지난 2010년 5월 길림은행의 지분을 인수한 것이 대표적인 예다. 길림은행 지분 16.98%를 보유하고 있는 하나금융그룹은 지분인수를 계기로 중국에 대한 투자의지를 강하게 나타냈다. 길림대학과 제휴한 하나중국금융전문과정의 단기연수, 길림은행과의 인력 및 업무교류 등 다양한 프로그램을 운영해 중국 전문가를 양성하고 있다.

선양의 발전 잠재력에 주목한 롯데그룹이 선양에 20억 달러를 투자해 서울 잠실 롯데월드의 2배에 달하는 복합단지를 건설하고 있다. 롯데월드 선양樂天世界瀋陽은 백화점과 대형마트, 프리미엄 쇼핑몰, 테마파크, 호텔, 아파트가 한데 어우러진 초대형 프로젝트로 롯데그룹 중국 사업의 상징이 되고 있다. 롯데백화점과 롯데마트가 중국에서 경쟁업체의 강력한 견제로 고전을 면치 못하고 있는 상황에서 추진되는 '롯데월드 선양'에 관심이 쏠릴 수밖에 없다.

롯데의 선양 투자는 삼성전자의 시안 투자와 비교할 수 있을 만큼 성공 가능성이 높다. 왜 선양인가? 동북 3성은 강추위와 심각한 스모그로 롯데월드와 같은 실내 놀이공원이 인기를 끌 수밖에 없다. 선양은 겨울이 5개월 동안 계속되며 동북 3성은 5개월이 넘는다. 게다가 선양-창춘-하얼빈이 고속철로 연결돼 동북 3성의 주요 도시를 모두 포괄할 수 있는 지역이다. 롯데월드 선양은 2014년 5월말 롯데백화점과 영플라자를 우선 개장했다. 선양점은 2017년까지 백화점과 쇼핑몰, 테마파크, 호텔 등으로 구성된 롯데타운으로 확대된다. 롯데쇼핑을 비롯해 호텔롯데, 롯데자산개발, 롯데건설 등 주력 계열사 7곳이 참여해 3조 원의 사업비를 투자하는 초대형 프로젝트다. 2015년에는 롯데마트, 2016년에는 쇼핑몰과 테마파크도 들어선다. 2017년에는 호텔, 오피스, 아파트까지 완공돼 연면적 116만㎡ 규모의 거대 단지가 모습을 드러낸다. 서울 잠실에 조성 중인 제2롯데월드의 1.4배 크기다. 롯데월드가 중국 랴오닝성의 성도인 선양시의 핵심 상권으로 부상할 것으로 기대된다. 롯데백화점 동북지역 강석훈 부총경리는 "예상 매출목표보다 성과가 잘 나오고 있지만 경쟁이 너무 치열하고 환경이 우호적이지 않다"며 "롯데가 성공 모델을 만들었으면 좋겠다"고 말했다.

(2) 선양 고궁과 조선의 의리외교

기존의 제국이 쇠퇴하고 새로운 제국이 떠오르는 전환기마다 한반도는 늘 위기를 맞았다. 임진왜란, 병자호란, 청일전쟁, 한국전쟁과 같은 과거 사건이 이를 잘 보여준다.

병자호란 무렵처럼 국제질서의 판이 바뀌던 시기 우리 선조들이 보였던 대응의 실상을 돌아보는 것도 중요하다. 2014년 7월 7일 중국 랴오닝성 선양 고궁을

1636년 4월 11일 청나라 제2대 황제 홍타이지皇太極의 등극식이 거행된 선양 고궁

찾았다. 조선 외교관들이 나라의 체면을 지키기 위해 몸부림쳤던 바로 그 자리에 섰다. 선양 고궁은 청태조 누르하치와 그 아들 청태종 홍타이지皇太極가 건립한 황궁으로 1625년에 공사가 시작돼 1636년에 완공됐으며, 유네스코의 세계문화유산으로도 지정돼 있다. 평일 무더운 날씨에도 수많은 관광객들로 붐볐다.

1636년(조선 인조 14년) 4월 11일 청나라 제2대 황제 홍타이지의 등극식이 성대하고 장중하게 거행됐다. 청 태종은 단상에 놓인 금 의자에 올라앉았고 여러 귀족들과 대신들은 좌우로 줄을 지어 늘어섰다. 각국의 외교사절들이 표문을 읽었다. 행사 도중 예상 밖의 돌출행동이 벌어졌다. 모든 사람들이 세 번 무릎을 꿇고 무릎을 꿇을 때마다 세 번 머리를 땅에 대고 절을 올리는 의례를 행하는데 당시 조선에서 온 사신 나덕헌羅德憲과 이확李廓이 즉위식 내내 명나라 황제 이외에 다른 황제를 섬길 수 없다며 청 태종에게 절을 하지 않고 버텼다. 이 과정에서 조선 사신들이 입고 있던 의복이 모두 찢어지는 불상사가 벌어졌다.

청나라 신료들 속에서 두 사신을 죽이라는 목소리가 이어졌다. 청 태종은 냉정했다. 그는 "한 때의 하찮은 분노 때문에 사신을 죽이지 않겠다"며 신료들을 만류했다. 끝까지 고개를 숙이지 않은 나덕헌과 이확의 용기도 대단한 것이었지만, 조선에 먼저 절교할 수 있는 명분을 제공하지 않으려 했던 청 태종의 전략적 판단 또한 치밀했다. 즉위식 나흘 뒤인 4월 15일 조선사신을 귀국시키면서 국서와 함께 인조에게 담비가죽 150장을, 두 사신 및 수종자 285명에게는 마필, 담비가죽, 인삼, 은량을 들려 보내는 배포까지 보여주며 조롱했다.

그 후 두 사신은 어떻게 됐을까? 국서의 내용을 확인했으면 당장 청나라 관원 앞에서 내동댕이쳐버려

청나라 제2대 황제 홍타이지皇太極

야 하는 것이 마땅한데도 그것을 여관에 놓아두고 베껴온 책임을 물어 죽여야 한다고 온 나라가 들끓었다. 결국 두 사신은 귀양살이를 했다. 이들의 돌출행동은 병자호란의 도화선이 되고 말았다. 격분한 청 태종은 국서에서 인조를 책망하는 글과 두 왕자를 인질로 보내라고 요구했다. 조선 조정은 이 문제를 놓고 격론을 벌인 끝에 청 태종의 요구를 묵살하기로 하고 회답을 보내지 않았다. 청 태종이 황제로 즉위하던 그해 11월에 마침내 10만 대군을 거느리고 조선 친정에 나섰다. 10만 대군은 12월 9일 압록강을 건넜고 청나라 기병들은 중간에 아무런 저항도 받지 않고 파죽지세로 남하했다. 조선은 명나라와 의리를 앞세우며 큰소리만 쳤을 뿐 대비를 제대로 하지 않았다. 만약 조선에서 간 사신들이 청 태종의 등극식장에서 기지를 발휘해 좀 더 유연하게 대처했더라면 병자호란을 막을 수 있었을

까? 조선사신이 도착한 후 20여일 시간적 여유가 있어 의전 절차에 대해 조율할 시간은 충분했다. 하지만 두 사신은 그렇게 행동 할 수밖에 없었다. 본국에서 청 태종을 황제로 인정하지 말라는 '훈령'을 받고 출발했기 때문이다.

최근 한반도 정세가 우리 역사에서 가장 치욕적 장면인 병자호란을 되돌아봐야 할 정도로 엄중한가? 한국의 정권과 국력이 인조 시대만큼이나 무능하고 무력한가? 과거를 현실에 기계적으로 대입하는 것은 위험하다. 우리의 경제력과 군사력이 커져 최소한 고래 싸움에 등터지는 새우 정도는 아니다. 국제무대에서 돌고래에 비교될 정도로 중견국 외교를 활발하게 펼치고 있다. 하지만 그때나 지금이나 한반도의 지정학적 조건은 바뀐 게 없다. 당시 명나라, 청나라, 몽골, 일본이 있었다면 지금은 미국, 일본, 중국, 러시아가 있다. 한반도가 주변의 국제적 변화를 저지하거나 거스를 능력이 없는 것도 같다. 우리에게 미중, 중일 대결을 막을 능력이 아직은 부족하다.

격변하는 정세 속에서 변수일 수밖에 없는 국가는 철저하게 전략적이고 계산적이어야 한다. 명분에 집착하면서도 명분을 지키고 현실화할 힘을 키워야 한다. 힘이 없으면 외교적 노력은 한계에 직면할 수밖에 없다. 청 태종과 그의 부친 누르하치는 만주족의 조직력과 용맹, 몽골족의 전투력, 한족의 행정력, 조선족의 기술력(대장장이 기술)까지 묶어내 청 제국의 초석을 다졌다.

여러 색깔로 구성된 무지개는 아름답다. 한국은 마치 무지개의 색깔처럼 민주주의와 시장경제, 스마트한 군사력, 문화적 매력 등이 조화를 이룬 중견국으로 거듭나야 한다.

2. 랴오닝성 단둥

(1) 북중 경제교류는 조정기

2014년 7월 8일 북중 접경지역 중국 단둥丹東을 방문했다. 압록강을 사이에 두고 중국 단둥시와 북한 신의주시가 위치하고 있다.

압록강 하류에 위치한 황금평 경제구부터 상류지역으로 거슬러 올라가며 현장을 취재했다. 북중 간 대규모 투자 협력의 상징이라고 할 수 있는

북한 황금평 경제구는 개발이 전면 중단된 상태로 방치돼 있었다. 일부 지역에서는 북한 주민들이 농사를 짓고 있었다.

2011년 6월 북한 장성택 전 국방위원회 부위원장과 천더밍陳德銘 중국 상무부

북·중이 공동 개발키로 한 북한 황금평 경제구가 허허벌판 상태로 방치돼 있다. 황금평 정문에 덩그러니 놓여 있는 굴삭기가 보인다.

장이 황금평 경제구 착공 테이프를 끊었던 바로 그 자리는 중국 군인들이 동원돼 무성한 잡초를 제거하고 있었다. 황금평 정문으로 덩그러니 놓여 있는 굴착기 몇 대가 보였다. 황금평 부지 초입의 북한군 초소에 북한군인 두세 명도 눈에 띄었다. 중국은 북한의 핵실험과 미사일 발사로 부정적인 대북 여론이 확산되고 친중파인 장성택 처형 등 악재가 겹치면서 북중 경제 교류의 속도를 조절하고 있다.

단둥의 한 대북소식통은 "중국이 단둥항과 몇 개 내항의 수심을 측정한다는 명분으로 북한 선박 출입을 얼마 전 2주가량 금지시켰다"고 말했다. 그동안 다롄항은 북한으로 가는 불법 화물을 환적하거나 경유하는 곳으로 국제사회의 지목을 받아왔다. 중국이 다롄항에서 북한행 화물에 대한 검색을 강화하자 단둥으로 우회하고 있다는 지적을 받아왔다. 단둥은 상대적으로 대북 화물에 대한 통관 검사가 느슨했다.

황금평 개발이 지지부진한 원인과 관련해 단둥 현지에는 몇 가지 분석이 나돌고 있다. 첫째는 북한이 황금평을 개방하면서 몇 가지 부대조건을 제시했는데 이것이 아직까지 해결되지 않고 있다. 둘째는 중국에서 북한 투자 위험에 관한 우려가 커지면서 기업의 참여가 저조하기 때문이다. 북한의 복잡한 내정과 북한에 투자했다가 투자금을 날린 사연들이 알려지면서 북한 투자 리스크가 크게 부각된 상황이다.

중국 기업이 한국 기업에 공동 진출을 제안하는 경우도 있다. 단둥에 진출한 한국기업은 SK네트웍스가 대표적이다. SK는 단둥에 한국형주상복합단지를 건설해 좋은 반응을 얻었다. 현재 보세물류 위주로 사업을 진행하고 있다. 신압록강대교(중국명 중조신압록강도로대교)가 개통되면 보세창고를 확장해야 할 정도로 호황을 누리고 있다.

북중 경제교류는 조정기를 맞고 있지만 국경 무역은 여전히 활발히 이뤄지고 있었다. 북중 교역의 70~80%가 단둥에서 이루어진다. 2014년 7월 8일 북한의 신의주와 중국 단둥을 잇는 압록강철교 위로 짐을 가득 실은 수많은 컨테이너 트럭들이 줄지어 북한을 향해 들어가고 있었다. 단둥의 한 소식통은 "중국 트럭 500대, 북한 트럭 100대가 북중을 오가며 물건을 실어 나른다"고 말했다. 단둥 세관 안쪽 마당도 물자를 실은 트럭들로 붐볐다. 트럭에는 건설 자재 등 온갖 물품이 실려 있었다. 단둥세관 길 건너편에는 '청천강 상점' 등 북한 무역일꾼들과 관련이 있는 도매상가가 밀집돼 있다. 북한이 이들을 내세워 중국에서 필요한 물품들을 수입한다. 북한이 이들 물품 속에 대량살상무기 등으로 전용 가능한 화물을 끼워 넣을 경우 적발이 가능할까? 확률은 20%이다. 단둥 해관(세관)은 화물 중 20% 가량을 무작위 추출해서 검사를 실시한다. 수량뿐만 아니라 성분까지 철저히 검사한다. 이 비율을 100%까지 끌어 올린다면 봉쇄할 수 있다. 하지만 경제개발을 위한 무역 및 인도적 지원 활동은 대북 제재에서 제외되고 있어 강요할 수 있는 명분이 없다.

오후 5시 퇴근시간이 지나자 왼쪽 가슴에 김일성 주석이나 김정일 국방위원장 배지를 단 사람들이 단둥 시내 곳곳에서 무리를 지어 다녔다. 단둥에 나와 있는 북한의 외화벌이 일꾼들이다. 현재 1만명 이상이 단둥에 거주하며 2012년에는 1만5000명에 달했다.

요즘 단둥 거리에는 한국 사람이 크게 줄었다. 2010년 북한과의 교역을 전면 중단시킨 5·24조치 이후 많은 대북 사업가들이 단둥을 떠났다. 한때 5000명이 넘었던 단둥의 한국인들이 지금은 1000명가량 남아 명맥만 유지하고 있다. 한국인들이 차지했던 대북 거래처들은 5·24조치 이후 대부분 중국 기업에 넘어갔다. 한국 기업인들은 북한과 거래하는 중국 업체에 다시 주문을 내는 방식으로 사업을 하고 있지만 원가경쟁력에서 밀리기 때문에 어려움을 겪고 베트남 등 동남아로 떠났다. 베트남 공장에 주문을 하면 단둥에서 평양 공장에 주문을 하는 것보다 1개월은 더 걸린다.

중국만큼 원자재 조달 시스템과 하청체계가 잘 갖춰져 있는 곳은 찾기 어렵다. 게다가 물류시스템이 잘 갖춰져 있고 거대한 시장을 갖고 있다. 공장 이전을 위한 초기 투자비용을 감당할 수 없고 다품종 소량생산을 하는 업체에 북한은 유일한 돌파구이다. 북한에서 파견 나온 근로자의 임금은 1300위안(약 23만 원) 정도된다. 여기에 먹고 자는 비용, 비자 비용 등을 포함하면 1800~2000위안(약 32만~36만 원)이 필요하다. 중국 근로자 임금 2500~3000위안(약 45만~54만 원)에 비해 크게 낮지 않다. 하지만 높은 생산성이 장점이다. 10시간 노동계약이 가능하고 인센티브제를 도입하면 야간근로도 가능하다. 중국 근로자들이 절대 할 수 없는 일이다. 중국 근로자에 비해 150% 이상의 생산성을 낼 수 있다. 게다가 중국 근로자에게는 4대보험(임금의 45%대)을 추가로 부담해야 한다.

한국 기업은 이런 혜택을 누릴 수 없다. 그림의 떡이다. 북측 인사를 무단 접촉할 경우 남북교류법 위반에 해당된다. 심하면 국가보안법 위반 혐의로 추궁당할 수 있다. 중국도 한국 기업의 북한 근로자 고용을 불허하고 있다. 최근 북한은 한

단동 시내 곳곳에서 무리를 지어 다니는 북한 외화벌이 일꾼들을 볼 수 있다.

국인이 북한 근로자를 상대로 기술을 전수하는 것을 허용하기 시작했다.

　단둥은 중국의 변경도시 가운데 평양, 개성 등 북한의 주요 도시까지 이동거리가 가장 짧다. 이 때문에 사업이나 관광, 친척 방문 등의 목적으로 양국을 오가는 사람들의 주요 이동 경로이다. 단둥의 수많은 기업가들이 평양 공장에 하청을 주며 사업을 벌이고 있다. 압록강을 사이에 두고 공동 생활권을 이루고 있는 북중 주민들에게 사실상 '경제적 국경'은 없다. 북한과 지리적인 접근성으로 인해 역사적으로 한반도로 진입하는 중국 측 교두보 역할을 해왔다. 압록강

압록강에 떠 있는 북한섬 주민들이 배 위에서 출발을 기다리고 있다. 무표정한 모습으로 배를 쳐다볼 뿐 말이 없었다.

상류로 거슬러 올라가자 북한의 생명줄과 같은 송유관이 통과하는 곳이 보이고, 한국전쟁 시기 중국 인민해방군이 한반도에 진입한 현장도 직접 확인할 수 있다.

위화도가 보이는 곳을 지나 중국이 만리장성의 동쪽 끝 기점이라고 주장하는 호산장성虎山長城 부근에서 배를 타고 북한 지역을 코앞에서 볼 수 있었다. 압록강에 떠 있는 북한섬 주민들이 배 위에서 출발을 기다리고 있었다. 무표정한 모습으로 배를 쳐다볼 뿐 말이 없었다.

호산장성 입구에서 도보 10분 거리에 있는 일보과一步跨는 '한 걸음에 넘을 수 있다'는 뜻으로 북한과 아주 가까이 맞닿아 있는 곳이다. 북한과 중국이 이렇게 가까이 있지만 주민들 생활수준은 하늘과 땅과 같았다. 단둥은 중국인에게 중국식 사회주의 시장경제의 우월성을 확인시켜 주는 훌륭한 관광지가 되고 있다.

(2) 대북사업가의 하소연

"5 · 24 조치로 많은 중국 기업가는 따라오반大老板(성공한 사업가)이 됐고요. 우리는 라오바이싱老百姓(일반서민)으로 몰락했어요. 예전에 내게 하청 받아 일하던 중국인 사업자들이 요즘 평양을 수시로 드나들며 사업을 크게 벌이고 있습니다. 평양에 있는 하청공장은 주문이 넘쳐나 빵빵하게 돌아간다고 합니다." 단둥에서 만난 대북사업가의 하소연이다.

이명박 정부 때 정부 고위당국자는 5 · 24조치로 북한이 연간 3억 달러의 벌금을 물고 있다고 호언장담했다. 과연 북한은 3억 달러의 경제적 손실을 보며 고통스러워하고 있을까?

사회과학에 '의도하지 않은 결과의 법칙The law of unintended consequences'이라는 것이 있다. 이 법칙은 어떤 행동이나 조치를 취할 당시에는 의도하지 않았던 일이 후에 나타나는 현상에 대해 설명하고 있다. 5·24조치는 지난 2010년 천안함 사건이 북한소행이라며 그해 5월 24일 내놓은 우리 정부의 대북 제재조치를 말한다. 북한 선박의 우리해역 통과 금지, 남북교역 중단, 개성공단·금강산지역 외 방북 불허, 신규 대북투자 불허, 대북지원 원칙적 보류 등의 내용을 담고 있다.

지난 2009년 북한 전체 대외무역 51억 달러 가운데 남북교역은 33%인 16억 7900만 달러 규모였다. 남북교역은 석탄, 아연, 수산물 등 북한물품을 수입하는 일반교역 2억4500만 달러, 원·부자재를 북한으로 보내 임가공한 뒤 되가져오는 위탁가공 2억5400만 달러로 구분되며 나머지는 개성공단을 통한 거래액이다. 5·24조치는 의도하지 않은 결과로 나타났다. 일반교역 물품들은 중국산으로 둔갑해 비싼 관세를 내고 국내로 수입되거나 중국으로 팔려 갔다. 위탁가공은 중국인 기업가에게 주도권이 넘어갔다. 위탁가공 중 일부 물량은 개성공단으로 이전됐다. 결국 북한보다는 우리 기업, 소비자가 불이익을 보고 중국 기업가나 중국이 관세수입으로 이익을 챙기는 결과를 낳았다. 게다가 북한의 중국 의존도는 크게 높아졌다.

5·24조치가 실효성이 전혀 없다고 주장하는 것이 아니다. 북한도 고통을 느끼기 때문에 해제를 지속적으로 요구하는 것이다. 5·24조치가 북한 내부의 이권 다툼으로 이어져 장성택 처형과 같은 극단적인 결과로 나타났을 수도 있다. 그렇다고 5·24조치 때문에 김정은의 집권기반이 약화됐다고 해석할 근거도 많지 않다. 북중 접경지역을 취재해보면 북한을 봉쇄하는 것이 사실상 불가능하다는 것을 알 수 있다. 북한을 봉쇄하면 붕괴할 수 있다는 환상을 버려야 한다. 소련 붕괴(1991), 한중 수교(1992) 등으로 국제적 환경이 불리하게 돌아갈 때 북

한은 개방 대신 고립의 길을 택하며 핵개발을 시작했다. 북한 고립은 우리가 의도한 방향과 전혀 다른 결과를 가져왔다.

5·24조치가 낳은 결과처럼 5·24조치 해제가 나중에 어떤 결과로 나타날지 알 수 없다. 하지만 국가 지도자는 결단을 해야 한다. 정책 결정은 선택의 문제이고 결단은 국가 지도자의 몫이다.

3. 지린성(창·지·투-훈춘)

(1) 동북아 물류중심지로 육성

2014년 7월 9일 중국 랴오닝성 선양瀋陽에서 지린성 창춘長春행 고속철도를 타니 옥수수밭이 끝없이 펼쳐졌다. 1시간 30분 동안 가도 가도 끝없이 펼쳐지는 대지, 그것을 보면서 부러움 이외엔 다른 생각이 나지 않았다.

중국 정부 입장에서 보면 동북 3성의 옥수수밭은 낙후의 상징이다. 랴오닝遼寧성-지린吉林성-헤이룽장黑龍江성의 편차도 크다. 랴오닝성에 비해 내륙지역에 위치한 지린성과 헤이룽장성은 소득 수준이 낮다. 지난 2012년 랴오닝성의 GDP가 2억4801억 위안(약 3950억 달러)이라면 지린성은 1억1937억 위안(약 1895억 달러)으로 절반 수준에도 못 미쳤다. 헤이룽장성도 1억3692억 위안(약 2180억 달러)으로 마찬가지이다. 랴오닝성 1인당 GDP 수준이 9000달러라면 지린성은 6800달러, 헤이룽장성은 5600달러대이다.

임돈순 금호타이어창춘유한공사 총경리는 "창춘의 날씨가 너무 추워 6개월 일해서 1년 먹고 살아야 하는 상황이기 때문에 제약 요인이 많다"고 설명했다. 창춘 시내 도로는 온통 공사장이었다. 추위를 피해 5~10월 사이에 공사를 마쳐야 하기 때문이다.

창춘시는 한국의 광주광역시와 유사하다. 광주시가 기아자동차와 금호타이어 공장이 있으며 소비, 교육, 예술의 도시라고 한다면 창춘시 역시 중국 자동차 생산량의 상당부분을 차지하는 이치一汽자동차 공장이 자리 잡고 있으며, 금호타이어는 최대 외자기업이다. 자동차 산업을 제외하면 변변한 기업이 없지만 소비 수준과 교육열이 높다. 금호타이어창춘유한공사가 지난 2006년 고신기술산업개발구에 공장을 지을 때도 주변은 모두 옥수수 밭이었다. 2007년 공장 준공식 행사에 당시 왕민 지린성 당서기와 한창푸 성장 등이 총출동하고 공장 앞을 지나는 도로에 '금호대로錦湖大路'란 명칭을 붙여준 것도 낙후된 지역에 투자한 것에 대한 보답 차원이었다. 총 2억2260만 달러를 들여 지은 이 공장은 연간 416만개의 생산능력을 갖추고 있다. 이곳에서 생산된 타이어는 약 60%가 가까운 이치一汽자동차의 신차 장착용 타이어로 납품돼 물류비를 절감하고 있다.

김철수 창춘한국인(상)회 회장은 "창춘에 금호타이어, 퉁화通化시 후이난輝南에 포스코 철강재 가공센터 등을 제외하면 대부분 중소형 기업이나 자영업자가 많이 진출해 있다"고 말했다. 창춘이 낙후된 이유는 내륙에 위치해 있어 물류비 부담이 높기 때문이다. 항구가 없어 수백km의 내륙 노선을 거쳐 다롄항을 통해 바다로 나가야 해서 엄청난 물류비가 소요된다. 지린성의 다른 도시나 헤이룽장성 역시 마찬가지이다.

2007년 금호타이어 창춘공장 준공식 행사에 당시 왕민 지린성 당서기와 한창푸 성장 등이 총출동했다.

중국 정부는 이를 해결하기 위해 지린성의 '창춘長春－지린吉林－투먼圖們 일대'를 연계해 개발하는 프로젝트를 추진 중이다. '창지투 개발사업'의 핵심 과제는 북한, 러시아 등 주변국과 연계해 동해 출해권을 얻어 국제 운송통로를 확보하고, 이를 통해 창지투 지역을 동북아 물류의 중심으로 육성한다는 계획이다. 중국 정부는 2008년 창춘에 물과 선박이 없는 항구인 내륙항을 만든 데 이어 2011년에는 지린시에 내륙항을 추가로 건설할 정도로 항구에 대한 집념이 강하다. 창춘에서 고속버스를 타고 옌볜延邊조선족자치주의 주도인 옌지延吉(연길)를

향해 다섯 시간 동안 이동하면서 동해에 대한 중국 정부의 집념을 다시 한 번 확인할 수 있었다. 창춘과 지린의 모든 도로는 동해를 향해 뻗어 나가고 있다. 2010년 9월 창춘－지린－옌지－투먼－훈춘을 잇는 고속도로가 개통됐다. 같은 해 같은 구간 고속철도도 착공했다. 창춘－지린간 고속철도는 이미 개통돼 운행시간이 1시간 48분에서 30분

옌벤조선족자치주에 속한 옌지, 룽징(龍井용정) 투먼(圖們도문)을 개방의 전초기지로 삼고 있다.

으로 단축됐다. 전체 구간이 개통될 경우 창춘에서 동해 인접지역인 훈춘까지 2시간 30분이 소요될 전망이다.

창지투 개발사업의 최대 수혜자는 옌볜조선족자치주이다. 지린성의 중심 도시인 창춘시와 지린시를 배후지로 하고, 옌볜조선족자치주에 속한 옌지, 룽징龍井(용정) 투먼圖們(도문)을 개방의 전초기지로 하며, 국경도시인 훈춘을 개방의 창구로 하는 구도로 추진되고 있다. 2013년 옌볜의 1인당 도시주민 가처분소득이 2만5811위안(약 460만 원)으로 전국 30개 소수민족자치주 가운데 1위를 차지했다. 증가폭이 17.2%에 달해 24위에서 1위로 도약하는 놀라운 성과를 보였다. 같은 해 사회소비품 판매액도 339억4000만 위안으로 30개 소수민족자치주 가운데 지난 몇 년간 연속 1위를 차지했다.

박종국 연길한국인(상)회 부회장은 "높은 물류비 부담과 근로자 부족이 사업에 가장 큰 걸림돌"이라고 지적했다. 조선족 동포 중 다수가 한국이나 톈진, 칭다오, 상하이 등으로 이동해 근로자 부족 현상이 심각하다. 이런 상황 때문에 나진 선봉지역을 통한 동해 진출과 북한 근로자 고용에 대한 기대가 크다. 박 부회장은 "일본이 일제 때 탐사한 북한 광산에 대한 파일을 모두 갖고 있다"며 북일관계가 개선될 경우 중국에 이어 일본으로 북한의 지하자원이 넘어갈 것을 우려했다.

철광석 매장량이 70억톤에 달하는 것으로 추정되는 함경남도 무산광산은 1935년 일본 미쓰비시광업이 개척한 것이다. 무산광산 채굴권(50년)은 지난 2007년 지린성의 국유기업인 통화通化철강그룹으로 넘어갔다. 산둥山東성의 국유기업인 궈다황진國大黃金도 양강도 혜산시 구리광산 채굴권(25년)을 얻었다. 중국은 도로, 철도 같은 인프라 건설을 지원하고 채굴권을 얻는 방식으로 북한 지하

임도순 금호타이어춘춘유한공사 총경리 박종국 연길한국인(상)회 부회장 연제성 훈춘포스코현대 총경리 장운식 연길트라이방직 총경리

자원을 싹쓸이하고 있다.

'창지투 개발사업'의 핵심 창구인 훈춘은 최근 가장 관심을 모으는 지역으로 떠오르고 있다. 2012년 4월 중국 국무원은 지린성 훈춘에 '중국 두만강지역(훈춘) 국제협력 시범구'(훈춘시범구) 설립을 비준했다. 훈춘시범구의 중심에 한국기업이 있다. 포스코는 지난 2010년 7월 지린성 정부와 '창지투 개발사업'에 참여하는 포괄적 양해각서MOU를 체결했다. 철강, 자동차, 건설, 토목, 첨단산업 5개 부문에 걸쳐 협력 사업을 추진하기로 하고, 2012년 9월 훈춘 포스코현대국제물류단지 개발 1기 공사를 착공하게 됐다.

2014년 7월 11일 훈춘시범구를 방문했을 때 기반시설 공사로 어수선했다. 물류단지 건설과 기반공사가 동시에 진행되고 있었다. 연제성 훈춘 포스코현대국제물류유한공사 대표는 "중국 동북 3성과 북한, 러시아 접경지역으로 진출하기 위한 기회를 선점

하게 됐다"고 말했다. 포스코건설은 올해 말 30만㎡의 물류단지 조성을 시작으로 오는 2019년 말까지 150만㎡의 물류단지를 건설하게 된다. 연 대표는 "훈춘은 중국 영토이지만 사업 조건은 한국과 크게 다르지 않다"고 강조했다. 국제협력 시범구의 각종 혜택을 누릴 수 있고, 옌볜조선족자치주에 속하기 때문에 언어와 문화 등에서 유리한 조건을 갖고 있다는 것이다.

훈춘지역 한국공업단지에 입주해 있는 대표 기업은 연길트라이방직유한공사이다. 지난 1997년 가동을 시작해 17년 된 지린성 최대 섬유업체이다. 전북 익산에서 쌍방울 기계 절반을 옮겨왔다. 생산된 내의는 60% 가량을 중동에 판매하고 있다. 이 회사는 근로자 3000여명이 연 4000만매의 내의를 생산해 500억 원 가량 매출을 올리고 있다. 근로자 급여는 보험료까지 포함하면 2800위안(약 50만 원) 가량 된다. 노동집약적 업종이기 때문에 고용문제가 관건이다. 장운식 총경리는 "북한에서 노동력을 조달하는 방법밖에 없지만 쉽게 해결되지 않을 것 같아 걱정"이라고 말했다.

이 회사는 중국 중개상을 통해 북한 나진에서 임가공해 한국과 외국에 제품을 수출했지만 정부의 5·24조치 이후 중단된 상태이다. 남한이 북한과의 교류를 사실상 단절하고 있는 사이 중국과 국경을 맞댄 북한이 위안화 경제권으로 급속히 휩쓸려 들어가고 있다는 인상을 지울 수가 없었다.

(2) 북·중·러 접경지역 훈춘을 가다

지린성 옌볜延邊조선족자치주 훈춘琿春시가 최근 북한 나진항 진출을 위한 거점으로 주목을 끌고 있다.

2014년 7월 11일 훈춘에서 두만강 하류 방향으로 차를 달려 취안허(圈河) 세관 앞 광장에 도착했을 때 북한의 나진·선봉 경제특구로 가기 위해 통관을 기다리고 있는 중국 트럭과 승용차가 길게 줄을 서 있었다. 현지 무역업자에 따르면 동북지역의 물자는 도로를 통해 다롄으로 운송된 후 다시 선박편으로 서해를 통해 상하이로 운송하는데 1주일 이상 걸리지만, 나진항을 이용할 경우 상하이까지 3일로 단축된다. 중국은 지난 2008년 나진항 1호 부두를 10년 동안 사용할 수 있는 권리를 확보했으며 보수와 확장공사를 거쳐 연간 100만톤의 하역 능력을 갖췄다. 2010년 12월에 중국은 추가로 나진항 4~6호 부두를 건설해 50년간 사용할 권리를 확보했다.

중국땅에서 동해로 나아가는 건 러시아나 북한을 거치지 않고선 불가능하다.

북한과 러시아 영토 사이로 파고든 중국 영토가 조러친선대교에 못미친 지점에서 끝났다.

중국은 나진항의 활용도를 높이기 위한 인프라 구축에도 투자를 아끼지 않았다. 취안허와 두만강 건너 북한의 원정리를 잇는 신 두만강 대교를 새로 건설하고, 원정리에서 나진항으로 이어지는 종래의 비포장도로 53㎞의 확장과 포장공사를 마무리해 운행시간이 종전의 90분에서 40분으로 단축됐다. 2012년 10월말 중국은 북한 나선지구에 전력을 공급하기 위해 훈춘에서 나선까지 약 100㎞ 길이의 송선로를 2015년까지 건설하기로 했다.

훈춘시내에서 두만강을 따라 62㎞ 가량을 달려 팡촨(防川)(방천)에 도착하면 중국이 나진항에 집착하는 이유를 알게 된다. 중국 국경은 동해 바다까지 나가지 못하고 두만강 하류 부근에서 멈췄다. 일반인은 1886년 청나라 관리와 러시아측이 훈춘동계약琿春東界約에 따라 경계선에 세운 토자패土字碑까지 접근할 수 있다. 토자패를 본 뒤 다시 훈춘방향으로 거슬러와 12층 높이의 전망대 룽후거龍虎閣(용호각)에 올라서니 북한과 러시아 땅 너머에 있는 동해의 푸른 바닷물이 어렴풋하게 보였다. 이곳에서 동해까지 직선거리는 9.8km. 그러나 중국의 영토는 거기까지 미치지 못했다. 두만강을 가로질러 북한과 러시아를 연결하는 철교인 조러친선대교도 보였다. 북한과 러시아 영토 사이로 파고든 중국 영토가 조러친선대교에 못 미친 지점에서 끝났다.

해안선이 1만4000여km에 이르는 중국이지만 동해 방향으로는 한 뼘도 열려있지 않았다. 중국땅에서 동해로 나아가는 건 러시아나 북한을 거치지 않고선 불가능하다. 중국의 대안이 바로 차항출해借港出海 전략이다. 북한이나 러시아의 항구를 빌려 동해로 나가면 된다는 구상이다. 중국은 1997년 러시아와 러시아 극동지역 항구를 이용해 중국 화물을 운송하는 건에 관한 의향서를 체결했고, 이에 따라 2000년 4월 훈춘-자루비노-속초간 해륙 복합운송항로가 개통됐다. 하지만 북한 나진항만은 못하다. 나진항은 수심이 깊은 천혜의 항구로 큰 배가 오갈 수 있고 겨울에도 얼지 않는다.

두만강 하구는 전략적 요충지이다. 한반도와 중국 동북지방, 러시아 연해주가 맞닿아 있는 곳으로 한국의 부산과는 750km, 일본 니가타와는 850km 거리에 있다. 중국은 바로 이 두만강 하구를 통해 동해로, 더 나아가 태평양으로 나아가려 한다. 이것은 중국이 힘을 투사投射할 수 있는 범위가 한반도를 포괄하고 동해까지 확대된다는 것을 의미한다.

4. 제2의 개성공단과 위북구민

칭다오에서 만난 귀금속 가공업체 대표는 "사업하기 좋던 중국이 '사업하기 너무 어려운 중국'으로 바뀌었다"고 털어 놓았다. 그는 "중국에 진출한 수천여 중소기업 중 국내로 유턴하고 싶어도 조건을 맞추지 못해 돌아가지 못하고 있다"며 "만약 개성공단과 같은 곳이 북중 국경지대에 만들어진다면 너무 좋겠다"고 말했다. 인건비, 부품조달, 물류비, 시장 문제를 한꺼번에 해결할 수 있는 '묘책 중의 묘책'이라고 강조했다.

국내에서도 제2, 제3의 개성공단을 만들어야 한다는 요구가 높아지고 있다. 시범사업으로 나진-하산 경협프로젝트가 가동되면서 남북 경제협력의 상징인 개성공단 같은 경협모델을 늘려야 한다는 요구가 어느 때보다 높다. 개성공단 10년의 경험을 살려 1)황금평-위화도 공단 2)투먼 공단 3)훈춘 공단 4)나진-선봉 공단 등을 만들어 중국에 진출한 수천여개 중소기업을 이전하는 방안을 추진해야 한다. 이들 기업은 중국의 중서부 내륙이나 베트남 등 동남아 국가로 이전을 모색하고 있지만 이전비용이 만만치 않아 발을 구르고 있다.

(1) 남북경제협력 모델(개성공단)

우여곡절 끝에 개성공단이 10년을 넘겼지만 기업에게는 여전히 장점이 많은 곳이다. 개성공단 입주기업 10곳 중 8곳은 개성공단과 같은 경협모델이 북한 지역에 확산돼야 한다는 생각을 갖고 있다. 중소기업중앙회에 따르면 개성공단 가동 10주년을 맞이해 입주기업을 대상으로 한 '개성공단 입주기업인 인식 조사' 결과 응답기업의 82.2%가 개성공단과 같은 북한 지역 내 경협모델 확산이 필요하다고 답해 제2 개성공단 설립 필요성에 공감하고 있는 것으로 조사됐다.

한중 FTA 협상을 통해 개성공단 제품이 폭넓게 한국산으로 인정받을 수 있게 됐고, 대상 품목수도 크게 늘어났다는 점도 긍정적이다. 또한 역외가공위원회를 만들어 추가 설치 가능성을 열어놓았다. 개성공단의 값싼 제품이 한국산으로 인정되면 개성공단 입주기업들은 중국 시장에서 가격우위를 확보할 수 있다. 현재 미국과 일본, 유럽연합 등은 북핵 문제를 이유로 개성공단에서 만들어진 완제품을 한국산으로 인정하지 않고 있다.

(2) 남-북-러 협력모델(나진-하산 프로젝트)

나진-하산 프로젝트는 러시아가 몇 년 전부터 추진해오던 사업으로 북한 나진과 러시아 하산 지역을 잇는 철도를 건설하고 항만을 개발하는 것이 주요 내용이다. 1단계에서는 현재 북-러 합작법인인 라선콘트랜스가 추진하고 있는 나진-하산 간 철도연계, 항만 및 터미널 개발 및 운영을 중심으로 이뤄진다. 2단계에서는 정치·경제적 여건을 보면서 한반도종단철도TKR~시베리아횡단철도

TSR 연계까지 프로젝트 범위를 확장하게 된다. 포스코, 현대상선, 코레일이 공동 참여하는 한국 컨소시엄은 경제성 분석을 통해 수익성을 검토하고 있다. 이 프로젝트에 나진–선봉지역을 제2의 개성공단으로 만들어 연계하는 방안을 추진해야 한다.

이와 관련 북한의 나진·선봉에 개성공단 같은 역외가공지역을 설립하면 중국 내수시장 공략이 용이해질 뿐만 아니라 남북경제협력 효과도 연간 56억 달러가량 증가할 것이라는 연구결과가 나왔다. 한국경제연구원은 2015년 3월 31일 '한중 FTA에 따른 한중 기업의 기회와 시사점'이라는 보고서를 통해 "한중 자유무역협정FTA 체결로 지린·랴오닝·헤이룽장 등 중국 동북 3성이 내수시장 공략을 위한 교두보가 될 것"이라고 진단했다. 한경연은 이에 따라 이들 지역과 지리적으로 인접한 북한 나진·선봉지역에 개성공단에 이은 제2 역외가공지역을 설립해 두 지역을 연계한 비즈니스 모델을 구축하는 방안을 제안했다. 역외가공이란 해외의 저렴한 인건비나 생산시설을 이용하기 위해 국내에서 생산한 부품이나 반제품을 해외로 가져가 가공한 다음 국내로 다시 가져오는 생산방식이다.

한중FTA에 따라 역외가공지역에서 생산되는 310개 품목에 대해 원산지 지위를 인정키로 함에 따라 남북경제의 연계성을 높일 수 있는 제2 역외가공지역이 나진·선봉에 설치될 가능성이 커진 상태다. 최남석 한경연 부연구위원은 "나진·선봉 등 북중 접경지역에 역외가공지역을 설치할 경우 경쟁관계에 있는 북중 경협과 남북 경협을 상호보완적 협력관계로 발전시켜 나갈 수 있게 된다"고 말했다. 나아가 중국 동북 3성과 북한 제2역외가공지역을 연계한 투자 확대가 필요한 것으로 한경연은 강조했다. 나진·선봉 등 역외가공지역에서 상품을 가공하고, 동북 3성의 신흥전략산업 단지에서 완제품을 생산해 무관세로 중국 전역에 수출하는 형태의 비즈니스 모델을 구축해야 한다는 것이다.

(3) 남—북—중 협력모델(3개 공단 추가 조성)

동북 3성은 2013년 이후 성장률이 급격하게 둔화되고 있어 한국의 적극적인 투자가 절실한 상황이다. 2014년 헤이룽장성의 GDP 성장률은 5.6%로 31개 성·자치구·직할시 가운데 최하위권이었고 랴오닝성은 5.8%에 그쳐 15년 만에 최저치를 기록했다. 지린성도 6.5%에 머무르며 목표치인 8%에 훨씬 못 미쳤다. 중국 정부는 미국의 아시아로 회귀에 동북아에서 맞대응 하지 않고 동남아시아와 중앙아시아로 방향을 틀어 일대일로一帶一路 계획을 추진하고 있다. 마오쩌둥이 국민당과 싸울 때 사용했던 '16자 전법'을 연상하게 된다. 16자 전법은 '적이 공격하면 후퇴敵進我退, 적이 멈추면 교란敵駐我擾, 적이 피로하면 공격敵疲我打, 적이 후퇴하면 추격敵退我追한다'는 것이다.

2015년 3월 중국 정부가 하이난海南성에서 열린 보아오博鰲포럼에서 '실크로드 경제벨트와 21세기 해상 실크로드 공동 건설 추진을 위한 전망과 행동'을 발표하면서 동북 3성인 헤이룽장, 랴오닝, 지린도 포함시켰다. 〈중국증권망〉은 "이들 지역이 북한의 대외개방을 위한 중요한 창구"라고 보도했다. 일대일로 사업이 장기적으로는 한반도와 러시아 간 인프라 구축도 염두에 두고 추진될 것으로 전망된다. 하지만 〈신경보〉는 일대일로의 핵심 지역은 신장과 푸젠이 될 것이라고 전망했다. 중서부와 수도권 개발이 목적인 두 프로젝트가 동북 3성에 실질적인 효과를 주기는 어렵다. 동북 3성이 개혁개방 이후처럼 중국의 발전에서 소외되는 모습이 재현될 수 있다. 이런 상황에서 동북 3성에 한국 기업들이 대거 진출해 북한 노동자를 고용한다면 남—북—중 모두가 상생할 수 있는 프로젝트가 될 것이다.

한국은 자본, 기술, 판매를 담당하고, 중국은 공단 및 인프라, 노무관리를 담당하며, 북한은 노동력을 제공하는 협력구조를 만들어 제도화해야 한다. 동북 3성의 경기가 어려운 상황에서 개인이나 중소기업이 진출하는 것은 많은 위험이 따른다. 정부가 나서서 울타리를 만들어줘야 한다.

1) 훈춘외국전용공단

가장 쉽게 접근할 수 있는 곳이 훈춘외국전용공단이다. 공단에는 한국, 일본, 러시아 등 각국을 위한 공간도 마련돼 있다. 나진항이 개발될 경우 물류문제도 해결된다. 중국 정부와 함께 북한 근로자를 고용할 수 있는 방안을 마련한다면 가속도를 낼 수 있다. 당장 5·24조치만 해제해도 숨통을 틀수가 있다. TRY(구 쌍방울)가 입주해 있고, 포스코건설이 대규모 물류단지를 건설하고 있다.

2) 투먼 공단

중국이 북중 접경지역인 지린성 투먼圖們시에 조성한 공단을 남-북-중이 공동 개발해야 한다. 2011년 8월부터 북한과 중국은 공동으로 '조선공업원구'를 조성했다. 전체 계획면적이 5㎢, 현재 조성 면적이 1㎢인 조선공업원구에 대해 북중은 공동 건설 기본협약을 체결하고 총 2만명 규모의 북한 인력 공급협약도 맺은 상태다. 조선공업원구는 중국에서 유일하게 북한 노동력 고용이 허용된 공단이다. 북한 내 경제특구 등에 대한 직접 투자 대신 북중 접경지역의 중국 공단에서 북한 노동자만 파견 받는 방식으로 대북 투자 위험을 줄일 수 있어 주목을 받았다.

〈인민일보〉 인터넷판이 2014년 5월 7일 보도한 바에 따르면 조선공업원구에는 20개 기업이 입주해 있으며 중국은 공단 건설을 계속할 것으로 보여 입주 기업은 더욱 늘어날 전망이다. 북한에서 건너온 노동자들이 애니메이션, 전자, 기계제조업 등 첨단 업종에서 일하고 있다. 투먼시는 이 공단을 애니메이션 제작을 위한 디지털산업단지로 특화해 조성할 계획을 밝힌 바 있다. 이를 위해 가급적 규모가 크고 첨단기술 위주의 대기업을 유치하고, 옌볜대학의 기술 지원을 받아 북한의 고급 정보통신 인력을 활용하고 있다. 2013년 말까지 6차례에 600명 이상의 북한 인력을 도입했으며 공단 안에 1500명을 수용할 수 있는 기숙사도 갖췄다.

현재 저속압축 방식의 원액기를 생산하는 휴롬이 입주해 있다.

3) 황금평-위화도 공단

나진-핫산 프로젝트와 같이 중국-북한간 프로젝트에 한국이 참여하는 방식이다. 황금평은 압록강 하류를 사이에 두고 중국측에 있는 섬이며 입지조건이 탁월하다. 중국 기업이 한국측 참여를 지속적으로 요청하고 있다.

(4) 기대효과

황금평 인접 도시인 단둥에 북한 근로자 1만5000명이 거주하고 있다. 이들의 2014년 임금은 2500~3000위안(약 40만~50만 원)으로 개성공단(20만 원대)에 비해 높으나 중국 근로자에 비해 낮고 노동력이 우수하다. 중국은 2016년까지 최저임금을 지속적으로 인상하고 4대보험(급여의 42%)을 별도 부담케 해 심각한 비용부담을 초래하고 있다. 월급여가 100만 원이면 기업은 142만 원을 부담해야 하는 상황이다. 한국 기업이 북한 근로자를 고용할 수 있는 제도적 장치를

5대공단지도

훈춘외국인
전용공단

투먼공단

투먼

훈춘

나진

지린성

백두산

나진-선봉공단

중국

선양

랴오닝성

잉커우

단둥

위화도

북한

황금평

황금평-위화도공단

다롄

개성공단

창춘

지린

만들어야 한다. 현재 단둥 등 일부 지역에서 북한은 남한 기술자가 북한 근로자에게 일정 기간 기술을 전수해주는 것을 허용하고 있다.

남-북-중, 남-북-러 합작은 공단의 국제화로 개성공단 폐쇄와 같은 정치적 변수를 줄이는 효과를 거둘 수 있다. 북한이 휴전선 일대에 대규모 무력을 집중시켜 놓고 긴장을 늦추지 않고 있는 상황이지만 후방은 전혀 다르다. 휴전선 일대와 압록강과 두만강 일대를 직접 방문해 보면 느낄 수 있다. 중국도 낙후된 동북 3성을 진흥시키기 위해 한국 기업의 진출을 반기고 있다. 동북 3성, 특히 지린성에 투자할 수 있

는 나라는 한국뿐이다. 북한의 배후지인 동북과 연해주 등에 대해 실질적인 '점
유'와 '영향력 강화'를 통한 위북구민圍北救民(북을 에워싸 백성을 구한다) 전략을 구
사해야 한다.

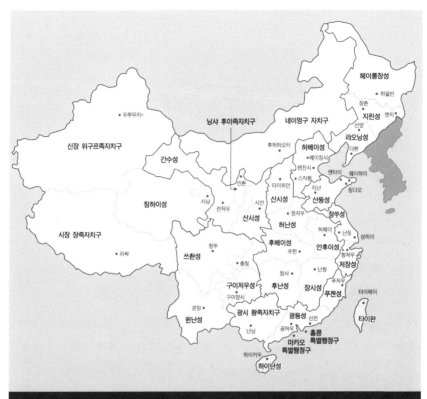

신장 위구르족자치구

우루무치

간수성

닝샤 후이족자치구

네이멍구 자치구

헤이룽장성

하얼빈

장춘

지린성

옌지

선양

라오닝성

다롄

후허하오터

허베이성

베이징시

톈진시

스자좡

옌타이 웨이하이

칭하이성

시닝

란저우

인촨

타이위안

산시성

지난

산둥성

칭다오

시장 장족자치구

라싸

쓰촨성

청뚜

충칭

산시성

정저우

허난성

후베이성

우한

장쑤성

허페이

난징

상하이

안후이성

항저우

저장성

구이저우성

구이양시

창사

후난성

난창

장시성

푸저우

푸젠성

타이베이

타이완

윈난성

쿤밍

난닝

광시 장족자치구

광둥성

광저우

선전

홍콩
특별행정구

마카오
특별행정구

하이커우

하이난성

안중근의 평화 구상과 부민강국책략

　2014년 5월과 7월 두 차례에 걸쳐 중국 동북 3성을 취재하며 안중근 의사 발자취를 찾을 수 있었다.

　중국 지린성 옌볜延邊조선족자치주 룽징龍井시 명동明東마을에 있는 윤동주 시인의 생가를 방문했을 때 안중근 의사의 흔적을 발견했다. 안내원은 1908년 간도에서 명동학교를 비롯해 명동교회 등을 설립했던 북간도 지역의 대표적인 독립운동가 규암 김약연 목사를 소개하며 "안중근 의사가 이곳에 머물면서 김약연 목사의 호신용 총으로 사격연습을 했다"고 전했다. 안내원은 김약연 선생은 목사였지만 천주교 신자인 안중근을 편견 없이 대했다고 덧붙였다.

　헤이룽장성 하얼빈을 방문해 안 의사가 침략 원흉 이토 히로부미를 처단한 현장을 찾아 갔다. 하얼빈 기차역 안중근의사기념관에는 중국인들의 발길이 끊이지 않았다. 80%가 중국인이라고 한다. 이명선 하얼빈 한인(상)회장은 "중국 정부가 기념관을 전격 개관하는 등 성의를 보인 만큼 한국의 젊은 학생들이 더 많이 보고 배우는 계기가 되길 바란다"고 말했다. 기념관에 들어서면 너비 2m 정도의 통로 왼쪽 편으로 '대한국인 안중근'과 손바닥 인장이 선명한 유물들이 가지런히 진열돼 있다. 러시아 블라디보스토크를 떠난 안 의사는 1909년 10월 22일 밤

9시 하얼빈역에 도착했다. 그리고 26일 오전 9시 30분 역사 1번 플랫폼에서 이토 히로부미를 사살했다. 그날의 의거 현장은 표지판이 말해준다. 기념관 안쪽 끝 대형 유리창 밖으로 보이는 '안중근 이등박문 격살 사건 발생지'가 바로 그것이다.

안중근 의사

안 의사는 1909년 11월 뤼순旅順감옥으로 이송돼 이듬해 2월 사형을 선고받고 3월 26일 순국했다. 랴오닝성 다롄시 뤼순구 뤼순감옥박물관에 마련된 안 의사 기념관과 관동도독부 고등법원 법정도 방문했다. 일본이 수많은 항일 독립투사들을 감금, 고문하고 사형시키던 곳으로 안 의사가 5개월 동안 갇혀 있던 독방 벽돌 건물이 그대로 남아 있다. 당시 안 의사는 서양 제국주의 침략주의에 공동 대응하기 위한 한중일의 연대를 주장했으며 다른 한편으로는 일본

이토 히로부미

의 침략주의를 저지하고 동아시아의 평등한 발전을 구상했다. 안 의사는 일본 점령하의 뤼순을 중국에 돌려주고 뤼순을 중립지대로 해 그곳에 한중일이 공동 참가하는 동양평화회의를 설치, 3국의 공동평화군 창설, 공동 경제개발, 공동개발은행 설립, 공동화폐 발행 등을 주장했다. 시대를 관통하는 탁월한 안목을 볼 수 있다. 안 의사는 분명 선구자였다. 하지만 그의 주장은 현실화되지 못했다. 주장을 뒷받침할 만한 힘이 없었기 때문이다. 동북아에서 힘의 우위를 차지하고 있던 일본은 조선의 입장을 배려할 필요성을 느끼지 못했다.

최근 동북아는 일본의 역사 도발, 중국의 아시아인프라투자은행AIIB 설립, 미국의 고고도미사일방어시스템인 사드THAAD 배치 등을 둘러싸고 편 가르기와 대립 갈등이 계속되고 있다. 대한민국은 이 험난한 풍파를 헤치고 살아남을 힘과 지혜를 갖추고 있는지 되돌아보게 된다. 안중근 의사의 후예인 우리는 평화를 지향한다. 하지만 그 평화는 강한 경제력과 스마트한 군사·외교력에 기반을 둔 힘의 균형Balance of power에서 나온다는 점을 알아야 한다.

미국은 아시아 중시 정책Pivot to Asia을 통해 급부상한 중국을 견제하고 영향력을 유지하려 하고 있다. 미국은 일본을 제1의 동맹국으로 삼아 중국 견제에 나서면서 19세기 말과 20세기 초 앵글로색슨 세력이 러시아 남진을 막기 위해 일본을 동맹으로 삼은 것과 같은 상황이 전개되고 있다. 영국이 러시아의 남진을 막기 위해 일본과 동맹을 맺은 이유는 아시아에서 일본의 세력이 강대했기 때문이다. 동맹은 약소국이 아니라 강대국이 선택하는 것으로 당시 영국이 아시아에서 동맹을 맺고 러시아의 남진을 막을 수 있는 힘 있는 나라는 일본뿐이었다. 청나라는 잠자는 사자였고 조선은 약소국으로 동맹의 대상조차 되지 못했다.

영국에 이어 미국이 중국의 남진을 막기 위해 다시 일본을 제1의 동맹으로 삼은 것은 일본이 세계 3위의 경제대국이며 대륙세력과 맞설 만한 역량을 갖춘 해양세력이기 때문이다. 국제무대는 힘의 질서가 지배하는데, 힘의 토대는 경제력에서 나온다. 2011년 9월 당시 국무장관이었던 힐러리 클린턴도 '뉴 실크로드 이니셔티브'를 제시했다. 시간이 지났지만 그의 구상은 뚜렷한 성과가 없다. 시진핑의 실크로드는 되고 힐러리 클린턴의 실크로드는 안 되는 이유가 뭘까? 돈과 경제력 때문이다. 자강불식 후덕재물自强不息, 厚德載物이다. 작은 나라라는 패배의식을 버려야 한다. 네덜란드, 영국이 거대한 영토와 자원을 가졌기 때문에 한 때 슈퍼파워가 된 것이 아니다. 중국의 산시 상인, 안후이 상인, 푸젠 상인 모두 극도로 열악한 산악지대에서 탄생했다. 열악하기 때문에 위기의식을 갖게 되었고, 생존을 위해 잠재력과 창조력을 극대화했다.

일본의 우경화와 퇴행적인 행보, 중국의 대국굴기, 미국과 중국의 패권 경쟁이라는 동북아 국제질서 속에서 우리의 국가 역량 증대와 지속 가능한 발전 방안을 마련해야 한다. 부민강국책략富民强國策略의 출발점은 남북한과 중국의 동북 3성, 그리고 러시아 극동지역을 포괄해 인구 1억명의 경제권을 탄생시켜 일본을 '추격'하는 것이다.

부민강국에 대한 꿈과 의지를 갖고 있는 민족과 국가에게는 반드시 기회가 주어진다. 부민강국에 대한 의지와 힘을 갖고 있지 않은 민족에게 미래는 없다. 국가 이익과 공존을 위해서라면 어떠한 적대와 이견과 모순도 결코 영원할 수 없다. 남북 모두 적대감과 이견을 밀어두고 실질적인 경제 이익에 공감해 힘을 합치는 실용주의 노선을 견지하길 바란다.

처칠과 함께 가장 위대한 영국 수상으로 평가 받는 윌리엄 글래드스턴William Ewart Gladstone은 죽기 전 자신의 초상화를 그린 화가에게 화를 내면서 "있는 그대로의 내 모습을 그려라Paint me as I am"라고 말했다. 중국을 있는 그대로 그리려 노력했지만 나의 애국심으로 덧칠해진 지도를 그리고 말았다. 이 책이 개인과 기업과 나라의 이익에 조금이라도 도움이 되길 진심으로 기대한다.

2015년 4월 25일 베이징에서

시진핑 리더십과
차이나 골든타임

초판 **1쇄**   2015년 6월 1일
       5쇄   2015년 9월 10일

지은이 김기수
펴낸이 장민환
발행처 석탑출판(주)
주 소 서울시 종로구 새문안로 43, 내일신문 4층
전 화 02-2287-2290 **팩 스** 02-2287-2291
이메일 seoktoppub@naver.com
디자인 디자인내일   **인 쇄** 한영문화사

ISBN 978-89-293-0434-8 (03320)